"十四五"职业教育国家规划教材

中等职业教育市场营销专业系列教材

Xiaofei Xinli

消费心理

（第三版）

何艳萍　龚卫星　主　编

彭　晖　杨媛媛　石　慧　副主编

东北财经大学出版社
Dongbei University of Finance & Economics Press　大连

图书在版编目（CIP）数据

消费心理 / 何艳萍，龚卫星主编 . —3 版 . —大连：东北财经
大学出版社，2024.8（2025.8重印）. —（中等职业教育市场营销
专业系列教材）. —ISBN 978−7−5654−5341−0

Ⅰ．F713.55

中国国家版本馆CIP数据核字第2024984U63号

东北财经大学出版社出版

（大连市黑石礁尖山街217号　邮政编码　116025）

网　　　　址：http://www.dufep.cn

读者信箱：dufep@dufe.edu.cn

大连东泰彩印技术开发有限公司印刷　东北财经大学出版社发行

幅面尺寸：185mm×260mm　　字数：285千字　　印张：13.25

2024年8月第3版　　　　　　　　2025年8月第2次印刷

责任编辑：周　欢　　　　　　　　责任校对：赵　楠

封面设计：原　皓　　　　　　　　版式设计：原　皓

定价：34.00元

第三版前言

2014年5月，国务院印发了《国务院关于加快发展现代职业教育的决定》（国发〔2014〕19号，以下简称《决定》）。该《决定》强调，加快发展现代职业教育是党中央、国务院做出的重大战略部署，发挥中等职业教育在发展现代职业教育中的基础性作用。在上述良好发展前景的激励下，为适应中等职业学校教育教学方式、方法的改革，打破传统的教学模式，更好地开展中等职业学校市场营销专业"消费心理"课程的教学，编者依据教育部《中等职业学校专业教学标准（试行）财经商贸类（第一辑）》中的"市场营销专业教学标准"，编写了本教材；之后，本教材的第一、第二版由全国职业教育教材审定委员会审定通过，先后被评为"十二五""十三五"职业教育国家规划教材。为了贯彻党的二十大精神，我们坚持不懈地运用习近平新时代中国特色社会主义思想凝心铸魂，在教材中新增了素养目标，帮助学生牢固树立起对马克思主义的信仰、对中国共产党和中国特色社会主义的信念、对实现中华民族伟大复兴的信心，坚定不移地听党话、跟党走，适应时代发展变化，体现教学改革的最新成果。2023年，本教材第二版又被评为"十四五"职业教育国家规划教材。

"消费心理"是中等职业学校市场营销专业学生的专业核心课。修订后的本教材具有如下特点：

1.继续推行"重视实践、项目导向、任务引领"等有利于提高学生能力的教学模式。在知识体系上进行了重新梳理，将消费心理学的知识分为四大部分：消费者个体与消费心理、消费者群体与消费心理、消费者心理的影响因素、网络营销与消费心理。

2.注重与时俱进，项目内容与当今社会经济生活中的热点相结合。比如，针对互联网购物的迅猛发展、网络营销日益受到企业重视的现状，新增加了"网络营销与消费心理"等项目，第三版替换了第二版教材的部分陈旧项目和实例，以满足教学需求。

3.体例设计方便教师"教"及学生"学"。本教材中每个项目下的任务都按照"案例导入"（包括"案例分析"）、"任务分析"（包括"任务目的"和"任务要求"）、"知识精讲"的体例设计。同时，根据教学需要有目的地、随机地设置"知识拓展""实例链接""想一想""同步实训"等栏目，各项目后附有"项目小结""本项目讨论题"和"思考与练习"（包括"选择题""简答题""实务训练题"），通过讨论和训练，增强学生的学习效果，培养学生从事营销工作的职业能力。为方便教学，本教材配有电子课件和习题答案，使用者可登录东北财经大学出版社网站（www.dufep.cn）查询或下载。

本教材由武汉市第一商业学校何艳萍、上海市商业学校龚卫星担任主编，武汉市仪表电子学校彭晖、杨媛媛，武汉市第一商业学校石慧担任副主编。另外，武汉大乘心理咨询中心主任贾洪武，武汉中质先锋科技股份有限公司总经理丁威，以及张汇敏、谢瑜也参与了修订工作，何艳萍对第三版教材进行统稿。

本教材总教学时数为72学时，建议安排如下表：

课 程 内 容	学 时 数		总学时
	理论教学	实训教学	
项目一　走进消费者心理	2	2	4
项目二　消费者的心理活动过程	6	4	10
项目三　分析消费者的个性	4	2	6
项目四　唤醒消费者需要与动机	4	4	8
项目五　消费群体与消费心理	2	2	4
项目六　商品因素与消费心理	2	2	4
项目七　商品价格与消费心理	4	4	8
项目八　营销信息传播与消费心理	4	4	8
项目九　营销环境与消费心理	4	2	6
项目十　网络营销与消费心理	4	2	6
机动			4
复习			4
合　计	36	28	72

在本教材的编写过程中，我们得到了王晋卿、安如磐、肖院生等业界专家的悉心指导；上海宏图三胞电脑发展有限公司董桓先生、上海特思尔大宇宙商务咨询有限公司杜蓓女士等也给予了大力支持，在此表示深深的谢意；我们还参阅了大量国内外有关消费心理学方面的教材和文献资料，谨向这些教材和文献资料的作者表示深深的敬意。

同时，我们也要感谢参与第二版前期编写的武汉市第一商业学校孔德想、肖璇、杨希、李颖林、黄钰等老师，以及参与第一版编写的所有老师。

本教材既可以用作中等职业学校市场营销、商品经营、电子商务、客户服务等财经商贸类相关专业的教材，也可供广大营销人员业务培训和自学使用。

由于编者水平有限及时间仓促，书中不足之处在所难免，恳请广大读者不吝批评指正，以便今后不断修订完善。

课程整体框架

编　者
2024年6月

目　录

项目一 走进消费者心理

学习目标

知识目标
1.理解消费、消费者、消费心理与消费行为的概念。
2.能区分消费与消费者、消费心理与消费行为。
3.熟悉消费心理的研究内容。
4.了解消费心理的研究方法。

能力目标
1.能制订合理、可行的消费行为考察计划。
2.能制作消费心理分析项目表。

素养目标
通过本项目的学习，学生在与人交流沟通的过程中，学会与人相处，培养自信、乐观的精神，遇到挫折时有勇于面对、积极向上的心态。学生要深刻理解"诚信、友善"是社会主义核心价值观的基本内容之一，也是公民个人层面的价值准则，亦是人际交往中必须具备的道德规范，并树立正确的人生观、价值观。

"消费心理"是市场营销专业中一门独立的学科。本项目通过对营销活动中的消费者心理与消费者行为的分析，了解消费与消费者、消费心理与消费者行为的基本概念，熟悉消费者在消费过程中的活动规律，通过消费心理研究内容和研究方法的分析，更好地把握消费者在消费过程中的心理活动。

案例导入

一位女士的购物经历

今天周末，陈女士休息，前几天她的手机丢了，她想去选一部手机。她来到手机专柜前，营业员给她介绍了几款新出的手机。经过多方的比较和挑选，最后她选中了一款国产的手机。随后她在摄影器材柜台被营业员所宣传的数码相机吸引，虽然经过营业员的详细讲解，但因为没有使用经验，她还是决定下次找个懂行的朋友一起来购买。最后她又去了一趟超市，买了自己常买的一款酸奶，看到洗发水在做打折活动，在了解活动信息后，买了一瓶自己以前没用过的洗发水，满载而归。

案例分析：消费者的消费行为受很多种因素的影响，除了个人心理因素，还有环境因素。陈女士购买手机时属于温顺型购买行为，购买数码相机时属于疑虑型购买行为，购买酸奶时属于习惯型购买行为，购买洗发水时属于经济型购买行为。消费者对于不同产品体现的购买行为不同；同样，不同消费者对同一产品的购买行为亦不相同。因此，销售人员要了解消费者的购买行为，必须对消费者的心理进行分析。

任务分析

1.任务目的

通过制订消费行为考察计划，学生应能准确区分消费者的基本类型，把握相关文案的编写格式，从而达到培养学生对文案的组织能力和增强书写表达能力的目的。

2.任务要求

（1）教师对学生制订的消费行为考察计划进行规范性指导。

（2）教师要求每一名学生根据任务涉及的知识制订消费行为考察计划。消费行为考察计划包括：考察目的、考察对象、考察内容、考察范围、考察方法及时间安排。

（3）消费行为考察计划完成书面文稿后，要求以4~6人为一组进行分组讨论，然后选派1名组员进行发言。

（4）各组交流后进行互评，教师对各组的消费行为考察计划进行点评并总结。

知识精讲

一、消费与消费者

（一）消费

人类的消费行为与人类的产生相伴而来，是人类赖以生存与发展的最古老的社会活动和社会行为，是社会进步与发展的基本前提。消费是人类社会消耗生产资料、生活资料及精神产品的能动行为，人类的消费行为可划分为生产消费和生活消费。

在生产过程中，劳动者与其他生产要素结合创造出新的使用价值的活动，是生产行为的反映，而生产行为本身就它的一切要素来说，也是消费行为。因此，在生产过程中，对工具、原料、燃料、人力等的消耗及磨损，称为生产过程中的消费，即生产消费。

在生活过程中，人们为满足自身需要对各种生活资料、劳务、精神产品的消耗，称为生活过程中的消费，即生活消费。它是指社会再生产过程中"生产、分配、交换、消费"四个环节中的消费环节。

（二）消费者

消费者是指参与消费活动的个人或团体，泛指现实生活中使用各种商品的人，包括商品或服务的需求者、购买者和使用者，也包括潜在的消费者和现实的消费者。

1.从消费过程中考察消费者。就一般意义讲，消费者是指购买与使用各种消费品的人。更具体地讲，消费者是对各种消费品的需求者、购买者和使用者。

2.从消费品的角度考察消费者。对于某一消费品，在同一时空范围内，消费者可以做出不同的反应，如即时消费、未来消费和永不消费。按照这三种不同反应，消费者可以分为现实消费者、潜在消费者和永不消费者。

3.从消费单位的角度考察消费者。按这一角度，消费者可以划分为个体消费者、家庭消费者和集团消费者。某一消费者个人可以同时成为家庭消费者或集团消费者中的某一成员。

知识拓展

消费者、用户、顾客、客户的区别

在我国市场经济日渐成熟、竞争日趋激烈的今天，正确区分消费者与顾客、客户以及用户的概念，有利于企业整合自身的营销资源，制定有针对性的营销战略，从而实现企业的经营目标。

从定义上看，消费者涵盖的范畴最广，泛指现实生活中的人，随着时间和空间的不同，人的角色和身份也会不断发生改变。也就是说，消费者可以是用户，可以是顾客，也可以是客户，即可以兼具多种身份。

用户是正在使用产品或服务的消费者，即消费受用者。用户使用产品，但不一定付钱，也可能是别人送给他使用的。

顾客则是指与企业直接进行商业交往的人或群体，无论他的目的如何，只要他与企业发生直接的商业交往（购买、咨询、参观、投诉、交流等），他就是企业的"顾客"，不一定非要花钱买东西，即使购买，也不一定是自己使用。

客户是购买商品或服务的人，并且更强调一种往来关系。与顾客相比，客户与企业的关系不仅仅是一次性的，而是更关注未来的再次交易、合作和交往。所以，客户的层次比顾客的要高。

谁是"消费者"？

某中职生张明的老师建议张明买一部智能手机，以便安装"智慧课堂"，提高学习效率。张明的姐姐表示赞同，张明的妈妈决定购买，张明的爸爸带着钱去商店购买，智能手机买回后由张明使用。这些人中，谁是"消费者"？

二、心理本质与心理现象

（一）心理本质

1.心理是人脑的机能。自古以来，人们对人的心理是由人身上的哪个器官产生的问题一直争论不休。古代不少有名的学者都认为，产生人的心理活动的器官是心脏。随着现代科学尤其是医学和解剖学的发展，人们认识到，人的大脑皮层不仅具有动物的第一信号系统，而且具有人类所独有的第二信号系统。这两种信号系统的协调活动，构成了人的心理活动。近代生理解剖学的大量资料证明，人的心理和人脑的活动不可分割，人的大脑如果受到损害，心理活动必然遭到严重破坏。因此，心理是人脑的机能，人脑是心理的器官。

2.心理是对客观现实的主观反映。虽然说人脑是心理的器官，但并不意味着人脑本身能自然地产生心理。它只是人的心理产生的物质前提，只提供了心理产生的可能性。换言之，人脑只有在客观现实的作用下，才能产生心理。这里所说的客观现实，包括自然条件、社会环境、教育影响以及除了反映主体之外的其他人的言行。大量事实证明，人类的心理活动，无论是简单形式的感觉、知觉，还是复杂的思维、情感等，都可以从客观现实中找到源泉。一个人如果不接触客观现实，孤陋寡闻，心理活动便成了无源之水、无本之木。因此，客观现实在人脑中的反映便产生了人的心理活动，同时，社会生活实践对人的心理有巨大的制约作用。一个人如果长期脱离社会生活实践，则会丧失心理或造成心理失常。

综上所述，人的心理的实质是人脑对客观现实的主观反映，人脑是心理的器官，而客观现实则是它的源泉。

实例链接1-1

狼　孩

1920年，印度人辛格在狼窝里发现了两个女孩：小的约2岁，很快就死了；大的约8岁，取名卡玛拉。由于卡玛拉从小脱离人的社会生活，没有语言交际，没有家庭，与狼生活，虽然已经8岁，却只有6个月婴儿的心智。她用四肢爬行，用舌头舔食流质，只吃扔在地上的肉，从不吃人手里的东西。她害怕强光，不洗澡，不穿衣服，夜里嚎叫。经过辛格的教育，她2年学会站立，4年学会6个单词，6年学会行走，7年学会45个单词，并学会用手吃饭，用杯子喝水，17岁去世时只有4岁儿童的心智发展水平。

（二）心理现象

心理学是研究人的心理现象产生、发展、变化规律的科学。它从两个方面，即人的心理过程和个性心理来研究人的心理现象。心理学的研究对象如图1-1所示。

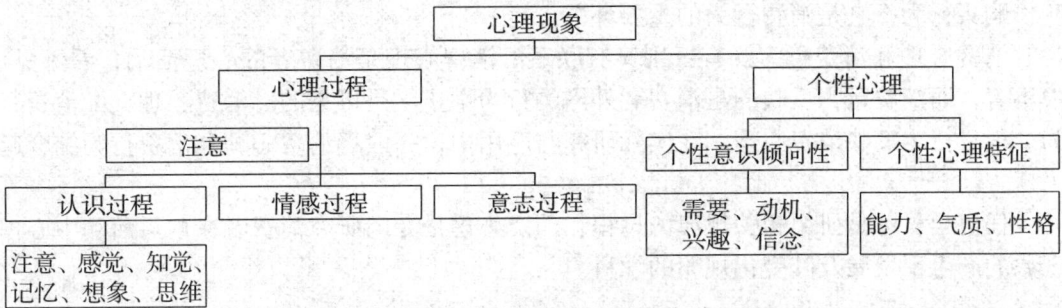

```
                        心理现象
          ┌───────────────┴───────────────┐
       心理过程                          个性心理
    ┌────┴────┐                  ┌──────────┴──────────┐
   注意                    个性意识倾向性        个性心理特征
 ┌────┬──────────┬──────────┐      ┌────┴────┐        ┌────┴────┐
认识过程  情感过程   意志过程        需要、动机、      能力、气质、性格
                                   兴趣、信念
 ┌──┴──┐
注意、感觉、知觉、
记忆、想象、思维
```

图1-1　心理学的研究对象

人的心理现象极其错综复杂，内容丰富多彩，但又并非虚无缥缈和神秘莫测的。归纳人们的各种心理现象后，大致可以从两方面来研究：

1.心理过程。它是人们在社会生活实践过程中一系列思维活动的总和，是社会生活实践在人头脑中的反映。它包括认识、情感、意志三个过程。

2.个性心理。它是人的气质、性格、能力等心理活动中稳定特点的总和与表现。在一定的社会和历史条件下，人的个性意识倾向性和个性心理特征的总和，统称为个性心理。个性意识倾向性是指对人的心理活动和行为具有激发作用的动力因素，包括需要、兴趣、动机、信念等。

尽管心理现象极其复杂，但它的发生、发展、变化是有规律的。心理现象中心理过程和个性心理并不是孤立的，而是有着密切联系的。没有心理过程，个性心理就无从形成；而个性意识倾向性和个性心理特征又制约着心理过程，并在心理过程中表现出来。所以，心理过程和个性心理是同一现象的两个不同方面。

三、消费心理与消费行为

（一）消费心理

消费心理是指消费者在寻找、选择、购买、使用、评估和处置商品过程中所产生的一系列心理活动。消费者在消费活动中的各种行为无一不受到心理活动的支配。例如，是否购买、如何购买、何时购买、何地购买及选用何种方式购买等，每一个环节都需要消费者做出相应的心理反应，进行分析、比较、选择、判断。这种在消费行为中产生的心理活动，就是消费心理。消费心理可分为：

1.本能性消费心理。它是指由人的生理因素所决定的、自然状态下的心理需要的反映。它是以消费者的生理因素作为基础和载体进行的一般心理活动，也是人类全部消费活动的基础。人类消费活动的基础是从自然状态开始，并逐步发展为具有较高层次、复杂的社会行为。

2.社会性消费心理。它是指由人所处的社会环境因素决定的，以某种生理因素为条件，在社会状态下的心理需要反映。它是人类特有的、高级的、以社会因素为基础和载体进行的具有某种社会意义的心理活动。

（二）消费行为

消费行为是指消费者为满足需要和欲望而寻找、选择、购买、使用、评价及处置商品或服务时所进行的各种活动和过程。消费者在一定购物环境中所表现出来的消费行为叫作购买行为，它是消费行为的重要环节。

消费心理和消费行为既有区别又有联系。消费心理是消费者的心理活动，看不见、摸不着；而消费行为反映的是消费者外露的行为举止，是可见的。消费心理支配消费行为，消费行为反映消费心理。在实际研究与应用中，一般将消费心理和消费行为结合起来考查。

任何学科都是研究相关规律的过程，消费心理是专门研究消费者在购买活动中心理现象的产生、发展及其变化规律的学科。

任务二　　消费心理研究的内容及方法

案例导入

老太太买李子

街上共有三家水果店。一天，有位老太太要买李子。她到第一家水果店问："有李子吗？"店主马上迎上前说："我这里的李子又大又甜，是刚进来的，新鲜得很！"没想到老太太一听，竟扭头走了。店主很纳闷："奇怪啊，我哪里得罪老太太了？"

老太太来到第二家水果店。店主马上迎上前说："老太太，买李子啊？我这里的李子有酸的，也有甜的，您想买哪一种？"她说："酸的。"于是，老太太买了一斤酸李子回去了。

第二天，老太太又来买李子了。第三家水果店的店主看到了，主动向老太太迎了过去，"老太太，还买酸李子吗？我这里有又酸又大的，您要多少？"老太太说："我想要一斤。"

一切仿佛和昨天的情形一样。但第三家水果店的店主一边称酸李子，一边搭讪道："一般人都喜欢吃甜李子，您为什么喜欢吃酸的呢？"老太太回答说："儿媳妇怀上小孙子啦，儿媳妇特别喜欢吃酸的。"店主说："恭喜您老人家了！您儿媳妇有您这样的婆婆真是福气。不过孕期的营养很关键，经常补充些猕猴桃等维生素丰富的水果，对宝宝会更好！"这样，老太太不仅买了一斤李子，还买了一斤进口的奇异果，而且从此以后她经常来这家店里买各种水果。

案例分析：销售是介绍产品提供的利益，以满足客户特定需求的过程。简单地理解就是销售人员要掌握顾客的消费心理，帮助有需要的人们得到他们所需要东西的过程，这也是达到营销目的的关键因素。

任务分析

1.任务目的

通过制作消费心理分析项目表，使学生能初步掌握消费心理研究的内容及方法，达到培养学生具有关于消费心理信息处理能力的目的。

2.任务要求

（1）教师对学生制作的消费心理分析项目表进行规范性指导。

（2）教师要求每一名学生完成一份购买某一商品的心理分析项目表。心理分析项目表包括自己在购买商品过程中的心理过程与状态、个性心理特征、购买动机、购买态度、营销因素对购买心理的影响、拟采用的研究方法等。

（3）消费心理分析项目表完成后，要求以4～6人为一组进行分组讨论，然后选派1名组员进行发言。

（4）各组交流后进行互评，教师对各组的消费心理分析项目表进行点评并总结。

知识精讲

一、消费心理研究内容

在消费者购买行为中，消费者的心理活动是由哪些因素引起的？消费者的全部心理活动过程是怎样发展的？消费者的个性心理特征是怎样表现的？商业企业经营活动如何适应消费者的心理活动？这些都是消费心理研究的内容。

（一）研究消费者购买行为的心理过程和心理状态

消费者购买行为中的心理过程和心理状态是一个从发生到发展再到完成的过程。这个过程是每个消费者都要经历的，可以说是消费者心理现象的共性。心理过程和心理状态的作用会激活消费者的目标导向与系统导向，使他们采取某些行为或回避某些行为。如消费者在商场内，有的采取了购买行为，有的犹豫不决，有的观望，有的没有购买，这些行为表现与他们的心理过程发展阶段、发展速度和心理状态有直接关系。对消费者购买行为的心理过程和心理状态的研究，包括以下三个方面的内容：

第一，消费者对商品或劳务的认识过程、情绪过程和意志过程，以及三个过程的融合交汇与统一。

第二，消费者心理活动的普遍倾向。例如，消费者中存在的追求价廉物美、求实从众、求名争胜、求新趋时、求美立异等心理倾向，以及心理倾向的表现范围、程度和心理机制等。

第三，消费者需求动态及消费心理变化趋势。例如，消费者的需求发展模式，是直线式上升还是波浪式发展？消费者对未来消费品的款式、颜色、商标、功能的要求和心理愿望等。

为什么东方甄选直播会火爆?

东方甄选于2021年12月28日开启农产品直播首秀,2022年3月25日双语带货基本成形,6月9日,董宇辉凭借双语知识带货突然走红,东方甄选实现火速出圈。东方甄选是新东方教育集团旗下开设的直播间。新东方教育集团作为教育培训机构的龙头企业,在疫情冲击、中小学教育"双减"政策的大环境下,难以独善其身。在创始人俞敏洪的带领下,新东方教育团转型乡村振兴,成立东方甄选直播间带货,2022年6月销售额迅速起爆。东方甄选直播间观看总人次自6月9日开始节节攀升,在6月18日达到顶峰6 167.3万人,迎来流量红利期。随着直播间访客越来越多,东方甄选销售额也一路飙升,6月9日日度销售额最高达6 675.3万元,东方甄选直播间自6月9日破圈之后,在带货榜单上稳定霸榜。

东方甄选火爆原因分析:

任何一次爆火,一个产品、一个事件、一条新闻,一定是情绪共振的结果。东方甄选此次爆火是几个层次能量共振、层层放大的结果。而东方甄选此次爆火,主要是直播间双语知识带货形式、对新东方情感的投射与共鸣、对主播才华与文化的审美、抖音头部真空和生态需要以及国家扶持"三农"乡村振兴的大政方针这几层原因。东方甄选独特的直播内容击中了大众需求,更以营销波纹的传播模式,不断推动品牌的涟漪扩散破圈。

当稀缺内容投到市场里,带起的第一圈涟漪是对新东方情感的投射与共鸣。新东方创业近30年,有很多人与新东方有各种各样的交集,可以说在新东方的故事里,大家可能投射各种复杂的情感。再加上这三年的疫情,几乎每个人都感到生存不易。几乎在一瞬间,所有对新东方好奇、有感情的人,在自己的生活中感到压力、彷徨、失意的人,全都涌进了东方甄选直播间。

资料来源:根据搜狐网2022年相关文章整理得来。

(二)研究消费者个性心理特征对购买行为的影响和制约作用

消费者的心理过程和心理状态能体现他们的个性心理特征,而个性心理特征又反过来影响和制约消费者的购买行为表现。例如,有些消费者能对商品从社会价值、经济价值、心理价值等方面做出比较全面的评价,有些消费者则只能对商品做出某一方面的估价;有些消费者面对众多的商品,能果断地做出买或不买的决策;有些消费者在琳琅满目的商品海洋里,则表现得犹豫不决。这些说明了消费者心理现象存在明显的差异性。消费者个性心理特征对购买行为的影响和制约作用,包括以下三个方面的内容:

第一,消费者的气质、性格上的差异,如何使他们分化为具有不同购买心理特征的群体。例如,具有胆汁质、多血质、黏液质、抑郁质气质特征的消费者,在购买行为中会表现出不同的心理活动特点。

第二,消费者对商品的评估能力。例如,消费者对商品是深刻了解还是粗浅认知?女性消费者和男性消费者对商品进行评估的依据有何差别?少年儿童、青年、中年、老年消费者的商品评估能力各有什么特点?

第三，时尚商品、新潮商品、商业广告、售货方式、店堂设计对消费者心理的影响。例如，新颖时髦的商品怎样引起消费者的兴趣？物美价廉的商品如何受到消费者的青睐？

想一想

消费者退换商品策略

在中国质量万里行活动中，不少制造、销售伪劣商品的工商企业被曝光，消费者感到由衷的高兴。3月15日值国际消费者权益日，某大型商场为了改善服务态度，提高服务质量，向顾客发出意见征询函。其中，有征询内容是"如果您去商场退还商品，售货员不予退还怎么办？"，商场要求被征询者写出自己遇到这种情况时的做法：

1.耐心诉说。尽自己最大努力，慢慢解释退换商品的原因，直到得到解决。

2.自认倒霉。自己安慰自己，告诉自己商品又不是商场生产的，自己吃点亏，下一回长经验就是了。

3.灵活变通。先换个好说话的售货员要求退换。倘若不行，再找营业组长或值班经理解释退换原因，直至问题解决。

4.据理力争。坚决与销售员争到底，倘若得不到解决，便通过媒体让其曝光或向工商管理局、消费者协会投诉。

想一想：上述四种答案各反映出顾客的哪些气质特征？具有不同气质特征的消费者分别会表现出什么样的消费态度？销售人员应如何应对？

（三）研究消费者心理与市场营销的双向关系

不同的消费品市场以不同的消费者群体为对象，不同的消费者群体对消费品市场也有不同的心理要求。企业的营销策略会影响消费者心理的产生和发展；反过来，不同消费者的心理特点和心理趋向，也会对市场营销提出特定的要求。因此，消费者心理与市场营销存在双向关系。成功的市场营销，是能够适应消费者心理要求和购买动机的营销，是能够适应消费者心理变化而开展有效公共关系活动的营销。对消费者心理与市场营销双向关系的研究，包括以下三个方面的内容：

第一，影响消费者心理的各种社会因素和自然因素。例如，收入水平、消费水平对购买序列、消费结构的影响；社会风气、风俗习惯、消费流行对购买心理的影响；文化水平、职业特点对购买选择的影响；性别、年龄、气候、地域条件对购买心理的影响等。

第二，商品设计如何适应消费者心理。例如，商品结构设计是否符合人体工程学的要求？商品装潢设计是否适应消费者的审美要求？全新产品、换代新产品、改进新产品如何适应消费者求新的心理要求等。

第三，从心理学的角度开展企业营销中的公共关系活动。例如，对营业员、服务员进行心理训练，以提高企业在消费者心目中的形象和声誉；做好现场销售环境设计和对顾客的接待，以吸引更多的消费者进店购物；对消费者心理进行预测分析和咨询，以制定相应的营销策略。

综上所述，围绕着消费者购买行为的"为什么"，即决定购买前的心理活动过程，"做什么"，即购买中的心理活动过程，"怎么做"，即怎样引导消费者的心理活动过程，就产生了消费心理丰富的研究内容。

二、消费心理研究方法

（一）观察法

所谓观察法是指调查人员在自然条件下有目的、有计划地观察消费者的语言、行为、表情等，分析其内在原因，进而发现消费者心理现象规律的研究方法。观察法是科学研究中最一般、最方便使用的研究方法，也是消费心理最基本的研究方法。

观察法在消费心理研究中的应用范围有：①对实际行动和迹象的观察。例如，调查人员通过对顾客购物行为的观察，预测某种商品的销售情况。②对语言行为的观察。例如，观察顾客与售货员的谈话。③对表现行为的观察。例如，观察顾客谈话时的面部表情。④对空间关系和地点的观察。例如，利用交通计数器对来往车流量的记录。⑤对时间的观察。例如，观察顾客进出商店及在商店逗留的时间。⑥对文字记录的观察。例如，观察人们对广告文字内容的反应。

观察法的优点：消费者不知情，没有心理负担，心理表现较自然，获得的资料客观、真实、可靠。缺点：未对消费者心理活动的产生和发展施加任何有意识的影响和控制，故较难全面、深入地了解和掌握其心理活动过程及规律。

@ **实例链接1-3**

对消费心理研究运用观察法

20世纪60年代，美国学者威尔斯和洛斯克鲁曾在一家超市的菇类食品、糖果和洗衣粉等商品前进行了600个小时的观察研究。这两位学者非常耐心地从消费者进入这些商品柜台的过道开始，到离开过道为止，观察了各种类型的消费者及与购买行为有关的消费者活动，并做了1 500条记录。事后，他们对这些记录进行了分析，研究了光顾这些商品的消费者构成、消费者性别及儿童所占的比例；当几个人同行前往商品货架时，谁的言行对同行消费者的购买行为有影响；消费者是否会考虑和比较商品的价格；消费者在购买前对商标和包装是否注意等。这个实例表明，对消费心理运用观察法进行科学研究的做法颇有意义。

（二）实验法

实验法是指对研究对象的活动过程进行干预，以暴露其特性，人为地控制对象，创造条件，排除干扰，突出主要因素，在有利条件下研究其心理活动规律的方法。它又可分为实验室实验法和自然实验法两种形式。

实验室实验法是指在人为情况下严格地控制外界条件，在实验室内借助各种仪器和设备进行研究的方法。这种方法所得的结果一般准确性较高，但只能研究营销活动中比较简单的心理现象，如商业广告心理效果的测定等。

自然实验法是指在营销活动实践中，有目的地创造某些条件或变更某些条件，给研究对象的心理活动以一定的刺激或诱导，从而观察其心理活动的方法。这种方法具有主动性的特点，既可研究一些简单的心理现象，也可研究人的个性心理特征，应用范围比较广泛。

与观察法相比，实验法的研究设计与操作难度相对较大，对设施、设备的要求也比较高，所需的人力、物力也比较多，因而所花的代价也比较大。

（三）访谈法

访谈法是指研究者通过与研究对象直接交谈，在口头信息沟通的过程中了解研究对象的心理状态的方法。此方法主要用于对消费者心理的研究。访谈法依据与受访者接触的不同方式，又可以分为面对面访谈和电话访谈两种形式。

面对面访谈又可分为结构式访谈和无结构式访谈两种。结构式访谈又称控制式访谈，是指研究者根据预定目标，事先撰写谈话提纲，访谈时依次向受访者提出问题，让其逐一回答。电话访谈是指借助电话这一通信工具与受访者进行谈话的方法，它一般是在研究者与受访者之间受空间距离限制，受访者难以或者不便直接面对研究者时而采用的访谈方法。电话访谈是一种结构式访谈，访谈内容要事先设计和安排好。

访谈法的优点是一般较容易取得所预期的资料，准确性高。但此方法所耗费用较多，对进行访谈的人员的素质要求也比较高。

（四）投射法

投射法是研究者以一种无结构性的测验，引出被试者的反应，以考察其所投射出的人格特征的心理测验方法。也就是说，投射法不是直接对被试者明确提出问题以求回答，而是给被试者一些意义不确定的刺激让其想象、解释，使其内心的动机、愿望、情绪、态度等在不知不觉中投射出来。消费心理学研究常用的投射法主要有角色扮演法和造句测验法。

角色扮演法就是让被试者扮演某种角色，然后以这种角色的身份来表明对某一事物的态度或对某种行为做出评价；造句测验法是由研究者提出某些未完成的句子，要求被试者填上几个字，将句子完成。

实例链接1-4

速溶咖啡的角色扮演法

著名的角色扮演法测试是美国关于速溶咖啡的购买动机研究。一开始，速溶咖啡的上市并没有被消费者接受，大家对这种省时、省事的产品并不感兴趣。美国心理学家海尔曾用问卷法进行调查，得出的结论是消费者不喜欢这种咖啡的味道。然而，这个结论是没有依据的，因为速溶咖啡与新鲜咖啡的味道是一样的。后来，海尔通过角色扮演法，编制了两种购物清单，见表1-1。其中，只有一项内容不同，一份上面写的是速溶咖啡，另一份上面写的是咖啡豆。这两种购物清单分别发给两组妇女，请她们描写采用不同购物清单的家庭主妇的特征。测试发现，两组妇女对家庭主妇的评价截然不同。

表1-1	海尔的购物清单
购物单A	购物单B
1张汉堡牛肉饼	1张汉堡牛肉饼
2片面包	2片面包
胡萝卜	胡萝卜
1听发酵粉	1听发酵粉
1磅速溶咖啡	1磅咖啡豆
2听桃子罐头	2听桃子罐头
5磅土豆	5磅土豆

　　大家认为购买速溶咖啡的主妇贪图方便、省事、懒惰，生活毫无计划，喜欢花钱，不是个好妻子；而购买咖啡豆的主妇则被大家评价为勤快、有经验、会持家的主妇。于是，不喜欢速溶咖啡的真正原因找到了，不在于味道，而是一个传统观念的问题。在当时的社会背景下，美国妇女认为担负繁重的家务是一种天职，而逃避劳动被认为是偷懒的行为，大家不接受速溶咖啡正是基于这种深层次的购买动机。这样，厂家要改进的就不是产品的味道，而是如何进行广告宣传。后来，厂家改变宣传策略，消除消费者的顾虑，产品随即畅销起来。今天，速溶咖啡不仅是西方国家的通用饮品，也逐渐成为中国人的家庭常用饮品。

　　（五）问卷法

　　问卷法是指通过研究者事先设计的调查问卷，向被研究者提出问题，并由其予以回答，从中了解被研究者心理的方法。这是研究消费心理常用的方法。根据操作方式，问卷法可以分为邮寄问卷法、入户问卷法、拦截式问卷法和集体问卷法等。

　　邮寄问卷法通过邮寄方式进行，不受地理条件限制，到达范围十分广泛，被研究者填答问卷的时间比较灵活，答案也比较真实、可靠。入户问卷法是指研究者或访问员依据抽取的样本挨家挨户上门访问，要求受访者对每一个问题做出回答，访问员当场做好记录，也可以由访问员挨家挨户发放完问卷就离去，由受访者自行填写，过时再收回问卷的方法。拦截式问卷法是指由访问员在适当地点，如商场出入口处等，拦住适当受访者进行访问的方法。集体问卷法是指由研究者对一群人同时进行访问的方法，它适合于受访者相对集中的情况。问卷法的优点是能够同时取得很多被研究者的信息资料，可以节省大量的调查时间和费用，而且简便易行；其局限性主要是它通过语言文字为媒介，研究者与被研究者没有面对面交流，无法彼此沟通感情。

项目小结

　　消费者是指参与消费活动的个人或团体，泛指现实生活中使用各种商品的人，包括商品或服务的需求者、购买者和使用者，也包括潜在的消费者和现实的消费者。

　　消费心理是指消费者在寻找、选择、购买、使用、评估和处置商品过程中所产生的一系列心理活动。消费者在消费活动中的各种行为无一不受到心理活动的支配。

消费行为是指消费者为满足需要和欲望而寻找、选择、购买、使用、评价及处置商品或服务时所进行的各种活动和过程。消费者在一定购物环境中所表现出来的消费行为叫作购买行为，它是消费行为的重要环节。

本项目讨论题

名画被毁

有一位印度人手里拿着均出自一位名画家之手的三幅名画，这三幅名画恰好被一位美国画商看中，这位美国画商心想："既然这三幅画都是珍品，必有收藏价值，假如把它们买下来，收藏若干年后肯定会大幅度增值，到那时我就能发一笔大财。"他打定主意，无论如何也要买下这三幅画。

于是，美国画商问那位印度人："先生，你手中的画不错，我想买下来，多少钱能卖？"

印度人反问道："你是买三幅，还是只买一幅呢？"

"买三幅多少钱？只买一幅又多少钱？"美国画商试探着问。他的如意算盘是先和印度人谈定一幅画的价格，然后再说三幅都要，多买肯定能优惠。

印度人只是在表情上略显难色，并没有直接回答他的问题。可美国画商却有点沉不住气，他说："你开个价，一幅要多少钱？"

卖画的印度人是一位地地道道的"商业精"。印度人非常清楚自己这三幅画的价值，而且还看出了这位美国画商喜欢收藏古董名画，他一旦看中，就不会轻易放弃，价格再高他也会买下来，并且印度人从美国画商的眼神中判断，这位美国画商已经看上了自己的画，心中就有底儿了。

印度人仍装作漫不经心的样子回答说："先生，如果你真心实意要买，我看你每幅给250美元吧！这够便宜的了。"

美国画商也并不是商场上的庸者，他抓住多买少算的筹码，1美元也不想多出。于是，两个人讨价还价，谈判一下陷入了僵局。

那位印度人灵机一动，计上心来，装作大怒的样子，起身离开了谈判桌，拿起一幅画就往外走，到了外面二话不说就把画烧了。美国画商很吃惊，他从来没有遇到过这样的对手，对于烧掉的一幅画又惋惜又心痛，于是小心翼翼地问印度人剩下的两幅画卖多少钱。想不到烧掉一幅画后，印度人要价的口气更强硬了："两幅画少于800美元不卖！"

美国画商觉得太亏了，少了一幅画，反而还要多卖钱，哪有这种道理。于是，他强忍着怒气还是拒绝了，目的是少花点钱。

想不到，那位印度人不理他这一套，又怒气冲冲地拿出另一幅画烧了。这次，美国画商可真是大惊失色，只好乞求印度人不要把最后一幅画烧掉，因为自己太爱这幅画了。接着他又问这最后一幅画卖多少钱。

想不到印度人张口还是800美元。这一次美国画商有点儿急了，问："一幅画怎么能比三幅画的价钱还高呢？你这不是存心戏弄人吗？"

这位印度人回答："这三幅画均出自知名画家之手，本来有三幅的时候，相对价值应该低一点。如今只剩下一幅了，变成了绝世宝贝，它已经大大超过了三幅画共存时候的价值。因此，现在我告诉你，这幅画800美元我也不卖，如果你想买，最低出价1 000美元。"听完后，美国画商一脸苦相，没办法，最后只能以1 000美元成交。

资料来源：熊素芳. 营销心理学 [M]. 北京：北京理工大学出版社，2006.

讨论题：此案例对你有何启发？请结合案例谈谈研究消费心理的意义。

思考与练习

1.选择题

（1）单选题

①消费是人类社会消耗生产资料、生活资料以及精神产品的（   ）行为。

A.主动　　　　　　B.被动　　　　　　C.能动　　　　　　D.自动

②生活消费是指在社会生产过程中（   ）四个环节中的消费环节。

A.生产、消费、分配、交换　　　　　B.交换、生产、分配、消费

C.生产、分配、交换、消费　　　　　D.交换、消费、生产、分配

③消费心理可分为（   ）。

A.本能性消费心理和社会性消费心理　　B.自然性消费心理和社会性消费心理

C.本能性消费心理和公众性消费心理　　D.自然性消费心理和公众性消费心理

④消费行为中的重要环节是（   ）。

A.选择比较　　　　B.讨价还价　　　　C.购买行为　　　　D.售后维权

（2）多选题

①消费心理倾向包括（   ）。

A.价廉物美　　　　　　B.求实从众　　　　　　C.求名争胜

D.求新趋时　　　　　　E.求美立异

②消费者的气质类型有（   ）。

A.胆汁质　　　　　　　B.多血质　　　　　　　C.骨髓质

D.黏液质　　　　　　　E.抑郁质

③消费心理的研究方法包括（   ）。

A.观察法　　　　　　　B.实验法　　　　　　　C.访谈法

D.投射法　　　　　　　E.问卷法

2.简答题

（1）简述消费者心理与市场营销的双向关系。

（2）观察法的优缺点各是什么？

（3）简述邮寄问卷法、入户问卷法、拦截式问卷法和集体问卷法的含义和特点。

3.实务训练题

【相关案例】

"抓娃娃"：心理陷阱下的消费"魔爪"

对"抓娃娃"这种源于日本的互动游戏，中国的消费者们玩了二十几年也没腻。周末，商场里的"抓娃娃"机人气爆棚。在走访过程中我们了解到"抓娃娃"游戏的高峰

期集中在晚上和假期，而过来"抓娃娃"的除了小孩子，更多的是年轻人，在年轻人中女生和情侣则更多一些。

小孩子喜欢娃娃是天性，但为什么许多成年人也热衷于此呢？开启一次设备只需要两三块钱，小成本可能带来的是大惊喜，这样的心理让大家跃跃欲试。一旦消费者有了这种念头，就可能掉进了"娃娃陷阱"，无论花费多少都要抓到娃娃。只有最终抓到了娃娃才会心满意足地收手，还免不了网络晒"娃"。

也有网友表示既然那么喜欢"抓娃娃"，自己买一个"抓娃娃"机就好啦，免得大把的银子都进了商家的口袋。网友在接受调查时却表示自己买的"抓娃娃"机，即使抓到了也没有成就感。正是消费者的这种消费心理，商场里的"抓娃娃"机才会人气爆棚。

"看到娃娃就想抓，就是有种特别的吸引力"，一位正在"抓娃娃"的年轻女孩一边注视着娃娃一边说。"抓娃娃"一般分为两个过程——抓取和运送，每每只差那么一点就能抓到娃娃，大家在享受这种紧张与刺激之余，再加之以小博大的心理，"抓娃娃"机就能轻松抓住消费者的心。

据了解，"抓娃娃"的消费总额突破了100亿元人民币的大关。按照预测的数据来看，在未来几年"抓娃娃"的消费额的增速虽然有所减缓，但市场量级仍然会逐年扩大。若想长久立足于消费的风口，仅仅依靠"抓娃娃"机里不断更换的玩偶肯定是不够的，再好玩的游戏在高频率的重复下也会令人心生厌倦。所以，怎样丰富消费者的消费体验，增强"抓娃娃"的新鲜感和持久度成了该产业未来发展需要解决的问题。

资料来源：根据虎嗅网–高街高参2018-10-01相关文章整理得来。

请结合消费者心理与行为特点，分析"抓娃娃"流行的原因。

【业务操作训练】

消费心理体验

训练目的：体验在消费行为中不同消费心理感受。

训练内容：通过体验消费心理，完成对商品消费心理的分析。

训练操作：

1.扮演一名购买咨询者，走访3～5家商场、集贸市场或夜市，选择化妆品、家用电器、蔬果、衣帽鞋等，与促销员进行沟通，留意他们都会主动与你沟通哪些方面的内容。

2.在购买咨询的过程中，留意自己的心理都有哪些变化。

成果要求：

1.回来后，对沟通内容进行总结。在这次购买咨询活动中，引起你心理变化的因素都是什么？你周围的人在这次消费活动中都起到了什么作用？

2.分析促使交易最终完成的相关因素。

思政小结

项目一思政小结

项目二 消费者的心理活动过程

学习目标

知识目标

1.掌握消费者对商品的感觉与知觉的概念、分类、一般规律和基本特征。

2.掌握记忆的概念及记忆规律。

3.认识注意的功能、分类以及注意在商业营销活动中的作用。

4.了解想象与思维的含义和特点。

5.了解情感和情绪与商品买卖的关系。

6.了解消费者意志过程的基本特征及意志品质。

能力目标

1.能够利用消费者的感觉与知觉、记忆与注意、想象与思维激发消费需求。

2.会运用消费者心理活动的认识、情感、意志过程，制订营销计划，开展营销活动。

素养目标

通过本项目的学习，培养学生用辩证思维去分析消费者消费行为的心理活动过程。通过案例学习让学生懂得中国文化的博大精深，渗透着中国文化的商品才会让消费者产生共情。营销人员要有职业道德感、责任感，有社会担当意识与爱国情怀。

消费者在购买商品时所产生的认识过程、情感过程和意志过程，是购买心理过程统一、密切联系的三个方面。人与人之间由于遗传基因和社会实践活动的差异会形成各自特有的心理与行为，但是都需要对商品的认识过程、情感过程和意志过程。所以，要做好营销工作就必须掌握消费者的购买心理活动过程。

本项目通过对消费者心理活动过程的分析，发现并研究消费者心理现象的一致性，探索消费者购买行为心理的一般规律，同时为后面项目的学习奠定理论基础。

案例导入

把木梳卖给和尚

有一则故事，说的是一家著名的跨国公司高薪招聘营销人员，应聘者趋之若鹜，其中不乏硕士、博士。但是，当这些人拿到该公司的考题后，却都面面相觑、不知所措。原来，该公司要求每一位应聘者在10天之内将9把木梳尽可能多地卖给和尚，为该公司赚取利润。

出家和尚，剃度为僧，光头秃顶，要木梳何用？莫非出题者有意拿众人开涮？应聘者几乎都放弃了。一时间，原先门庭若市的招聘大厅里仅剩下A、B、C三人。这三人知难而进，奔赴各地卖木梳。

期限一到，面对公司主管，A君满腹委屈，说他10天仅卖掉1把木梳，自己前往寺庙诚心推销，却遭众僧责骂，僧人说将木梳卖给无发之人是有意取笑、羞辱他们，A君被轰出山门。归途中，偶遇一位游僧在路旁歇息，因旅途艰辛，见游僧头皮又脏又厚，奇痒无比，自己就向游僧推销木梳。游僧动了恻隐之心，试用木梳刮头去体验，果然解痒，便解囊将其买下。

B君听到A君的叙述后，不免有些得意。B君声称自己卖掉了10把，为了推销木梳，他深入远山古刹。那里山高风大，前来进香的人的头发被风吹得散乱不堪。见此情景，B君忙找到寺院住持，并对他说："庄严宝刹，信众衣冠不整、蓬头垢面，是在亵渎神灵，故应在寺庙香案前摆放木梳，供前来拜佛的人梳理头发。"住持认为B君说得有道理，采纳了此建议，总共买下了10把木梳。

轮到C君汇报，只见他不慌不忙，从怀中掏出一份大额订单，声称不但已经卖出1 000把木梳，而且急需公司火速发货，以解燃眉之急。听此言，A、B两人啧啧称奇，公司主管也大惑不解，忙问C君如何取得如此佳绩。C君说，为推销木梳，自己打探到一个久负盛名、香火极旺的名刹。找到寺内方丈后向他进言："凡进香朝拜者无一不怀有虔诚之心，希望佛光普照，恩泽天下。大师是位得道高僧，且书法超群，能否题'积善'二字刻于木梳之上，赠予进香者，让这些善男信女梳掉三千烦恼丝，以此向天下显示，我佛慈悲为怀，慈航普度，保佑众生。"方丈听后非常高兴，不仅将C君视为知己，而且两人共同主持了"积善梳"的首发仪式。此举一出，一传十，十传百，寺院不但盛誉远播，而且进山朝圣的人为求得"积善梳"，简直挤破了门槛。为此，方丈恳求C君急速返回，请公司多多发货，以成善事。

案例分析：若按常理，想将木梳卖给和尚，简直是天方夜谭。但换一种思维，就能"柳暗花明又一村"。A君按常规思维解决问题，结果遭到失败；B君运用创造性思维，思路正确，但不够大胆；C君充分运用创造性思维，终于找到解决问题的最佳方案。

任务分析

1.任务目的

通过分析消费者认识活动的一般过程，使学生能掌握消费者认识的基本内容，界定消费认识层次，把握消费者认识过程的内在规律，达到培养学生具有解决消费过程中实际问题的能力的目的。

2.任务要求

（1）教师对学生分析消费者认识过程的步骤和程序进行规范性指导。

（2）教师要求每一名学生根据任务涉及的知识写一份消费者认识活动任务书。任务书内容包括：消费者感知刺激、消费者记忆强化、消费者注意引导、消费者思维的开发等。

（3）在完成书面文稿后，进行分组讨论。然后选派一名组员进行发言，提出引导消费认识的相关建议。各组交流后进行互评，教师对各项实施任务的建议进行点评并总结。

知识精讲

消费者的认识过程是消费者心理过程的第一阶段，是消费者其他心理过程的基础。消费者的认识过程是指消费者在消费过程中通过感觉、知觉、注意、记忆、思维和想象等形式对商品或服务等外部信息加以接收、整理、加工、存储，从而形成综合性认识的过程。

一、感觉和知觉

（一）感觉

1.感觉的概念

感觉是人脑对直接作用于感觉器官的客观事物个别属性的反应。消费者的感觉主要是消费者在购买商品和使用商品的过程中对商品个别属性的反应。人对客观世界的认识过程，是从感觉开始的。同样，消费者对商品世界的认识过程，也是从感觉开始的。

人的感觉主要有5种类型，以5种感觉器官命名，分别是：视觉、听觉、嗅觉、味觉、触觉。比如：人用眼睛看到漂亮的色彩，用耳朵听到美妙的音响，用鼻子嗅到诱人的香味，用手抚摸到柔软舒适的物体等。消费者正是通过对上述各种感觉器官来分辨商品的色彩、气味、温度、重量、形状、质地等各种具体特征，通过神经系统将信息从感觉器官传递到大脑，从而形成对商品的个别的、表面的初步形象。

2.感觉的特征

感觉具有舒适性、敏感性和适应性等特征。

（1）舒适性

人们的感觉都有一个体验舒适性的问题，可以说，追求消费商品过程中的舒适是消费的一种原则。在购物过程中，面对赏心悦目的购物环境和热情细致的服务，消费者便会产生一种舒适感，而这种舒适感会对购物产生积极的促进作用。

（2）敏感性

消费者的敏感性是指对商品某一种属性进行辨别的能力。例如：喜欢绘画的消费者对商品的色彩就很敏感；对厨师来讲，其对食物的气味比较在行。在消费行为中，消费者对商品的属性相对敏感的要素有四个：一是商品的外观；二是商品的重量和数量；三是商品的价格；四是商品的质量。

（3）适应性

消费者的适应性是指随着时间的延长，消费者的敏感性逐渐下降。例如，喜欢流行音乐的年轻人对一张新专辑的狂热会持续一两周，继而又去拥护另一张新歌专辑。对各类商品消费适应中的"喜新厌旧"现象正是推动消费者进行下一次消费的动力之一，更是商品市场不断发展的动力。

3.感觉的作用

感觉使消费者获得对商品的第一印象，在消费者购物活动中有着很重要的先导作用。第一印象的好与坏、深与浅，直接影响着消费者的购物态度和行为。商品的生产商和销售商要有"先入为主"的意识和行为，在色彩、大小、形状、质地、价格等方面精心策划自己的新产品，做到第一次推出就能牢牢抓住消费者的眼球，具有较高的关注度。今天，大多数商场都能运用"感觉"进行销售活动。例如，给消费者创造幽雅的购物环境，用灯光、音响、色彩、气味来刺激消费者，从而达到招徕顾客和促销的目的。

想一想

都是色彩惹的祸

日本东京有一个小茶馆，生意本来很兴隆，店主人为进一步招揽顾客，特意将四壁装饰成浅绿色，并挂上了名人字画。不料，这个重新装饰过的茶馆尽管也是天天座无虚席，但是月末结账时收入却少了一半。后经人指点，老板才知道这"都是色彩惹的祸"。于是，老板又把房间改回了原来的暗红色，茶馆依旧门庭若市，收入却比最初增加了。

问题：请分析该茶馆收入减少为何是色彩惹的祸。

（二）知觉

1.知觉的概念

知觉是指人的大脑对直接作用于感觉器官的客观事物的整体反映。知觉和感觉实际上是完全分不开的。知觉是在感觉的基础上形成的，是感觉的深入。感觉是知觉的前提，没有感觉就没有知觉。感觉到的个别属性越丰富，对事物的知觉就越全面。例如，当消费者对某件衣服的色彩、大小、手感等个别属性有所反应时，可以说对这件衣服有了感觉。当他对这件衣服形成比较完整的印象时，衣服的色彩、大小、手感等属性在头脑中已经有了综合的反应，我们称这一过程的心理活动为消费者知觉过程。知觉过程并不是感觉的简单相加。例如，对同一件衣服的知觉，普通消费者和服装专家会产生不同的整体反应。

2.知觉的特征

知觉具有整体协调性、理解性和选择性等特征。

（1）整体协调性

从知觉的定义中可以看出，消费者感受了商品的各个属性后，形成的是一个统一、整体的形象，并非是个别、片面的。整体性还表现为协调性。例如，消费者对衣服的款式、色彩十分中意，但价格昂贵时，那么消费者对这件衣服的知觉就不会协调。平时购物时我们讲究的物美价廉就是整体协调性的表现。

（2）理解性

知觉的理解性是指消费者根据已有的知识和经验对知觉对象进行解释的过程。人们在感知一个对象或现象时，不仅直接反映它的整体形象，还会根据自己以前获得的知识和实践经验来解释和判断这一对象或现象。有人曾用对图片的感知来说明这一特性。实验者先给受试者呈现一张图片，上面画着一个身穿运动服正在奔跑的男子，受试者一看就断定他是球场上正在锻炼的一位足球运动员。接着给受试者呈现第二张图片，内容是在那个足球运动员的前方增加了一位惊慌奔跑的姑娘，这时受试者看到了一幅坏人追逐姑娘的画面。最后实验者拿出第三张图片，在奔跑的足球运动员后面又增加了一头刚从动物园时逃跑出来的狮子。这时，受试者才明白了图画的真正意思，即运动员和姑娘是为了躲避狮子而在拼命地奔跑。

（3）选择性

知觉的选择性是指消费者在感受商品时，不能够感受到商品的全部属性，而仅仅能够感受到商品的一部分属性。这除了人的注意力是有限的原因外，还取决于消费者的兴趣、需要、消费习惯和消费动机等。在商业设计中，为了突出名贵商品，往往在其背景上加以包装，用其他商品加以衬托，这种"众星捧月"式的设计正好符合知觉选择性的特点，可以以此来吸引消费者的注意。

人们采用知觉观察客观事物时，总是有选择地把某些事物作为知觉对象，而把另一些事物作为知觉背景。知觉对象与知觉背景是相对而言的，此时的知觉对象也可以成为彼时的知觉背景。图2-1就是一个知觉对象和知觉背景可以相互转换的明显例证。

双面花瓶

少女与老妇

图2-1 双关图

3.错觉

人们在知觉某些事物时，受背景干扰或某些心理原因的影响，往往会出现失真现象，这种对客观事物不正确的知觉称为错觉。错觉现象在生活中十分普遍。例如，实际同样身高的男女，人们总是认为女的比男的要高一些；房间里装上一面镜子，就显得比原先宽敞多了，等等。在市场营销中要巧妙地运用错觉原理去满足消费者的心理要求。例如，绿色瓶或黄色瓶装的啤酒，会使人产生清爽或富含营养的感觉；扁形盒包装的化妆品要比圆柱形包装的显得大一些。营业员在推销纺织服装类商品时，应运用错觉原理，科学、巧妙地推荐，提高服务艺术水平。如向身体矮胖的顾客推荐深颜色、竖条纹服装会使顾客显得苗条些；而向细高个儿顾客推荐浅色、横条纹衣服则会使顾客显得丰满些。

二、记忆和思维

（一）记忆

记忆是指通过识记、保持、回忆、认知四个基本环节在人脑中积累和保存个体经验的心理过程。在我们的工作和生活中，记忆起着非常重要的作用。我们从事任何一种活动都离不开记忆，它是人脑对过去所经历过的事物的反映。

1.记忆及其分类

记忆是经验的印留、保持和再作用的过程，是人脑对过去经验的保持和再现。根据记忆内容的不同，记忆可分为形象记忆、词语记忆、情景记忆、情绪记忆与运动记忆。

（1）形象记忆是指以感知过的事物形象为内容的记忆。它通常以表象形式存在，所以又称表象记忆，直观形象是其显著特点。

（2）词语记忆又称为语词逻辑记忆，是指以语词所概括的事物之间的关系以及事物本身的意义和性质为内容的记忆。

（3）情景记忆是指个人以亲身经历的、发生在一定时间和地点的事件为内容的记忆。它与个人所接受和储存的信息及特定事件的时间和地点相关，并以个人的经历为参照，所以容易受各种因素的干扰。

（4）情绪记忆是指个人以曾经体验过的情绪或情感为内容的记忆。情绪记忆既可能是积极、愉快的体验，也可能是消极、不愉快的体验。积极、愉快的情绪记忆对人的行为有激励作用，消极、不愉快的记忆会降低人的活动效率。

（5）运动记忆是指个人以过去经历过的身体的运动状态或动作形象为内容的记忆。它以过去的运动或操作动作所形成的动作表象为前提，动作表象来源于人对自己的运动动作的知觉以及对他人动作图案中的动作姿势的知觉，也能通过对已有的动作表象的加工改组而创造出新的动作形象。运动记忆在人们的社会各领域的实践活动中起着重要作用。

2.记忆过程

记忆过程是获得信息并把信息储存在头脑里以备将来使用的过程，包括识记、保持、回忆和认知四个环节。它们既紧密联系，又相互制约。识记和保持是回忆和认知的基础，回忆和认知既是识记和保持的结果，又是巩固与强化识记和保持的催化剂。现代记忆研究学派运用信息处理的方法研究记忆，把人脑的记忆过程形象地比作一台计算机的信息处理过程，即经过录入、储存、检索，如图2-2所示。

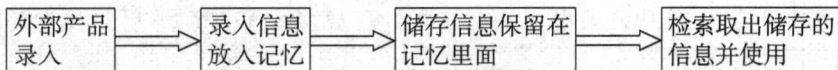

图2-2 记忆过程

（1）识记是指人们为获得客观事物的深刻印象而反复进行感觉、知觉的过程。也就是说，识记是识别和记住事物的过程。在购买行为中，消费者就是运用视觉、听觉和触觉去认识商品，在大脑皮层上建立商品各因素之间的联系，留下商品的痕迹，从而识记商品。

（2）保持是指巩固已经识记的知识和经验的过程，使识记的材料能较长时间地保持在脑中。例如，消费者把在识记过程中建立的商品诸因素之间的联系储存在脑海中，这就是保持的过程。

（3）回忆又称为再现或重现，是指在不同情况下恢复过去经验的过程。也就是过去曾反映过的事物不在眼前，但能把对它的反映重新呈现出来，它常常以联想的形式出现。例如，消费者在购买某种商品时，往往在脑海中重现曾经在别处见过或自己使用过的同种商品。

（4）认知是指过去感知过的事物重新出现时，能够感觉听过、见过或经历过。如以前曾听过的歌曲，当别人再演唱时能够听出来以前曾听过，甚至能说出歌名。

🎯 知识拓展

记忆系统

依据信息处理理论，记忆系统是由感觉记忆、短时记忆和长时记忆组成的，如图2-3所示。20世纪50年代中期以后，在信息论、控制论和系统论的影响下，随着计算机技术的飞速发展，心理学家更倾向于运用信息加工的观点来解释人类记忆。

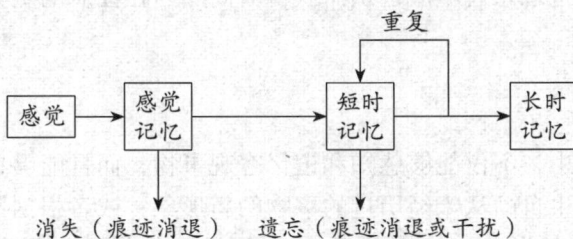

图2-3 记忆系统的组成

1.感觉记忆。它也称瞬时记忆，在这种记忆中，信息保持的时间为0.25~2秒，特点是持续时间短、容量小。尽管感觉记忆很短暂，但往往是长时记忆的起点。例如，一位消费者走过一家面包房，看到了里面的各式面包，就有了一个印象。这种感觉虽然只是瞬间的事，但足以令消费者做出是否进一步观察的决定。如果信息保留下来被进一步处理，它就会由留意转化为短期记忆。当然，如果记忆仅停留在瞬时记忆阶段，不能引起消费者进一步观察的兴趣，那么就不会产生实效。如商品广告，如果广告词在10秒内单字达到80个以上，对消费者来说就只能产生瞬时记忆。

2.短时记忆。它是指在有限的时间里储存信息，并且受到限制的记忆。短时记忆中信息保持的时间为5~20秒，最长不超过1分钟。现实中那些能够引起注意的瞬时记忆会转为短时记忆。

3.长时记忆。它是指我们能长期保留信息的记忆，这样的记忆往往能够保持1分钟以上直至多年甚至终身。它是对短时记忆加工复述的结果，包括思考并把刺激与记忆中已有的其他信息相关联。在市场营销活动中，商家往往把广告词设计成简洁、朗朗上口、便于传唱的"打油诗"或歌曲，向消费者重复传播相关信息，以加深消费者对某种商品的记忆，从而使其商品家喻户晓。

（二）思维

1.思维的概念

思维是指通过分析、概括对客观事物的本质进行间接反映的过程。也就是说，人们对客观事物的认识不会停留在感知和记忆的水平上，而总是利用已经感知和记忆的材料，进行分析、综合、抽象、概括等思考活动，把感性认识升华到理性认识阶段，从而获得对事物本质和内在规律的认识。

2.思维的特点

间接性和概括性是人们思维的重要特点。所谓间接性，是指借助已有的知识、经验来理解和把握那些没有直接感知过的根本不可能感知到的事物。例如，消费者对大屏幕彩电的内在质量往往没有太专业的认知和了解，但可以对大屏幕彩电去感知表象：图像是否清晰，色彩是否逼真，音响是否优美，信号是否灵敏等，再借助已有的知识经验，间接地感知它的内在质量性能。所谓概括性，是指通过对同一类事物的共同特性、本质特征或事物间规律性的联系来认识事物。例如，消费者在购买过程中多次感知价格与质量的联系，从而得出"便宜无好货"的概括性结论。在消费过程中，消费者往往也会得出"大商场的东西要比街头拐角处购得的东西的质量要可靠"的结论。因此，消费者要善于思考和总结，通过现象看本质，从而获得对商品内在性质的更为深刻的认识。

三、想象和注意

（一）想象

1.想象的概念

人们在生活实践中，不仅能够感知和记忆客观事物，而且能够在已有的知识、经验基础上，在头脑中产生自己从未经历过的事物的新形象，或者根据别人口头语言或文字的描述形成相应事物的形象，这就是想象。《西游记》就是一部充满想象与创造的名著。在平时生活中，人们受到某种刺激物的影响时，会不由自主地进行想象。在购买行为中，消费者看到一件款式新颖的衣服时，会想象穿在自己身上如何高雅、时髦。

2.想象的作用

想象能提高消费者购买活动的自觉性和目的性，对引起情绪过程、完成意志过程起着重要的推动作用。消费者在形成购买意识、选择商品、评价商品的过程中都有想象力的参与。比如，看到漂亮的布料，会想到漂亮布料制作出来的衣服，想到穿着漂亮的衣服时受人喜欢的愉快与满足；买一台空调，消费者会想象拥有它能给家庭带来四季如春的感受，同时还起到美化家居的作用；等等。通过想象，消费者就能深入认识商品的实用价值、欣赏价值和社会价值，其结果是能增强商品对消费者的吸引力，激发其购买欲望。

想一想

图形与消费者的想象

　　某化妆品公司为了了解男性和女性对化妆品包装图案象征意义的认识，做了一项实验：聘用数量相同的男性和女性消费者帮助做一些简单的工作，完成之后赠送一些化妆品以示感谢。赠送的化妆品的形体完全相同，只是包装瓶盖上的图案略有不同：一种是圆形图案；另一种是三角形图案。结果，男性都选择了三角形图案，女性都选择了圆形图案。

　　问题：试分析为什么会出现这种结果。

同步实训2-1

想象力的训练

　　【实训目标】培养学生丰富的想象力。

　　【实训内容】以小组为单位把一组词语编成故事、讲故事，并续讲故事。

　　【实训操作】

　　（1）让学生复习想象的内容及其在营销活动中的作用。

　　（2）将全班学生每5~6人一组进行分组，并选出小组负责人。教师说明训练内容及成果要求。

　　（3）每个小组围绕消费者消费过程中的某个环节设计出4个词语，小组依次展示，编故事，讲故事。再出4个词语，续讲故事。让同学们参与，以培养他们的想象力。想象力最丰富的小组将得到此次活动的最高分，最差的小组成员要受到惩罚，比如表演节目、脸上涂色彩等。

　　（4）教师对活动中产生的效果进行分析、总结。

　　【实训要求】

　　（1）每人写出体会与分析报告。

　　（2）依据报告与编写、讲述故事的表现为每位学生打分。

　　（3）每名同学的成绩由小组排序的分数与老师评估的分数组成。

　　（二）注意

　　1.注意的概念

　　注意是指心理活动对客观事物的指向和集中。注意这种心理现象是普遍存在的。比如，上课时学生要聚精会神地听讲；骑车时要注意交通安全；等等。注意与认识、情感、意志等一切心理活动紧密相联，并贯穿于认识活动的全过程。可以说，没有注意，人的一切认识活动都无法进行。

　　2.注意的特点

　　指向和集中是注意的两个特点。所谓指向，是指心理活动有选择地朝向一定事物。

所谓集中，是指心理活动反映事物达到一定的清晰和完善的程度。例如，消费者在选购商品时，其心理活动会指向某一商品并全神贯注于这一商品，同时又离开其他商品。这就是对一种商品产生了注意，从而对该商品获得了清晰、准确的反映，并据此做出自己的购买决策。可见，注意是消费过程中必不可少的心理活动。没有注意，消费者对商品的认识活动就无法进行，更谈不上引起购买行为。

3.注意的分类

根据产生和保持注意有无目的与意志努力的程度，注意可分为有意注意和无意注意。例如，消费者到商店想购买甲商品，浏览中无意看到乙商品，觉得不错，形成了对乙商品的注意，就属于无意注意。而消费者在嘈杂的商店里精心挑选自己想要的商品，就属于有意注意。从两者的关系来看，两者既相互联系，又相互转换。

想一想

贵州茅台酒

贵州茅台酒在1915年巴拿马世界博览会上喜获金奖。博览会初始，各国品酒专家对其貌不扬、包装简陋的中国茅台酒不屑一顾。我国参展人员急中生智，故意将一瓶茅台酒摔碎在地上，顿时香气四溢，举座皆惊，从此茅台酒名声大振。想一想这是为什么？

4.注意的作用

发挥注意的心理功能，引发消费需求。正确地运用和发挥注意的心理功能，可以使消费者由无意注意转换到有意注意，从而引发消费需求。

知识拓展

有意注意与无意注意

人们对事物的注意，有时是自然而然发生的，有时则需要付出一定的努力。依据产生和保持注意有无目的与意志努力的程度，注意可分成有意注意、无意注意。

（1）有意注意。它也称随意注意，是有预定目的、需要付出努力的注意。这种注意不仅指向个人乐意要做的事情，而且指向他应当要做的事情。有意注意是服从于一定目的的主动注意，受人的意识自觉调节与支配，如消费者在闹市里精心挑选商品、学生在公园念书等。它与无意注意本质的区别就在于注意对象不是由刺激物的特点决定的，而是预定的，并以意志来调节的。

（2）无意注意。它又称不随意注意，是无预定目的，也不需要付出努力的注意。它往往是在周围环境发生变化时产生的。它表现为在某些刺激物的直接影响下，人不由自主地立刻把感觉器官朝向这些刺激物，并试图认识它。无意注意虽然是自然而然产生的，但并不是无缘无故产生的。引起和维持无意注意有主观、客观两个方面的因素：客观因素主要指刺激物的强度、刺激物之间的对比关系、刺激物的活动和变化以及刺激物的特异性等；主观因素包括需要和兴趣、情绪和精神状态以及知识和经验等。

无意注意的引起与保持，一方面由客观刺激物的特点所决定，另一方面又依赖于主体的需要、兴趣、知识、经验和情绪状态等内部因素，具有主动性。但从总体上看，无意注意仍然是被动、初级的注意形态，它缺乏预定的目的，带有很大的随意性质。现实中这种注意广泛存在。那些色彩艳丽、动感强烈的广告，那些生动活泼且与人们的生活、学习、工作、社会实践密切相关，能满足人们某些需要和兴趣的事物，都容易成为人们的无意注意对象。

想一想

根据注意的原理，想几种为一家面包店设计在店铺门口招徕顾客的方式。

任务二　　消费者的情感过程

案例导入

"红豆"品牌，诗意盎然

中国的驰名服饰商标"红豆"在国内外广受欢迎。"红豆生南国，春来发几枝。愿君多采撷，此物最相思。"很多年轻人争相购买"红豆"服饰，送给自己的爱人，传递一种浓浓的爱意，同时也感受了中国丰厚的传统文化底蕴。在国外，"红豆"服装被翻译为"love seed"（爱的种子），象征着美好、吉祥和如意，向消费者表达着一份美好的情感：对爱情的忠贞、对亲人的相思、对团圆的期盼、对智慧的追求、对美好生活的向往。因此多年来"红豆"服饰在国内外畅销不衰。

案例分析："红豆"服饰一举成功的原因在于，该品牌名称采用了中国优秀传统文化的移情手法，将唐朝诗人王维一首著名的爱情诗的情感意境转移到品牌创意之中。

任务分析

1.任务目的

通过消费情感分析，学生能掌握消费情感的基本知识，清晰界定情绪与情感的内涵。通过撰写消费情感分析报告，把握消费者在消费过程中情绪与情感的形成过程，达到培养学生利用情感唤起消费需求的目的。

2.任务要求

（1）教师对学生分析情感与消费者行为进行规范性指导。

（2）教师要求每一名学生根据任务涉及的知识写一份消费情感分析报告。消费情感分析报告内容包括：消费情绪与情感的关系、不同类型的情绪与情感在消费行为中的表现。

（3）该任务要求在完成书面文稿后，进行分组讨论。然后选派一名组员进行发言，提出分析消费情感的相关建议。各组交流后进行互评，教师对各项实施任务的建议进行点评、总结。

知识精讲

消费者对客观事物是否符合自己的需要而产生的一种主观体验，就是消费者的情感过程。

一、情绪和情感的含义

消费者的情感过程包括情绪和情感两个方面。

情绪是指短时间内与生理需要和较低级的心理过程（感觉、知觉）相联系的内心体验，一般带有情景性、不稳定性和冲动性。如消费者在选购某品牌香水时，会对它的颜色、香型、造型等可以感知的外部特征产生积极的情绪体验。

情感是指长时间内与人的社会性需要（社交的需要、精神文化生活的需要等）和意识联系的心理体验，具有较强的深刻性、长期性和稳定性。情感是在情绪的基础上产生的更高级的心理体验，如道德感、荣誉感、集体感、理智感、美感等。对美感的评价和追求，会驱使消费者重复选择和购买符合其审美观的某一类商品而排斥其他商品。

二、情绪与情感的关系

在西方一些心理学著作中，常常把情绪和情感称为感情，认为情绪是较强的情感，是感情的表现形式。从广义而言，情绪与情感同是人对客观事物的态度体验，而现实中情绪和情感作为一种主观体验，所反映的不是客观事物本身，而是具有一定需要的主体和客体之间的关系，情感与情绪是难以分割而又互相区别的。一方面，消费者情绪的各种变化一般都受已形成的情感的制约；另一方面，个人的情感又总是体现在他的情绪之中。在日常生活中，人们对情绪和情感并不做严格区分。情绪一般有较明显的外部表现，时间短；情感的外在表现很不明显，持续的时间相对较长。

三、情绪和情感的分类

（一）基本情绪

快乐、愤怒、恐惧和悲哀是最基本、最原始的情绪。它们与基本需要相关联，常常具有较高的紧张性。

1.快乐。快乐是指达到盼望的目的后，紧张感解除，个体产生的心理上的愉快和舒适。快乐的强度与达到目的的难易程度有关。一个目标越难达到，达到后快乐的体验就越强烈。同样，意想不到的满足也会给人带来巨大的快乐体验。

2.愤怒。愤怒是指愿望得不到满足，实现愿望的行为一再受到阻挠引起紧张积累而产生的情绪体验。

3.恐惧。恐惧是指人类及生物心理活动的一种状态，通常被认为是情绪的一种。从心理学的角度来讲，它是一种有机体企图摆脱、逃避某种情景而又无能为力的情绪体验。

4.悲哀。悲哀是指个体失去某种他所重视和追求的事物时产生的情绪体验。失败、分离会引起悲哀。悲哀强度取决于失去的事物对主体心理价值的大小，心理价值越大，引起的悲哀越强烈。

（二）按情绪的性质、强度、时间、复杂性状态分类

1.心境。心境是指一种微弱而平静，持续时间有时长、有时短的情绪。心境具有弥散性，不是关于某一事物的特定体验，而是由一定情境唤起后在一段时间里影响主体对事物态度的体验，因而，心境会影响人们对周围环境做出的判断。如果消费者在商店里心境好，则对商品的感觉会好，实现的购买率就高。

2.激情。激情是指一种强烈、短暂、爆发的情绪状态。激情产生时有明显的外部表现，如神采飞扬、兴高采烈等。在激情状态下，人的认识活动范围缩小，控制力减弱，行为缺乏理智。激情能推动人的活动，是强而有力的动力。

3.热情。热情是指一种强有力、稳定、能完全控制人的行为的情感。现实中许多消费者往往是在热情的推动下，促成对某种商品的购买。

4.应激。应激是指因意外情况引起的情绪状态，是人对意外的环境刺激做出的适应性反应。例如，当商店发生混乱或商品丢失等意外事件时，营业员迅速做出判断，使机体各部分处于高度紧张的应激状态。应激一般来说会因手忙脚乱而不利于工作，但有时处理得当反而会因工作节奏加快而提高效率。

5.挫折。挫折是指人在实现既定目标的过程中遇到障碍而又无法排除、克服的心理状态，通常表现为懊丧、怨恨、消沉等不良情绪，甚至迁怒于人。现实中，我们常常会发现有的消费者在商店里稍不如意就对营业员发脾气、找茬，实则为情绪的迁怒。

实例链接2-1

色彩、情绪与消费行为

美国心理学家做了一个有关色彩、情绪与消费行为的实验。该实验分别请10位客人参加4次晚宴，这4次晚宴分别布置了4种颜色的背景。第一次布置的是绿色背景，结果用餐的客人吃得很慢，大家的谈话都提不起精神，有的人甚至打起了瞌睡。第二次布置的是红色背景，客人都比较兴奋，吃得快也吃得多，有的人甚至打翻了酒杯，还有的人互相拌起嘴来。第三次布置的是白色背景，客人们吃饭时彬彬有礼，谈话中没有什么内容，有的人打着呵欠，有的人觉得有些无聊。第四次布置的是黄色背景，客人们吃得好，谈话也相当投机，用餐之后分手时大家还约定下次再见。

（三）按情感的社会性内容分类

1.道德感。它是指个人根据社会道德准则评价自己或别人的行为举止、思想言论和意图时所产生的一种情感体验，是一种高级形式的社会情感。道德感的表现形式有三类：一是反映个体对社会环境态度方面的情感，如爱国主义；二是反映对周围的人和集体的情感，如友谊心、同情心等；三是反映对自己和自己行为的情感，如良心、自尊心等。

2.理智感。它是指人对认识活动进行评价时产生的情感体验。理智感与人的求知欲、好奇心等相联系，它不是满足低级的本能的需要，而是满足高级的社会性需要。人的认识活动越深刻，求知欲望越强烈，追求真理的情趣越执着，则人的理智感也越浓厚。理智感对消费者在购买过程中的情绪变化起着重要的作用。

3.美感。它是指人对客观事物或对象美的特征的情感体验。美感有较强的直观性，事物的外表形式对美感有很大的影响，但美感同时也依赖于事物的内容。由于每个人的审美需要、观点、标准和能力的不同，因而对同一对象的美感体验也不一样，但在同一群体中往往持有基本相同的审美标准，尤其对时尚、新潮商品的普遍追求，同一群体成员有着近似的美感。

四、情感与消费者行为

情感是指人对客观事物的态度体验，是人脑对客观世界的一种反映形式。客观世界的某些刺激只有与人的需要有直接或间接联系，才使人产生情感体验。通常，那种能满足人的某种需要的对象，会引起人的肯定的情感体验，反之，那种妨碍或干扰某种需要得到满足的对象，则会引起否定的情感体验，所以情感对消费者行为有着重要意义。

1.情感的信号功能

情感的信号功能是指个体以体验方式表达出自己对周围事物意义的认知，并对他人施加一定的影响。其含义有三个：第一，人的情感一旦和有关事物结合起来，人就会在头脑中形成对该事物具有情感色彩的记忆映像；第二，人一旦有了情感的记忆经验，不仅见到某类事物时会产生相应的情绪，而且再度遇到也能领会它的含义，并对它做出积极的或消极的情绪反应；第三，个体对各种信息的意义性的鉴别经常是通过共鸣和移情作用进行的。

情感总是针对客观环境中某一具体对象产生的，表现为对某种事物的态度。而消费者通常以某类可供消费的商品或劳务为具体对象，因此它表达了消费者对具体对象的好恶。情感的强度实质上决定了态度的强度，了解消费者对商品的情感反应，对营销人员具有重要意义，可依此进行销售预测。

2.情感的调节功能

情感的调节功能是指情感对行为活动具有支配作用，并指引和维持行为活动的方向。营销过程中消费者何时何地以何种方式购买何种商品，取决于多种因素，其中情感具有重要作用。

情感与消费者行为

购买行为是消费者产生购买动机，形成购买意图，采取购买行动的连续过程。其中，购买意图是带来实际购买行动，并最终完成购买过程的关键。明确的购买意图来自对商品或劳务的坚定信念和积极态度，凡对商品的商标、质量、外观等抱有好感或偏爱，持肯定、赞赏态度的消费者，在产生购买需要时，必定首先将意念集中于该商品，继而完成对该商品的实际购买行为。

同步实训2-2

购物消费体验

【实训目标】

（1）培养学生具有分析消费者购买过程中的心理活动过程的能力。

（2）培养学生具有利用消费者积极情感因素开展营销的能力。

【实训内容】

（1）以你最近一次比较重要的消费活动为例，分析购买商品的心理活动过程。

（2）分析研究上述心理活动过程对营销人员的启示。

（3）思考在这次购买中，营销人员是否利用了某种因素以培养消费者的积极情感。

【实训操作】

（1）教师说明训练内容及成果要求。

（2）每人回顾并写出一次消费体验的分析报告。

（3）学生们和教师在班里进行交流。

【实训要求】

（1）每人写一份消费体验的分析报告。

（2）全班同学组织交流座谈会。

（3）根据每人的分析报告和个人在交流中的表现进行考核。

任务三　　消费者的意志过程

案例导入

一次购物经历

一天，小王推着采购车在一家超级商场挑选货物时，不小心将货架上的四瓶酒碰落，酒洒了一地。他当时心想，"这下麻烦了，肯定要赔款了"，于是便主动找到售货员道歉，并表示愿意赔偿损失。那位售货员一边安慰他，一边用电话向经理通报事故，而且检讨了因自己照顾不周而让顾客受惊。更出乎意料的是，经理出来满脸赔笑，说已经从闭路电视里看到了。经理不仅毫无责怪之意，反而向小王道歉，还拿手帕为他拭去酒污。当他再次提到赔款时，经理谦恭地说："是我的职员没把货架放稳，让您受惊，责任应在我。"经理还再度致歉，然后一直陪他将货物采购完毕，亲自送他走出商场。小王说，他那次是倾其囊中所有，装了满满一车回家，并且准备以后每周一次的购物都要到该商场去。他粗估了一下，他花在该商场的钱比他弄翻酒瓶所造成的损失多出了不止百倍。

资料来源：龚卫星. 消费心理［M］. 大连：东北财经大学出版社，2015.

案例分析：研究、分析消费者意志的基本特征是市场调研的重要组成部分，这对企业的营销策略和布局非常关键。

任务分析

1.任务目的

通过对消费者意志的分析，学生能掌握消费者意志的基本特征，明确意志品质包括自觉性、果断性、自制性和坚韧性四个方面。通过撰写培养老年顾客消费意志的分析报告，培养学生具有对知识进行提炼和归纳的能力。

2.任务要求

（1）教师对学生的消费意志分析进行规范性指导。

（2）教师要求每一名学生根据任务所涉及的知识写一份培养老年顾客消费意志的分析报告。报告内容包括：消费意志的基本特征、消费者的意志品质等。

（3）该任务要求在完成书面文稿后，进行分组讨论。然后选派一名组员进行发言，提出培养消费意志的相关建议。各组交流后进行互评，指导教师对各项实施任务的建议进行点评、总结。

知识精讲

消费者的意志过程就是消费者在购买活动中有目的、自觉地支配和调节自己的行动，克服各种困难，实现既定的购买目标的心理过程。

一、消费者的意志过程的特征

消费者的意志过程具有两个主要特征：一是有目的的心理活动；二是克服困难的心理活动。

（一）有明确的购买目的

消费者的意志是在有目的的行动中表现出来的，这个目的是自觉、有意识的。比如，有的消费者省吃俭用就是为了购买盼望已久的耐用消费品；有的消费者为了满足集邮的爱好，而把大部分工资用于购买邮票；准备结婚的青年男女大量购买结婚用品等。这些购买行为预先有明确的购买目的，人们有计划地根据购买目的去支配和调节自己的购买行动，以期实现购买目的。

（二）克服困难的过程

消费者的意志行动是有明确目的的，而目的的确定和实现是会遇到种种困难的。克服困难的过程就是消费者的意志行动过程。比如，消费者在挑选商品时，面对几种自己都喜爱的商品，或遇到较高档的商品，但经济条件又不允许，或者自己对商品的内在质量难以判断时，就会导致购买信心不足。这时消费者必须考虑选择和重新物色购买目标，或者克服经济上的困难，去实现自己的购买目的。当消费者选择到满意的大件商品，又遇到商店不送货上门时，就要考虑解决运输问题。总之，消费者的意志过程总是与克服困难相联系的。

消费者意志
过程的特征

实例链接2-2

梦想成真

一位做销售的年轻人定了目标"用三年的时间，存10万块钱"，请我给点建议。我问："有了10万块，你会用它来做什么？"他说："我要按揭一套小房子，把我父母从老家接来住。"接着他讲起在农村的父母如何含辛茹苦抚养他，往事历历在目，他该如何报答父母的养育之恩？说到动情处，不禁清然泪下。我也不禁为之动容，但还是问他："为什么一定要用买房子的方式呢？不能换种方式或租一套房子接父母来住呢？"他说："我想过很久，只有房子，才让父母有安全感。别的方式都不行。租的房子他们不会来住的。而且，我要让他们感到骄傲！"我说："你一定能成功的，我相信你！"

接下来就很简单，我们一起规划：第一年存2万元，第二年存3万元，第三年存5万元。然后制订第一年的具体行动计划。假设他第一年的总收入5万元，保证自己的正常生活花费后，才能存2万元，而业务提成的点数是10%，可以推算出他今年需要完成的业务量是50万元，平均一个合同能提供1万元的业务量，那么今年他最少得签50个合同。根据二八定律，要签50个合同，得有250个有购买意向的客户做支撑。而要得到250个有意向的客户，则需要拜访1 250个客户。所以，如果按一年250个工作日算，他得每天最少拜访5个客户。

我跟他讲，对于才入行的新手来讲，不能指望立刻拿到大合同，全部解决问题，那是渴望暴富的心态，是最有害的。对于新手来说，能不能赚到钱，或者说目标能不能实现，完全是与拜访客户的数量呈正相关的。等积累了足够的量，自然会有质变的发生。如果第一年他能顺利完成目标，这些客户成为"粮仓"，变成长期收入资源，第二年、第三年的目标虽然高些，但完成起来反而更容易。我让他在床头摆上父母在田间辛苦劳作的照片，再贴一张大纸，画一个房子，把房子画上100个格子，每存1 000元，就用彩笔填满一个格子。

后来，这个年轻人终于买到他自己的房子。成功的过程当然是艰苦的，其间他有过动摇，曾想放弃。但每当他看到床头父母在田间辛苦劳作的照片，回忆父母的养育之恩，幻想父母走进新房的幸福表情时，泪水就会模糊双眼，他立即动力无穷。而在那张画着房子的梦想板上，当一个格子、一个格子逐个变成彩色时，也让他在努力的过程中非常有成就感，从而保持了激情和动力。

所以，当你设定一个目标时，一定不要忘记问自己："我为什么要实现这个目标？它对我的人生有什么意义？"如果你能让目标与你的人生意义相联系，你就会产生一种使命感，就会产生一种无论如何非做不可、不达目的决不罢休的动力，如果你的使命感足够强烈，会让你每天都充满力量和斗志。然后，要把目标和进展都视觉化，最好让自己每天都得到进步，就会倍添激励。

二、消费者的意志过程阶段

（一）采取决定阶段

采取决定阶段是意志行动的开始阶段，它决定着意志行动的方向和行动计划。任何消费行为都是由一定的需要、动机引起的。但在同一时间或期间内，消费者可能同时有多种需要，也就会同时产生多种购买动机。多数消费者不可能在同一时间内满足所有需要，因而就会发生购买动机的冲突。意志活动的第一表现就是解决这种冲突，根据需要的重要程度和轻重缓急，确定最主要的购买动机。消费者在购买动机确定之后，还有一个具体购买对象的确定问题。因为同类商品会有牌号、质量、档次、价格等方面的差异。消费者选择、确定购买对象的过程，就是把市场上现有的商品与自己的要求进行比较的过程。购买对象确定之后，消费者还要制订购买行动计划，保证购买目标的实现。

如购物时间的确定，购买场所的选择，经济开支有多少，所需物品哪些先购、哪些后购，等等，这些都需要在意志活动的参与下进行。

（二）执行决定阶段

执行决定是消费者意志过程的完成阶段。它是根据既定的购买目的购买商品，把观念上的购买行为变为现实的购买行动的过程。在执行过程中，仍然有可能遇到种种困难和障碍。所以，执行购买决定是表现意志的中心环节，它不仅要求消费者克服自身的困难，还要排除外部的障碍，为实现购买目的，付出一定的意志努力。

（三）体验执行效果阶段

这是指购买商品后，消费者在消费过程中的自我感觉和社会评价。

三、消费者的意志过程的表现

在现实生活中，意志品质对消费者的行为方式具有重要作用。例如，在采取决定阶段，有时会出现激烈的思想冲突，主要表现在当消费者购买那些有违传统观点、习惯，具有强烈时代感的商品时，常要承担很大的风险，即购买这些商品是否会遭到别人的非议。能否冲破传统观念的束缚和社会舆论的压力，常常取决于消费者的勇气和意志，而这与消费者自己的意志品质有直接关系。又如，具有果断意志的消费者往往能抓住时机，及时做出购买决策；而缺乏果断意志的消费者则有可能错失良机。

推荐阅读

项目小结

消费者的心理活动过程是支配其购买行为的心理活动的发生和发展的全过程，是消费者不同的心理现象对客观现实的动态反映。任何消费者在购买活动中都需要认识过程、情感过程和意志过程这三种心理活动过程。

消费者的认识过程是消费者通过感觉、知觉、记忆、思维、想象、注意等活动对商品的品质属性加以接收、整理、加工、存储，从而形成综合反映的过程。消费者的认识过程直接影响着消费者对消费需求的认识，以及消费者潜在需求是否能向现实需求进行转化。

消费者的情感过程是指消费者对客观事物是否符合自己的需要而产生的一种主观体验。消费者的情感过程包括情绪和情感两个方面。

消费者的意志过程就是消费者在购买活动中有目的、自觉地支配和调节自己的行动，克服各种困难，实现既定的购买目标的心理过程。

本项目讨论题

"红罐王老吉"的成功之道

加多宝集团（以下简称"加多宝"）是一家以中国香港为基地的大型专业饮料生产及销售企业，1995年，加多宝母公司香港鸿道集团与广药集团签署合约，获得了"红罐王老吉"的生产经营权，使用权截止期限为2010年年底。

凉茶是广东、广西地区一种由中草药熬制、具有清热祛湿等功效的"药茶"。在众多老字号凉茶中，又以"王老吉"最为著名。"王老吉"凉茶发明于清道光年间，被公认为凉茶始祖，有"药茶王"之称。在广东，传统凉茶因下火功效显著，消费者普遍当成"药"服用，但不能经常饮用，而"王老吉"这个具有上百年历史的品牌就是凉茶的代称。"红罐王老吉"口感偏甜，广东消费者自然感觉其"降火"药力不足。当时，"红罐王老吉"受品牌名所累，并不能很顺利地让广东人接受它作为一种可以经常饮用的饮料，销量大大受限。而在加多宝的另一个主要销售区域浙南（主要是温州、台州、丽水三地），消费者将"红罐王老吉"与康师傅茶饮料、旺仔牛奶等相提并论，没有不适合长期饮用的禁忌，"红罐王老吉"很快成为当地最畅销的产品。在两广以外，人们并没有凉茶的概念，而且内陆消费者"降火"的需求已经被填补，大多是吃牛黄解毒片之类的药物。在整个饮料行业，以可口可乐、百事可乐为代表的碳酸饮料，以康师傅、统一为代表的茶饮料、果汁饮料处于难以撼动的市场领先地位。"红罐王老吉"面临一个极为尴尬的境地：既不能固守两地，也无法在全国范围推广。

公司在研究后发现，"上火"是一个全国普遍性的中医概念，而不像"凉茶"那样局限于两广地区，这就为"红罐王老吉"走向全国彻底扫清了障碍；同时，"王老吉"的"凉茶始祖"身份也是正宗的保证，是对未来跟进品牌的有力防御，而在后面的推广中也证明了这一点。

"红罐王老吉"的推广主题被定为"怕上火，喝王老吉"，在传播上尽量凸显"红罐王老吉"作为降火饮料的性质。在第一阶段的广告宣传中，"红罐王老吉"都以轻松、欢快、健康的形象出现，强调正面宣传，避免出现对症下药式的负面诉求，从而把"红罐王老吉"和传统凉茶区分开来。为了更好地唤起消费者的需求，电视广告选用了消费者认为日常生活中最易上火的五个场景：吃火锅、通宵看球赛、吃油炸食品薯条、烧烤和夏日阳光浴，画面中人们在开心地享受上述活动的同时，纷纷畅饮"红罐王老吉"。另外，加多宝从一开始就锁定覆盖全国的中央电视台，开展了大张旗鼓、诉求直观明确的广告运动，直击消费者需求，及时迅速地拉动了销售。

2008年5月18日晚，在央视一号演播大厅举办的"爱的奉献——2008抗震救灾募捐晚会"中，中国饮料业巨子加多宝"红罐王老吉"以1亿元人民币的国内单笔最高捐款，诠释了这个时代最值得树立的民族企业精神，极大地提高了其在消费者心中的地位。

讨论题：结合消费者心理过程的三个因素，分析加多宝在市场营销活动中是如何体现出尊重和引导消费者的认识、情绪和意志的。

资料来源：冯军. 消费心理学［M］. 北京：对外经济贸易大学出版社，2008.

思考与练习

1.选择题

（1）单选题

①中国有句俗语"久闻不知其臭"，说明了感觉的（　　）。

A.感受性　　　　　B.敏感性　　　　　C.联觉性　　　　　D.适应性

②人们在观看趣味性、娱乐性广告时，会出现（　　）现象。

A.没有注意　　　　　B.无意注意　　　　　C.有意注意　　　　　D.有意后注意

③盲目和冲动的消费行动是（　　）。

A.由意志决定的行动　　　　　　　　B.缺乏意志的行动

C.有目的的行动　　　　　　　　　　D.有计划的行动

④商场里的商品琳琅满目，但是消费者能够注意到一部分商品而对另一部分商品视而不见，这说明了知觉的（　　）。

A.整体性　　　　　　B.选择性　　　　　C.理解性　　　　　D.恒常性

（2）多选题

①知觉的特征有（　　）。

A.知觉的整体性　　　　　　B.知觉的选择性　　　　　C.知觉的理解性

D.知觉的恒常性　　　　　　E.知觉的协调性

②注意的种类有（　　）。

A.无意注意　　　　　　　　B.有意注意　　　　　　　C.没有注意

D.有意后注意　　　　　　　E.有意不注意

③影响消费者情感的商品因素包括（　　）。

A.商品质量　　　　　　　　B.商品命名　　　　　　　C.商品陈列

D.商品包装　　　　　　　　E.商品功能

④消费者在购买活动中的意志过程是分阶段的，这些阶段包括（　　）。

A.购买决定阶段　　　　　　B.做出决策阶段　　　　　C.购买选择阶段

D.执行决策阶段　　　　　　E.购后评价阶段

⑤注意的基本特征有（　　）。

A.心理性　　　　　　　　　B.集中性　　　　　　　　C.思维性

D.指向性　　　　　　　　　E.行为性

2.简答题

（1）感觉的基本特征是什么？

（2）在购买活动中，如何培养消费者的积极情感？

（3）消费者的意志过程有哪些基本阶段？

3.实务训练题

（1）调查10名同学或朋友，要求他们列出所知道的所有电计算机品牌，每位被调查者喜欢哪些品牌？为什么喜欢？不喜欢哪些品牌？为什么不喜欢？以后买计算机或更换计算机时，准备选择什么品牌？

（2）以个人或小组为单位，在每个人心情不同的时候（比如高兴时、郁闷时）去不同的消费场所（如大型商场、小区的便利店）消费，详细地记录下消费情形。结合本项目内容，比较他们的消费区别，总结出消费者情绪对消费行为的影响。

【业务操作训练】

给巧克力厂商提供建议

训练目的：培养学生具有在营销活动中利用影响消费者心理活动过程的各种因素的

能力。

训练内容：一家条形巧克力厂商要设计一种包装，以打开已经饱和的市场，要求你就产品外观的颜色、象征意义、包装等方面提供建议。

训练操作：

（1）将全班学生每5~6人组成一组，并选出小组负责人。教师说明训练内容及成果要求。

（2）每个小组围绕训练内容为巧克力厂商提供建议。

（3）每个小组选出代表，陈述小组的建议与所提建议的原因。

（4）教师对活动中产生的效果进行分析、总结。

成果要求：

（1）每个小组写出建议与分析报告。

（2）依据报告与陈述表现为每位学生评估打分。

（3）每名同学的总成绩由评价得分构成。

【成果评价】见表2-1。

表2-1　　　　　　　　　给巧克力厂商提供建议实训成绩评价

项目	评价标准	得分
提供建议与分析报告	所提建议合理，可行性强，有创意，共计25分。综合评价，酌情扣分	
分析所提建议的原因	分析所提建议的原因正确，能从消费者心理角度进行合理分析，共计25分。综合评价，酌情扣分	
撰写建议及分析报告	分析报告撰写规范、内容完整，分析的各项因素正确，分析报告符合要求，感受和体会总结有特点，共计25分。综合评价，酌情扣分	
实训过程中的表现	与人交流、与人合作、提供创意能力强，职业意识、职业态度表现良好，每点5分，共计25分。各点评价，酌情扣分	
总成绩（分）		
教师评语	签名：　　　年　月　日	
学生意见	签名：　　　年　月　日	

思政小结

项目二思政小结

项目三　分析消费者的个性

学习目标

知识目标

1.掌握气质、性格、能力、兴趣的概念、类型、一般规律和基本特征。

2.认识气质、性格、能力及兴趣在商业营销活动中的作用。

3.了解消费者的个性所包含的内容与特点。

4.了解消费者的个性对商品买卖的影响。

5.了解消费者的个性对购买行为有何作用。

能力目标

1.能够利用消费者的气质、性格、能力及兴趣激发消费需求。

2.会运用消费者个性差异制订营销计划，开展营销活动。

素养目标

通过本项目的学习，学生能够了解消费者的气质、性格、能力，促使学生对消费者进行正确引导，有利于提高消费水平，建立合理的消费结构和产业结构；有利于提高劳动力质量，促进人民的身心健康和全面发展，促进社会主义物质文明和精神文明的建设。

消费者千差万别、各具特色的购买行为的心理基础，是消费者的个性心理特征。心理学中把个体身上经常、稳定地表现出来的心理特点的总和，称为个性。个性的心理结构是复杂的，它主要包括个性心理倾向（指需要、动机、兴趣、理想、信念、价值观、世界观等）和个性心理特征（指气质、性格、能力）。人的个性特征是通过人的行为方式表现出来的；消费者个性心理特征的差异，是通过不同的购买行为表现出来的。因此，研究并了解消费者的个性，不仅可以解释其目前的购买行为，而且可以在一定程度上预测他将来的消费趋向。下面对个性的主要构成方面进行深入的剖析。

案例导入

透过气质看唐僧师徒选笔记本电脑

《西游记》中四个主人公的气质，已经给人们留下了很深的印象。试想一下师徒四人具有四种气质，四种人生观、价值观，如果他们来到21世纪，面对类别繁多的电子产品，他们会怎么选择呢？今天，我们以戴尔笔记本为例，来看看他们各会选择哪一款？

1.唐僧首选：稳重大方型笔记本——Vostro 成就3400。唐僧是一位品行高尚、稳重大方的绅士，如果选择笔记本电脑的话，稳重、大方肯定是对笔记本电脑的首要特质要求。Vostro 成就3400，坚固、美观的14英寸笔记本，能够给足唐僧的面子；结合了新一代英特尔处理器，让唐僧的长老身份彰显无遗；超长电池续航时间，可以让出门在外的唐僧办公、游戏两不误，要的就是这种洒脱；全面的安全性选项，可以让唐僧找到一种安全感，毕竟西天取经，有那么多机密文件是不能泄露的。

2.悟空首选：恃才傲物型——Alenware M17x。孙悟空雷厉风行、睿智勇猛，而且拥有一身好技艺，他要是选笔记本电脑，肯定是 Alenware M17x 莫属了。在 Alenware M17x 身上，孙悟空可以感受到速度就是生命的刺激。孙悟空素来有着唯吾独尊的恃才傲物气质，即便选笔记本，自然也选择 Alenware 家族最强大的 M17x 了。最终极的性能、独一无二的强大设计以及个性化的品牌，无一不让孙悟空有种高高在上的优越感。这种一手遮天的游戏体验，孙悟空一旦体会到，估计就很难割舍。

3.八戒首选：酷炫十足型——Alenware M11x。Alenware 家族中酷炫十足的笔记本 M11x，拥有 11 英寸的小巧体型，肯定讨八戒喜欢；而且，其震撼的显示效果，可以满足八戒的猎奇需求。

4.沙僧首选：经济实惠型——Inspiron 灵越14。6 000 元左右的价格，就可拥有一款物美价廉的高端戴尔笔记本。虽然这款没有大师兄的霸气，但是应对一般的办公、游戏的需求，还是绰绰有余啦！

资料来源：龚卫星. 消费心理 ［M］. 大连：东北财经大学出版社，2015.

案例分析：案例中的唐僧师徒四人的气质各不相同，以至于各自选择了不同的笔记本电脑。唐僧选择了稳重大方型、孙悟空选择了恃才傲物型、八戒选择了酷炫十足型、沙僧选择了经济实惠型，不同的气质对购买行为产生了不同的影响。现实生活当中有许许多多类似唐僧师徒的人，他们有的喜欢个性张扬的东西、有的喜欢时尚潮流的东西、有的喜欢经济实惠的东西、有的喜欢安全防护好的东西，大家喜欢的各不相同。

任务分析

1.任务目的

通过分析消费者气质类型的差异性，使学生掌握消费者气质的基本内容，理解消费者气质与购买行为之间的联系，把握消费者气质类型的特征，使学生了解消费者气质对购买行为的作用。

2.任务要求

（1）教师对学生分析消费者气质与购买行为之间的联系的学习步骤和程序进行规范性指导。

（2）教师要求每一名学生根据任务涉及的知识，写一份分析消费者气质任务书。任务书内容包括：消费者四种气质类型、消费者气质类型的差异性、消费者气质对购买行为的作用等。

（3）本任务要求在完成书面文稿后，进行分组讨论。然后选派一名组员进行发言，提出消费者气质在购买行为中起到的作用。各组交流后进行互评，教师对各项实施任务的建议进行点评、总结。

知识精讲

一、气质的概念

气质是指个人心理活动的稳定的动力特征。心理活动的动力特征指心理过程的强度、心理过程的速度和心理活动的指向性。

气质与通常所说的脾气、秉性等相似。气质不是推动个体活动的原因，而是心理活动的稳定的动力特征，影响个体的认知过程、情感过程和意志过程等心理活动。具有某种气质的人在各种不同的活动中都体现出同样性质的动力性。比如，胆汁质或多血质的消费者易于轻信广告或销售人员的推销，产生冲动性的购买行为，即使在重要商品的购买过程中，也缺乏耐心去收集资料，并且对购物环境、营业员的态度敏感，以至于他人言语略有不周就会反应强烈、言辞激烈，具有情绪激动的气质特征。气质不仅包括情绪和动作方面的某些动力特征，而且包括认识过程和意志过程的动力特征。

人生下来就表现出某些气质特征。有些婴儿安静、平稳、害怕陌生人；有些婴儿好动、爱吵闹、不害怕陌生人。正如俗语所说"江山易改，本性难移"，但气质又不是一成不变的，气质在生活和教育条件的影响下会发生缓慢的变化，以符合社会实践的要求。

二、气质的类型

自古以来，中外学者就对气质进行了研究，提出了许多气质理论。中国古代有"阴阳五态人说""阴阳二十五人说"，现在依然较为流行的有公元前5世纪古希腊医生希波克拉底首先提出的关于人的气质学说、巴甫洛夫的高级神经活动类型学说。希波克拉底认为人体内有血液、黏液、黄胆汁、黑胆汁4种体液,这4种体液在体内的不同比例会形成4种气质类型,见表3-1。

表3-1   体液与气质类型

气质类型	体内占优势的体液
多血质	血液
黏液质	黏液
胆汁质	黄胆汁
抑郁质	黑胆汁

人们在日常生活中确实能找到这4种气质类型的典型代表,这种学说得到了德国哲学家康德和德国心理学家冯特的赞同和发展,具有实践意义,故沿用到现在,但其缺乏生理学学科基础。巴甫洛夫运用神经活动原理,提出了高级神经活动类型学说,为气质类型的研究提供了生理学基础。高级神经活动类型分为4种:兴奋型、活泼型、安静型和抑制型,与此相对应的是4种气质类型。高级神经活动与气质类型的对应关系,见表3-2。

表3-2   高级神经活动与气质类型

高级神经活动的特点和类型			气质类型
强	不平衡	兴奋型	胆汁质
	平衡 灵活性高	活泼型	多血质
	灵活性低	安静型	黏液质
弱		抑制型	抑郁质

1.胆汁质。具有胆汁质的人感受性低而耐受性高,不随意反应性强,反应的不随意性占优势,外向性明显,情绪兴奋高,抑制能力差,反应速度快而不灵活。

2.多血质。具有多血质的人感受性低而耐受性高,不随意反应性强,具有外向性和可塑性,情绪兴奋性高而且外部表现明显,反应速度快而灵活。

3.黏液质。具有黏液质的人感受性低而耐受性高,不随意反应性和情绪兴奋性均低,明显内向,外部表现少,反应速度慢而具有稳定性。

4.抑郁质。具有抑郁质的人感受性高而耐受性低,不随意反应性低,严重内向,情绪兴奋性高并且体验深,反应速度慢,具有刻板性和不灵活性。

以上气质类型只是一般的划分,现实中,绝对属于某种气质类型的人并不多,大多数人是以某一种气质为主、兼有其他气质特征的混合型。

知识拓展

其他气质学说

1.血型说。日本学者古川竹二(Takeji Furukawa)等人认为气质与人的血型具有一定联系。4种血型即O型、A型、B型、AB型，分别构成了气质的4种类型。其中，O型气质的人意志坚强、志向稳定、独立性强、有支配欲、积极进取；A型气质的人性情温和、老实顺从、孤独害羞、情绪波动小、依赖他人；B型气质的人感觉灵敏、大胆好动、多言善语、爱管闲事；AB型气质的人则兼有A型和B型的特点。这种理论在日本较为流行。

2.体型说。德国精神病学家克雷奇默（E.Kretschmer）根据临床观察研究，认为人的气质与体型有关。他根据体型特点，把人分成3种类型，即瘦长型、肥满型、筋骨型。瘦长型的人具有分裂气质，表现为不善交际、孤僻、神经质、多思虑；肥满型的人具有狂躁气质，表现为善于交际、表情活泼、热情、平易近人；筋骨型的人具有黏着气质，表现为迷恋、一丝不苟、理解缓慢、行为较冲动。

3.激素说。激素说是以伯曼（I.Berman）为代表提出的，认为人体内的各种激素在不同人身上有着不同的分布水平。某种激素水平较高，人的气质就带有某种特点。他根据人的某种内分泌腺特别发达而把人划分为：甲状腺型、垂体型、肾上腺型、性腺型、副甲状腺型和胸腺型。例如，甲状腺激素水平高的人容易精神亢奋、好动不安。

三、消费者气质与购买行为

气质是典型而稳定的个性心理特征，每一种气质类型既有积极的方面，也有消极的方面。气质不能决定人的智力水平，但是影响智力活动的特点和方式，会在个体的活动上打上一定的烙印。不同气质的消费者在购买行为上有显著的差异。例如，具有多血质和胆汁质特点的消费者易于接受新产品和新的信息，如主动向营销员征求意见、咨询专家、走访不同的商场、向他人打听相关信息等，在购买决策的过程中表现出果断、迅速的特点。而黏液质和抑郁质消费者不易接受他人的意见，关注细节且多疑虑，在进行购买决策时表现出犹豫不决、迟缓的特点。

依据体液说，我们可以对四种典型的消费者的购买行为作如下描述：

1.胆汁质型消费者。这类消费者表情外露，心急口快，选购商品时言谈举止显得匆忙，一般对所接触到的第一件合意的商品就想买下，不愿意反复选择进行比较，因此往往是快速，甚至是草率地做出购买决定。他们到市场上就想急于完成购买任务，如果等候购买时间稍长或营业员的工作速度慢、效率低，都会激起其烦躁情绪。他们在与营业员的接触中，其言行主要受感情支配，态度可能在短时间内发生剧烈变化，挑选商品时以直观感觉为主，不加以慎重考虑。接待这类消费者时营业员动作要快捷、态度要耐心、应答要及时，可适当向他们介绍商品的有关性能，以引起他们的注意和兴趣，另外，还要注意语言友好，不要刺激对方。

2.多血质型消费者。商品的外表、造型、颜色、命名对这类消费者的影响较大，但有时他们的注意力容易转移，兴趣忽高忽低，行为易受感情的影响。他们比较热情、开朗，在购买过程中，愿意与营业员交换意见或者与其他消费者攀谈；有的会主动告诉别人自己购买某种商品的原因和用途；喜欢向别人讲述自己的使用感受和经验；自己不知道的事物，也希望从别人那里了解到。另外，选购过程中，他们易受周围环境的感染、购买现场的刺激和社会潮流的影响。接待这类消费者时，一是营业员应主动介绍、与之交谈，注意与他们联络感情，以促使其购买；二是营业员应与他们"聊天"，并给予指点，使他们专注于商品，缩短购买过程。

3. 黏液质型消费者。这类消费者挑选商品时比较认真、冷静、慎重，信任文静、稳重的营业员。他们善于控制自己的感情，不容易受广告、商标、包装的干扰和影响。他们对各类商品喜欢自己加以细心比较、选择后再购买，给人慢悠悠的感觉，有时会引起营业员和其他顾客的不满。接待这类消费者时营业员要避免过多的提示和热情，否则容易引起他们的反感；要允许他们有认真思考和挑选商品的时间，接待时更要有耐心。

4. 抑郁质型消费者。这类消费者选购商品时表现得优柔寡断，从不仓促地做出决定；对营业员或其他人的介绍将信将疑、态度敏感，挑选商品时小心谨慎、一丝不苟；还经常因犹豫不决而放弃购买。接待这类消费者时营业员要注意态度和蔼、耐心；对他们可做些有关商品的介绍，以消除其疑虑，促成买卖；对他们购买行为的反复，应予以理解。

在商业活动中，消费者的气质特点不可能一进商店就鲜明地反映出来，而是在一系列的购买行为中逐步显露出来。在营销活动中，尽管也偶尔碰到四种气质类型的典型代表，但纯属某种气质类型的人不多，更多的人则是以某种气质为主，兼有其他气质的混合气质类型。在现实的购买活动中，我们并非一定要把消费者划归为某种类型，而主要是观察与测定构成他们的气质类型的各种心理特征，以及构成其气质生理基础的高级神经活动的基本特征。消费者带特征的言谈举止、反应速度和精神状态等一系列外在的表现，都会程度不同地将其气质反映出来。消费心理学研究消费者气质类型及其特征的目的就是提供一种理论指导，帮助营业员学会根据消费者在购买过程中的行为表现，去发现和识别其气质方面的特点，进而引导和利用其积极方面，控制其消极方面，使工作更有预见性、针对性、有效性。

同步实训 3-1

气质评价

【实训目标】通过气质评价，了解气质对消费者购买行为的影响。

【实训内容】走访某畅销品的实体店铺，观察和区分顾客的消费特征，判断不同气质对消费者购买行为的影响。

【实训操作】

（1）将学生每5~6人分为一组，并选出小组负责人1名。

（2）小组负责人与组员共同制订走访计划，明确任务。

（3）走访2~3家实体店，观察顾客的购买行为，并详细记录相关资料。

（4）每组写一份走访报告（针对不同气质对消费者购买行为的影响撰写分析报告）。

【实训要求】就各组的分析报告在班级里交流，并由老师作点评。

案例导入

喝啥饮料选啥车　四种典型性格透视

心理学家能够根据个人口味的不同，判断出人物的内在性格。这样不但能够帮助人们激发潜在能力，同时在很多方面也能起到参考作用。下面根据不同性格的消费者对饮料的偏好，推荐出四款车型：

1.茶饮料偏好者。喜欢茶饮料的人一般比较注重内在修养，喜欢沉思，思绪也总会随着四溢的茶香沉浸在无限的想象之中。跟品茶一样，这种人喜欢慢节奏、悠闲的工作和生活方式。或许是跟中国儒家文化的渊源有关，这样的人清静沉稳，像图书馆里的藏书一样散发着古朴的气息。推荐的车型为大众朗逸（上海通用凯越三厢）。

2.可乐饮料偏好者。提起可乐饮料，很多人第一印象就是大T恤、牛仔裤、棒球帽。喜欢可乐饮料的人个性张扬，属于时尚一族，无论多大年龄，他们都会保持20岁的心态。不管是工作还是生活，他们都比较喜欢自由，不喜欢朝九晚五、一成不变的节奏。跟他们在一起时你会很开心，因为他们爱玩也很会玩。推荐的车型为日产骐达（福特福克斯三厢）。

3.咖啡饮料偏好者。喜欢咖啡饮料的人是比较有情调、很会享受生活的人。他们会很努力地工作，也会在闲暇时光尽情地享受生活；他们恪守自己的风格，时尚却不跟风，穿着不一定是名牌，也不一定很贵，但绝对得体、有品位；他们内心深处深深地爱着家人，却从不挂在嘴上，总是默默地付出……这样的人无论是在朋友圈内还是在家里，总是以核心者的身份出现，大家都喜欢听他的，只要有他在，就能感觉到一股温馨的气息。推荐的车型为东风雪铁龙。

4.果汁饮料偏好者。喜欢果汁饮料的人属于内心特别善良、特别柔弱的类型。他们注重外表而且忠于习惯，就像他们不轻易地改变生活、忠贞不二地守护自己的爱情一样。这样的人总是喜欢做一些有趣的事或说一些甜言蜜语，像哄小孩一样哄别人。推荐的车型为本田竞瑞（北京现代伊兰特）。

资料来源：根据2008年3月汽车消费网有关内容整理得来。

案例分析：人的性格反映着人们的个性差异，体现为每个人的特殊性。不同性格的人对购买行为会有不同的影响，案例中不同的饮料偏好者对汽车类型的选择是各不相同的。

任务分析

1.任务目的

通过学习消费者性格的概念及性格类型差异性，使学生能掌握消费者性格的基本内容，理解消费者性格与购买行为之间的关系，把握消费者性格类型的特征，了解消费者性格对购买行为的影响。

2.任务要求

（1）教师对学生分析消费者性格与购买行为之间的关系的学习步骤和程序进行规范性指导。

（2）教师要求每一名学生根据任务涉及的知识写一份分析消费者性格任务书。任务书内容包括：消费者性格特征、消费者性格类型的差异性、消费者性格对于购买行为的影响等。

（3）本任务要求在完成书面文稿后，进行分组讨论。然后选派一名组员进行发言，指出消费者性格在购买行为中起到的作用。各组交流后进行互评，教师对各项实施任务的建议进行点评、总结。

知识精讲

一、性格的概念与特征

（一）性格的概念

性格是指表现在个人对现实的态度和行为方式中的较为稳定而有核心意义的心理特征。它是一个人心理面貌本质属性的独特结合，是人与人相互区别的重要方面。

人们的性格特征体现在对待事物的不同态度和不同行为方式上，具有稳定性，因而具有道德评价的意义。

（二）性格的特征

性格是由多种心理特性组成的。性格特性处于一个有机联系的系统之中，不是孤立存在的。综合性格各方面的特征，可归结为如下几个方面：

1.性格的态度特征。性格的态度特征主要包括三个方面：第一，与对社会、集体、他人态度有关的性格特征，如正面的关心集体、乐于助人、宽容大度等特征，负面的自私自利、冷酷无情等特征；第二，与劳动和劳动产品态度有关的性格特征，如勤劳、懒惰等；第三，与对自己的态度有关的性格特征，如自信、自尊、自卑等。

2.性格的意志特征。自觉性、果断性、坚毅性、自制力、沉着等或相反的盲目性、依赖性、软弱、冲动等属于性格的意志特征。对人们性格的意志特征进行评价时，需要考虑道德规范和社会准则。人的性格的意志特征高度受人的价值观、信念和理想的影响。

3.性格的情绪特征。性格的情绪特征指影响人的活动的情绪倾向性，主要表现在情绪反应的强弱、快慢、波动性、持续性以及主体对个人情绪的控制能力等方面。能否驾驭激情后的情绪，情绪体验是深刻还是肤浅，都是明显的性格情绪特征的分化。

4.性格的认知特征。性格的认知特征指人们在各种认识心理活动中表现出来的个体差异，如感知倾向、思维倾向和想象特征等。认知上的被动感知型与主动感知型，思维倾向上的细节注意型和概括型、想象倾向上的主动想象型和幻想型等，都是典型的性格认知特征的差异。

二、性格的类型

（一）根据优势心理机能划分

英国心理学家培因根据智力、情感和意志三种心理机能在性格中何者占优势，把人分为理智型、情绪型和意志型三种。理智型的人通常情况下以理智支配行为，理智衡量周围发生的事儿，他们的智力机能相对于情感和意志占优势；情绪型的人行为易受情绪的左右，心理机能以情感占优势；意志型的人的行为目的明确，自制力强，意志明显比理智型和情绪型的人占优势。

（二）根据文化生活的形式划分

德国心理学家斯普兰格提出，根据人类文化生活的形式，人的性格可分为：经济型、理论型、审美型、权力型、社会型和宗教型。

（三）根据个体独立性程度划分

顺从型的人独立性比较差，容易受人暗示，往往屈从于权势，听从别人的指示，不善于适应紧急情况；独立型的人有坚定的个人信念，善于独立思考，遇到紧急情况时不会惊慌失措，喜欢把自己的意志强加于人。

知识拓展

性格与气质的区别和联系

1.性格与气质的区别

气质更多地受个体高级神经活动类型的制约，主要是先天的；而性格更多地受社会生活条件的制约，主要是后天的。气质是表现在人的情绪和行为活动中的动力特征（即强度、速度等），无好坏之分；而性格是指行为的内容，表现为个体与社会环境的关系，在社会评价上有好坏之分。气质可塑性极小，变化极慢；性格可塑性较大，环境对性格的塑造作用较为明显。

2.性格与气质的联系

其一，气质可按自己的动力方式渲染性格，使性格具有独特的色彩。例如，同是勤劳的性格特征，多血质的人表现出精神饱满、精力充沛；黏液质的人会表现出踏实肯干、认真仔细。同是友善的性格特征，胆汁质的人表现出热情豪爽，抑郁质的人表现出温柔。

其二，气质会影响性格形成与发展的速度。当某种气质与性格有较大的一致性时，就有助于性格的形成与发展，相反则会有碍于性格的形成与发展。如胆汁质的人容易形成勇敢、果断、主动的性格特征，而黏液质的人就较困难。

其三，性格对气质有重要的调节作用，在一定程度上可掩盖和改造气质，使气质服从于生活实践的要求。如飞行员必须具有冷静沉着、机智勇敢等性格特征，在严格的军事训练中，这些性格的形成就会掩盖或改造胆汁质者易冲动、急躁的气质特征。

三、消费者性格与购买行为

（一）从性格的倾向性角度可以分为内向型和外向型

1.内向型。这类消费者在购物时内心想法不易流露，面部表情稳定少变，动作反应较缓慢，常沉默寡言、独立思考，对他人的商品介绍不一定感兴趣，常以自行决策来实施购买行为。

2.外向型。这类消费者购物时内心想法溢于言表，面部表情丰富，热情开朗，动作敏捷，语言直率，乐意与营业员交流对商品的看法，购买商品的目的意图明确，态度积极，成交迅速。

（二）从消费态度角度可以分为节俭型、保守型、随意型

1.节俭型。这类消费者在消费观念和态度上崇尚节俭，讲究实用，在选购商品的过程中较为注重商品的质量、性能、实用性，以物美价廉作为选择标准，而不在意商品的外观造型、色彩、包装装潢、品牌及消费时尚，不喜欢过分奢华、高档昂贵、无实用价值的商品。

2.保守型。这类消费者在消费态度上较为严谨，生活方式刻板，性格内向，怀旧心理较重，习惯于传统的消费方式，对新产品、新观念持怀疑或抵制态度，选购商品时喜欢购买传统、有过多次使用经验的商品，而不愿冒险尝试新产品。

3.随意型。这类消费者在消费态度上比较随意，没有长久稳定的看法，生活方式自由而无固定的模式，在选购商品时表现出较大的随意性，且选择商品的标准往往也多样化，经常根据实际需要和商品种类的不同采取不同的选择标准和要求，同时受外界环境及广告宣传的影响较大。

（三）从购买行为方式角度可以分为习惯型、理智型、挑剔型、被动型、情绪型和意志型

1.习惯型。这类消费者在购买商品时习惯参照以往的购买和使用经验。一旦这类消费者对某种品牌的商品熟悉并产生偏爱后，便会经常重复购买，形成惠顾性购买行为，同时受社会时尚、潮流的影响较小，不轻易改变自己的观念和行为。

2.理智型。这类消费者在性格上大都沉稳、持重，做事冷静、客观，情绪不外露；在选购商品时，通常根据自己的实际需要并参照以往的购买经验，进行仔细慎重的比较权衡，然后做出购买决定，购买过程中受外界的影响小，不易冲动，一旦做出决定，就不会轻易改变，具有较强的自我抑制力。

3.挑剔型。这类消费者的性格特征表现为意志坚定，独立性强，不依赖他人，在选购商品时强调主观意愿，自信果断，很少征询或听从他人意见，对营业员的解释说明常常持怀疑和戒备心理，在观察商品时细致、深入，对商品和服务挑剔。

4.被动型。这类消费者在性格特征上比较消极、被动、内倾；由于缺乏商品知识和购买经验，在选购过程中往往犹豫不决，缺乏自信和主见；对商品的品牌、款式等没有固定的偏好，希望得到别人的意见和建议，购买行为常处于消极被动状态。

5.情绪型。这类消费者购物时情绪、情感较为丰富，容易接受广告宣传与他人劝说，易受环境气氛等各类因素的影响；独立思考能力显得不足，有时会进行情绪冲动性购买，决策简单快捷，事后也可能会后悔；购买意图有时会受外界影响而改变，对商品的必要性有时分析得不够充分；当情绪低落时，其购买活动会减少。

6.意志型。这类消费者在购买商品时的目的性非常明确、意志坚定，不轻易改换商品及品牌，购买能力果断而迅速，无犹豫不决的情况；如果购买活动遇到一定的困难，

会努力排除困难，最终买到自己喜欢的商品，这种情况常在某些爱好各类收藏的消费者中出现。

知识拓展

乱涂乱画看性格

画三角形：思维敏捷，能很快理解新概念，喜欢通过逻辑推理来寻找结论。

画圆形：心中有韬略，但不到时机不轻易透露。

画小锯齿：思想敏锐，有分析能力和批判精神。

画大锯齿：是紧张感突然增强的表现。

画不规则锯齿：有竞争意识，好胜心强，不甘示弱。

画连续的圈：通情达理，有安全感，与世无争。

画直或交叉的平行线：精力充沛，闲不住。

画波形：灵活，反应快，能适应环境，自我感觉良好。

画不规则图形：悠然自得，逍遥自在，能对生活做出合理调整。

想一想

完美日记的成功

完美日记是一款国货美妆品牌。完美日记已完成美股上市，而且作为国货美妆之光，实在是我们的骄傲。完美日记是如何一步步占据国内美妆产品市场的？下面给大家分几个点描述一下。

首先，完美日记看准了美妆市场，分析出美妆产品的消费群体大多为年轻人。然后，完美日记在小红书上"种草"，毕竟这个平台的年轻用户比较多。收到奇效后，完美日记在小红书的投放密度和力度进一步加大，相关笔记数量远超其他品牌。完美日记有了一定的用户基数后，就开始着手建立自己的私域流量池，并且成功创造出一个"小完子"的美妆达人人设，通过"小完子"的日常推文，以及对社群的运营，增加用户对品牌的忠诚度，从而提高复购率。当然，选用一个专业社群管理工具也是很关键的，相信完美日记也是做到了这一点。后来，完美日记还动用了头部主播的流量，请了李佳×来代言自家产品。大家都知道，李佳×作为出名的美妆主播，对于化妆品都比较熟悉，而且他也懂化妆。完美日记就是了解这些，想通过李佳琦的直播，来对自己的产品进行引流，再通过李佳×的直播效果，对产品的销售进行转化。当然，还有很重要的一点，那就是完美日记的产品属于平价化妆品，在中国市场，这也是它能在国货中崛起的主要原因。在我国，有很少一部分人会追求奢侈的化妆品，对于昂贵的价格，他们并不会在乎。但是，国内大部分的美妆消费者想要的是一款能跟国际品牌对比，同时又有一定性价比的化妆品，这一点就跟小米有点像，同样是主打性价比。

x

内外向性格类型测定

【实训目标】让学生自我测定内外向性格类型。

【实训内容】内外向性格类型的测定。邀请一位你认为最了解你的同学或朋友对你的性格进行评价。

【实训操作】

（1）让同学复习内外向性格类型与表现的相关知识，了解做这次测试的意义与目的。

（2）每位学生按照以下附文《内外向性格类型的测定方法》对自己的性格类型进行测定，得出测试结果。

（3）每位学生邀请一位最了解你的同学或朋友对你的性格类型进行评价。

（4）综合评价得出自己的性格类型。

（5）根据以上结果撰写性格类型测定分析报告。

【实训要求】

（1）每人写一份测定分析报告。

（2）分析报告应包括：测定的结果（同学或朋友对你的性格类型的评价）是什么，与你自测的结果比较是否有差距；如果有差距，你认为产生差距的原因是什么。综合评价最终得出自己的性格类型。

（3）分析你的内外向性格类型在你的职业生涯规划中有哪些优势与劣势。今后你应该从哪些方面入手，从而扬长避短。

附文：

内外向性格类型的测定方法

测定内外向性格类型的方法有很多种，现介绍日本淡元路治郎的"淡路向性检查卡"方法（见表3-3）。

表3-3　　　　　　　　　　"淡路向性检查卡"方法

问题	选项
1.对细小的事情也忧虑不已？	是○否○不定○
2.能当机立断吗？	是○否○不定○
3.处理重大的事情时费时吗？	是○否○不定○
4.能中途改变决心吗？	是○否○不定○
5.比起想，更喜欢做吗？	是○否○不定○
6.忧郁吗？	是○否○不定○

问题	选项
7.对失败耿耿于怀吗?	是〇否〇不定〇
8.从容不迫吗?	是〇否〇不定〇
9.不爱说话吗?	是〇否〇不定〇
10.好动感情吗?	是〇否〇不定〇
11.喜欢热闹吗?	是〇否〇不定〇
12.情绪容易变化吗?	是〇否〇不定〇
13.热衷于事情吗?	是〇否〇不定〇
14.忍耐力强吗?	是〇否〇不定〇
15.爱讲小道理吗?	是〇否〇不定〇
16.议论问题时容易过激吗?	是〇否〇不定〇
17.小心谨慎吗?	是〇否〇不定〇
18.动作敏捷吗?	是〇否〇不定〇
19.工作细致吗?	是〇否〇不定〇
20.喜欢干引人注目的事吗?	是〇否〇不定〇
21.不顾一切地工作吗?	是〇否〇不定〇
22.是空想家吗?	是〇否〇不定〇
23.有洁癖吗?	是〇否〇不定〇
24.乱扔物品吗?	是〇否〇不定〇
25.浪费多吗?	是〇否〇不定〇
26.说话过多吗?	是〇否〇不定〇
27.性情不随和吗?	是〇否〇不定〇
28.喜欢开玩笑吗?	是〇否〇不定〇
29.容易受怂恿吗?	是〇否〇不定〇
30.固执吗?	是〇否〇不定〇
31.经常感到不满吗?	是〇否〇不定〇

问题	选项
32.担心别人对自己的评论吗？	是〇否〇不定〇
33.敢于批评别人吗？	是〇否〇不定〇
34.自己的事情能放心托付别人去办吗？	是〇否〇不定〇
35.不愿接受别人指导吗？	是〇否〇不定〇
36.居于人上时，能很好地管理别人吗？	是〇否〇不定〇
37.机灵吗？	是〇否〇不定〇
38.好隐瞒吗？	是〇否〇不定〇
39.同情别人吗？	是〇否〇不定〇
40.过于信任别人吗？	是〇否〇不定〇
41.不忘记怨恨吗？	是〇否〇不定〇
42.腼腆羞怯吗？	是〇否〇不定〇
43.喜欢孤独吗？	是〇否〇不定〇
44.交朋友尽心尽力吗？	是〇否〇不定〇
45.在别人面前能随便地说话吗？	是〇否〇不定〇
46.在惹人注目的地方退缩不前吗？	是〇否〇不定〇
47.和意见不同的人也能随便地交往吗？	是〇否〇不定〇
48.好管闲事吗？	是〇否〇不定〇
49.慷慨地给别人东西吗？	是〇否〇不定〇

该方法共有49个测试题，每题做"是、否或不定"的回答。根据被试回答的结果，求出外向性指数（V.Q），其公式为V.Q＝外向性反应总数＋1／2（"回答不定"的总数）／25×100。公式中的外向性反应总数是指所有作外向反应的题数。外向性题的编号是：2、4、5、8、10、11、12、18、20、21、24、25、26、28、29、34、36、37、38、40、41、46、48、49，其余25道题属于内向性题。外向性指数大于115，则性格类型属于外向型；外向性指数小于95，则性格类型属于内向型；外向性指数为95~115，则性格类型属于中间型。

说明：请回答下列问题。如果问题内容适合您的情况，就选"是"；如果不适合，就选"否"；介于适合和不适合之间，就选"不定"。回答时不要考虑应该怎样，而只回答你平时是怎样的。每个回答无所谓正确与错误，因而没有对你不利的题目。请尽快回答，不要在每道题上花太多的时间去思索。

案例导入

购物能力知多少?

一位女士在某商场的购物过程如下：因为原有的手机丢失，先通过营业员介绍买了一款新推出的手机；然后到摄影器材专柜准备挑选一部数码相机，虽经营业员详细讲解，但因为没有使用经验，还是决定下次找个懂行的朋友一起来买；最后在日用品自选超市买了某著名品牌的洗发水。

案例分析：消费者能力，包括对商品的辨别力、挑选力、评价力、鉴赏力、决策力等，每一方面都有着因人而异的差别，案例中的女士对自己的能力认识清楚，所以购买了自己能力范围内的物品。

任务分析

1.任务目的

通过分析消费者能力的类型差异性，使学生能掌握消费者能力的基本内容，理解消费者能力对购买行为的相关影响。

2.任务要求

（1）教师对学生分析消费者能力与购买行为之间的联系的学习步骤和程序进行规范性指导。

（2）教师要求每一名学生根据任务涉及的知识写一份分析消费者能力任务书。任务书内容包括：消费者能力类型、消费者能力的差异性、消费者能力对购买行为的影响等。

（3）该任务要求在完成书面文稿后，进行分组讨论。然后选派一名组员进行发言，指出消费者能力在购买行为中起到的作用。各组交流后进行互评，教师对各项实施任务的建议进行点评、总结。

知识精讲

一、能力的概念

能力是指直接影响活动效率，使活动得以顺利完成的个性心理特征。能力是个人成功地完成某项活动的必要条件，但不是唯一条件。个人的活动动机、身体状况等都是完成活动的条件，能力只反映个性心理条件。

能力与活动是紧密相联的。能力表现在人所从事的各种活动中，并在活动中得到发展。也就是说，能力在活动中得到表现、形成和完善。消费者购物能力如何，只能通过他们购买商品的全过程和购买结果做出评价。能力有两重含义：一是指个体现在能做什么，即现有的实际能力；二是指将来能够发展的潜在能力。为了完成一定的活动，人必须具备多种能力，并使之完美结合，心理学中把各种能力的结合叫作才能。智力特性、记忆和注意等心理品质如果符合某种活动的要求，或者由于活动的要求而形成，这些品质也可以被看成是某种能力。

二、能力的基本类型与差异

（一）能力的基本类型

1.按能力的倾向性可划分为一般能力和特殊能力

一般能力是指大多数活动所共同需要的能力，是人所共有的最基本的能力，适用于广泛的活动范围，符合多种活动的要求，并保证人们比较容易和有效地掌握知识，如观察力、思考力、记忆力、注意力、判断力、想象力等都是一般能力。

特殊能力是指完成某种专业活动所必需的能力。它只在特殊活动领域内发生作用，是顺利完成某种专业活动的心理条件。一般认为，数学能力、音乐能力、体育能力、写作能力等都是特殊能力。一个人可能同时具备多种特殊能力，但其中各种特殊能力的作用是不同的。如在体育能力中，每人具备的特殊能力要素不同，有人可能擅长短跑，有人可能擅长体操，这些要素的不同组合构成了各种独特的体育才能。

一般能力是特殊能力形成和发展的基础，特殊能力促进一般能力的发展，每项具体活动需要一般能力和特殊能力的结合才能完成。一般能力与特殊能力彼此联系，互相促进。

2.按能力的创造性程度可划分为再造性能力和创造性能力

具有再造性能力的人能迅速掌握所学知识，并善于按照所提供的式样进行活动。具有创造性能力的人善于创新，富于创造性，能超出现成式样进行发挥。

（二）能力的差异

1.发展水平的差异

同一年龄层中，能力的发展水平存在明显的差异。如由于性别的差异而形成男性消费者群和女性消费者群。

2.表现早晚的差异

能力表现早晚上个体差异也十分明显。如以智力为例，某些人少年早慧，而某些人则大器晚成。

3.结构的差异

能力是多种心理特性的组合，并且组合的方式有所不同，这就构成了能力结构的差异。能力结构的差异也是个体能力差异的一个主要方面。了解这些差异，有助于开展营销活动。

三、消费者能力与购买行为

消费者在购买商品的过程中，也需要并运用多种能力。比如，购买服装或布料的时候，就需要手的感觉能力，摸一摸服装或布料的质地；需要观察力，观察服装的颜色是否适合，款式有无缺陷，制作是否精致，质量是否过关；还需要同其他服装或布料比较一下，看看哪一种更适合自己的需要，哪种款式、哪种花色更好；等等。

消费者应具有的能力结构，一般说来包括：

（一）一般能力

这是指在许多活动中都必需的带共同性的基本能力，它适合于多种活动的要求。在消费活动中，一般能力又包括以下一些具体的能力：

1.注意力：有的消费者很快就能买到自己所需要的商品，而有的消费者在商店里转了大半天也找不着自己所需要的商品。这种情况就是注意力的差异所致。

2.观察力：观察力是个体对事物进行准确而又迅速感知的能力。观察力强的消费者往往能很快地挑选出他所满意的商品。如果消费者观察力较差，他往往看不到商品某种不太明显的优点，就可能失去买到优质商品的机会。

3.记忆力：一个消费者能否记住某种商品的特性，关系到他能否有效地做出购买决策。有的决策是面对商品时做出的，而有的决策则是在没有见到商品的情况下做出的。在后一种情形中，记忆是一个关键。消费者一旦记住了他所需要的商品的特点、商标、产地等，那么他可以在走进商店之前就做出购买决策。

4.判断力：它表现在消费者选购商品时，通过分析、比较，对商品的优劣进行判断的能力上。一般来说，判断力强的顾客，能迅速果断做出买或不买的决策；反之，判断力差的顾客，经常表现为优柔寡断，有时甚至会做出错误的判断。这种能力也表现在对商品的使用中，有的消费者能迅速发现商品的优劣，做出正确的评价，而有的消费者则不能。

5.比较能力：这表现为看看哪种商品更适合自己的需要，哪种款式、哪种颜色更好等的能力。

6.决策能力：当消费者选中了自己满意的商品后，是否能下决心买下来，这还需要有决策能力。

（二）特殊能力

特殊能力是某种专门性活动所必需的知识和技能，它属于专业技术方面的能力。如购买高级衣料的鉴别能力，购买古玩、乐器的鉴赏能力，购买药品的评价能力等。

消费者在购买活动中的能力，除本身素质是重要的基础外，还有许多其他因素也发挥了作用。如向消费者传递商品信息，讲解商品知识，培训保养维修方法，示范使用操作技术等。消费实践活动是消费者能力发展的决定性条件，它制约着能力发展的性质与水平。

想一想

王娜和李强都想购买一台计算机。购买前，王娜借阅了大量有关的书籍，向老师、同学咨询，最后决定和李强买一样的，而李强只是在网上查找了自己要买的联想牌计算机的报价。购买中，王娜到商店后看到了宏碁计算机在搞促销，在营业员的劝说下买了宏碁计算机，由于促销，当天没人送货，王娜只好花了30元雇人把计算机送到学校。李强凭借自己的知识、议价能力，以优惠的价格买了他喜欢的联想计算机，而且是自己搬回学校的。请简述两人的性格特征、购买力有何不同。

同步实训3-3

接待不同能力类型的消费者

【实训目标】培养学生具备面对不同能力类型的消费者时采用不同接待方式的能力。

【实训内容】假设你是某商场的营业员，现在有三种不同能力类型的消费者（熟练型、略知型、生疏型）要买同一种商品，你将怎样接待他们。以书面形式写出你的接待方式及原因。

【实训操作】

（1）让学生复习消费者的能力类型与表现的知识。

（2）每位学生根据自己在学习过程中对不同能力类型的消费者的特点的认知，分析应采取的接待方式及原因。

（3）根据以上分析，撰写接待消费者分析报告。

【实训要求】

（1）每人写出接待不同能力类型消费者的分析报告。

（2）根据每人写的分析报告的合理性与可行性为每位学生打分。

任务四　　消费者兴趣

案例导入

我们不仅是餐饮业，我们也是娱乐业

麦当劳以汉堡包和薯条称霸全世界，中式快餐却相形见绌。其实，中式快餐从产品的营养和口味上，并不输洋快餐，差距在于，洋快餐除了所独具的标准化配料和独特的口味优势外，还有其营销定位上的先进理念。

麦当劳的营销定位是"我们不仅是餐饮业，我们也是娱乐业"，哪个有麦当劳的城市的孩子家里不摆放着一个又一个麦当劳的玩具？又有哪个孩子去麦当劳吃饭不是冲着那些玩具或者玩儿的气氛？

吃麦当劳不一定是永远的，开心却一定是永久的，对娱乐的向往会成为永恒的向往。上述情况说明，消费者的要求不再是"你能为我做什么"，而是"你怎样让我开心"，购物从一种简单的交换行为变成了合情合理的休闲方式。美国零售业营销协会的调查报告显示：从本质上讲，如果到别的地方买东西能得到更多快乐的话，超过70%的客户愿意到别的地方去买东西。

案例分析：麦当劳的营销定位是"我们不仅是餐饮业，我们也是娱乐业"，其取得的成功，说明了兴趣对消费者购买行为会产生一定的影响，对促进消费者购买行为具有积极的作用。

任务分析

1.任务目的

通过分析消费者兴趣的类型和特征，使学生能掌握消费者兴趣的基本内容，理解消费者兴趣与购买行为之间的联系，把握消费者兴趣特征，了解消费者兴趣在其购买行为过程中的作用。

2.任务要求

（1）教师对学生分析消费者兴趣与购买行为之间的联系的学习步骤和程序进行规范性指导。

（2）教师要求每一名学生根据任务涉及的知识，写一份分析消费者兴趣任务书。消费者兴趣任务书内容包括：消费者兴趣的分类、消费者兴趣的特征、消费者兴趣对购买行为的作用等。

（3）在完成书面文稿后，进行分组讨论。然后选派一名组员进行发言，指出消费者兴趣在购买行为中起到的作用。各组交流后进行互评，教师对各项实施任务的建议进行点评、总结。

知识精讲

一、兴趣的分类

兴趣是以需要为基础，对客观事物的一种情绪表现。需要的对象就是兴趣的对象，并且在与对象发生联系的过程中加深兴趣。兴趣与认识、情感密切相关，个体对事物有认识，才会有情感，有情感才会有兴趣，认识越深刻、情感越丰富，兴趣就越浓厚。所以人们在从事感兴趣的活动时，总伴随着一种积极、愉快的情绪体验；相反，在从事很不感兴趣的活动时，总伴随着一种消极的、厌烦的情绪体验。由于人的需要复杂多样，人的兴趣也是多种多样的，可以根据不同的标准对兴趣进行分类。

（一）物质兴趣和精神兴趣

物质兴趣是以人的物质需要为基础的兴趣，主要表现在对物质生活用品的兴趣上，如对服装、家具、食品等的兴趣；精神兴趣是以人的精神需要为基础的，主要表现为对科学、文化、艺术、社会交往等方面的兴趣。

（二）直接兴趣和间接兴趣

直接兴趣是对事物或活动本身感到需要而产生的兴趣。新奇的事物或与需要直接相符的事物比较容易引起人的直接兴趣。间接兴趣是对事物或活动本身没有兴趣，但对事物或活动的未来结果感到需要而产生的兴趣，如许多购房者，本身并不需要住房，但把购房作为一种投资以期获利，在这种情况下产生的兴趣就是间接兴趣。

（三）短暂兴趣和稳定兴趣

短暂兴趣是和某种活动紧密联系的兴趣，它产生于活动中，并伴随某种活动的结束而消失。稳定兴趣具有稳定性，它不会因活动的结束而消失。

二、兴趣的特征

（一）兴趣的倾向性

兴趣的倾向性指兴趣指向于某些因素或活动。每个人的兴趣在倾向性上都有很大的差异，在消费上更是千差万别。以着装为例，有人喜欢休闲服装，有的则喜欢西服之类的正装。兴趣的倾向性通常与人的生活实践和所受教育有关，并受一定的历史条件所制约。

（二）兴趣的广泛性

兴趣的广泛性指个体兴趣所涉及的因素或活动的范围。有的人兴趣范围广泛，有的人兴趣范围狭窄。兴趣范围广泛的人，对许多事物和活动都兴致勃勃，乐于探求；相反，兴趣范围狭窄的人，常常对周围一些活动和事物漠然置之。

（三）兴趣的持久性

兴趣的持久性又叫兴趣的稳定性，指个体兴趣稳定的程度。人的一生中，兴趣往往会发生变化。在通常情况下，儿童早期兴趣比较不稳定，兴趣一般在15岁以后才趋向于稳定。兴趣的持久性是可以培养的，在一定时期内保持基本兴趣的稳定性是一种良好的心理素质。兴趣的培养与一个人的理想、信念和意志品质有密切关系。

（四）兴趣的效能性

兴趣的效能性指个体兴趣推动活动的力量。根据个体兴趣的效能水平，兴趣分为有效的兴趣和无效的兴趣。有效的兴趣能推动活动的开展；而无效的兴趣常常只表现为一种向往，不能产生实际效果。

三、消费者兴趣与购买行为

消费者的兴趣对消费者行为有重要影响，因为消费者兴趣不同，消费者对事物的偏好就不同，就必然导致消费者行为上的差异。同时，兴趣是认识和从事活动的巨大动力，是推动人们去寻求知识和从事活动的心理因素，因此兴趣在消费者购买行为中又起着动力作用。

（一）兴趣是引起和保持消费者注意力的重要因素

人们对感兴趣的事物，总是愉快、主动地去探究它。兴趣使人集中注意力，产生愉快、紧张的心理状态，对认识过程产生积极的影响。无论是无意注意还是有意注意，都与兴趣有关，若对某种事物不感兴趣，对它也就不能集中注意力。消费者在购买活动中，往往对那些外观造型新颖、特别，款式流行或包装精美的商品关注较多，即使没有实际需要，也会产生购买动机，这就是兴趣的作用。

（二）兴趣是人们从事活动的强大动力

人的兴趣是在需要的基础上，在活动中发生、发展起来的，需要的对象也就是兴趣的对象。消费者的需要是推动消费者进行各种消费行为的最普遍的内在动因，因而也是决定购买的首要动力因素。兴趣是人们从事活动的强大动力还表现在凡是符合个体兴趣的活动，就能提高人们的积极性，使人积极、愉快地从事某种活动，具有对未来活动的准备作用、对正在进行的活动的推动作用以及对活动的创造性态度的促进作用。

（三）兴趣对购买行为具有引导、创造作用

现代营销观念已经使大多数企业树立起以市场（消费者）为导向的营销观念，但在市场竞争日益激烈的今天，企业的认识还不能仅止于此。优秀的企业应当引导消费，创造新的市场和新的顾客。瑞士心理学家皮亚杰指出："兴趣，实际上就是需要的延伸，它表现出对象与需要之间的关系，因为我们之所以对一个对象产生兴趣，是由于它能满足我们的需要。"所以，如果企业提供的商品能够符合消费者自身的需要和偏好，消费者便会对其产生兴趣和喜爱之情，这种良好的心境和情绪状态会激发消费者进一步了解该商品的积极愿望。

想一想

小小的人参果可爱在哪里？

"人若有缘，闻一闻能活三百六十岁，吃一个能活四万七千年。"《西游记》里，馋得猪八戒茶饭不思的人参果你还记得吗？这种圆乎乎、笑眯眯，吃了让人"长生不老"的"人参果"出现在了昆明市场。这种果子具有低糖、高蛋白、富含维生素等特点，加之其培育、运输等成本较高，所以相比其他水果，价格也自然要贵些，市场上卖30元/个，那真是比甜瓜价格翻了好几倍，但是销量还不错。在淘宝店铺中，人参果的价格差不多25元/个，销量也都不错。为什么"人参果"价格虽高但依旧销量不错呢？

同步实训3-4

兴趣分析

1.你在手机市场里购买了一部新手机，回家后在使用的过程中发现，手机配备的电池并非说明书中及售货员所承诺的那样是原装电池。你会采取以下何种方式应对？

A.立即到卖场退货，并据理力争，要求卖场承担责任。

B.自认倒霉，只能怪自己不仔细。

C.觉得无所谓，反正不影响正常使用。

D.缓一缓，等下次有机会再顺便去解决。

（1）根据自己的选择结果，对自己的个性进行分析。

（2）以此为测试题，对自己的同班同学进行个性分析。

2.调查一下本班同学使用的手机品牌、型号、功能、价位、使用年限等，结合同学们的性格特点，分析、归纳手机与性格之间的联系。

【实训目标】针对每个同学的答案，对兴趣进行分析，把握消费者的兴趣特征，让学生了解消费者的兴趣在购买行为过程中的作用。

【实训内容】通过上述选择题和调查手机型号，分析、归纳手机与性格之间的联系。

【实训操作】

（1）将学生每5~6人分为一组，并选出小组负责人1名。

（2）小组负责人与组员共同制订分析计划，明确任务。

（3）每组写一份分析报告（针对不同答案和手机型号，并结合同学们的性格特点撰写分析报告）。

【实训要求】就各组的分析报告在班级交流，并由老师作点评。

项目小结

个性是指在先天素质的基础上，在社会条件的影响下，通过个人的活动而形成稳定的心理特征的总和。它反映出人的心理活动的经常而稳定的本质特点。

个性包括个性心理倾向和个性心理特征两个方面。

气质是人的心理特征之一，是个人心理活动的稳定的动力特征。它所表现的是人的心理活动的强度、速度、稳定性、灵活性和指向性等方面的差异。消费者气质类型主要有胆汁质、多血质、黏液质、抑郁质。

性格是个性的重要方面，它是指一个人在个体生活中形成的对现实的稳定态度和习惯化了的行为方式。

能力是指人们能够顺利完成某种活动所必备的并且直接影响活动效率的个性心理特征。

本项目讨论题

听音乐会迟到的人

有甲、乙、丙、丁四人相约去听音乐会，但是因为路上堵车，他们迟到了。检票小姐以"中途进出演播厅会影响他人"为由，拒绝这四人进入。此时，这四人反应不尽相同。

1.甲开始寻找其他能够进入的路径："正门不让进，就走侧门！"

2.乙则大吵大闹："我已经花钱购买了门票，凭什么不让我进去？我有权利听音乐会。"

3.丙却是好脾气，凡事往好处想："你现在不让我进，待会儿中途休息间隙总会有人出入吧？我等着。"

4.丁的想法是："唉，好不容易买到票来听音乐会，结果就因为路上堵车迟到了，现在还进不去，怎么这么倒霉呀！回家算了，以后再也不来了。"

请大家结合上述案例讨论以下问题：

（1）上述四人分别属于哪种典型的气质类型？

（2）如果上述四人购物，其表现会是怎样？

（3）如果是你迟到的话，遇到上述情况，你会如何做？

思考与练习

1.选择题

（1）单选题

①活泼好动，反应敏捷，善于交际，但注意力分散，是（　　）气质的特征。

A.多血质 　　　　B.胆汁质 　　　　C.黏液质 　　　　D.抑郁质

②下列属于个性心理特征的是（　　　）。

A.意志　　　　　　　　B.性格　　　　　　　　C.动机　　　　　　　　D.兴趣

③决定人的气质的主要因素是（　　　）

A.职业因素　　　　　　B.性别因素　　　　　　C.先天因素　　　　　　D.社会因素

④个性心理的重要特征是（　　　）。

A.稳定性　　　　　　　B.变化性　　　　　　　C.强制性　　　　　　　D.规范性

⑤按照气质类型划分，"桃园三结义"里脾气暴躁的张飞属于（　　　）气质。

A.多血质　　　　　　　B.胆汁质　　　　　　　C.黏液质　　　　　　　D.抑郁质

（2）多选题

①消费者个性形成的影响因素包括（　　　）。

A.先天素质　　　　　　　　B.社会环境　　　　　　　　C.个性倾向

D.经济条件　　　　　　　　E.社会经历

②性格按心理活动的倾向可分为（　　　）。

A.顺从型　　　　　　　　　B.独立型　　　　　　　　　C.外倾型

D.内倾型　　　　　　　　　E.被动型

③按照对商品的认识程度进行划分，消费者的能力类型可划分为（　　　）。

A.确定型　　　　　　　　　B.盲目型　　　　　　　　　C.生疏型

D.熟练型　　　　　　　　　E.略知型

④按购买方式进行划分，消费者的性格类型可划分为（　　　）。

A.习惯型　　　　　　　　　B.慎重型　　　　　　　　　C.情感型

D.挑剔型　　　　　　　　　E.被动型

⑤消费者的个性心理特征主要有（　　　）。

A.气质　　　　　　　　　　B.需要　　　　　　　　　　C.动机

D.性格　　　　　　　　　　E.能力

2.简答题

（1）消费者个性有什么特征？

（2）简述气质与性格的区别和联系。

（3）简述消费者的能力有哪些。

3.实务训练题

【相关案例】

可口可乐十五大经典广告案例

可口可乐在全球各地展开各种创意营销！一会儿追赶节日的潮流，一会儿又爱心广告片满满，带来各种感动：给印度和巴基斯坦架起沟通的桥梁；让国际米兰和AC米兰球迷握手言和；帮助远在他乡的人们跟家人电话问候，即使不能回家团圆，也能感受到城市的温暖……教人如何不爱它呢！

1.可口可乐隐形自动贩卖机：仅情侣经过时现形

为了庆祝情人节，可口可乐公司推出了一款高级隐形自动贩卖机。这款自动贩卖机的不寻常之处在于，只有当情侣经过时，原本看似空无一物的路边才会突然亮起，并出现一段浪漫的巨型广告。紧接着,专属于情人的可爱贩卖机便会现出原形。另外,该自动贩卖机还会询问每对情侣的姓名,并将他们的名字印在瓶身上,打造出真正独一无二的情侣饮料。

2.可口可乐条形码:竟然扫出一首歌来

可口可乐的做法越来越让人惊喜。通过改装超市条形码扫描系统,在其他商品被扫描时,清一色的"嘀"声后,可口可乐却欢乐地"噔噔噔噔噔"唱起来.让枯燥的一成不变的生活突然来点新鲜感,足以让人感到欢乐。几乎每一位听到可口可乐穿过扫描仪时发出的经典音乐的人都会开心地绽放笑容。这种好感度的培养与建立,真心很赞。

3."快乐重生"法:可乐瓶的二次利用

作为可口可乐全球可持续发展计划的一部分,这次可口可乐联合北京奥美广告公司开发了一系列的创意二次利用活动,用户购买可口可乐的时候赠送喷头或是一些教程,教用户如何废物利用。该项目率先在越南落地执行,相对来说越南比中国贫困很多,对这种废物利用更加有需求,后期会逐渐推广到全亚洲地区。

4.和平"贩卖机"之一:让印度与巴基斯坦握手言和

通过放置在两个国家拥有3D触摸屏技术的自动售货机,可口可乐可以缓和印度和巴基斯坦之间的紧张关系。在活动现场,两个国家的人民通过内置在售卖机中的摄像头与Skype技术,可以互相看见对方,只要双方齐心协力完成触摸屏上的图案:笑脸、心形,甚至跳上一段舞蹈,双方会各自获得一听可口可乐。此时,两个国家的人民放下仇恨,很开心地享受"握手言和"的欢乐。

5.和平"贩卖机"之二:让国际米兰和AC米兰球迷握手言和

同一个城市,有两支顶级球队真是伤感。在米兰,国际米兰与AC米兰每年都拼得不可开交,狂热的球迷们也各自为阵,见到对方更是分外眼红。对此,可口可乐提出了"友谊第一、比赛第二"的口号。一个代表和平主义的可口可乐贩卖机在圣西罗球场亮相了。贩卖机分别放置在球场两侧的入口处,只有这一方按下去,另一方才会吐出可口可乐,通过贩卖机上的视频和音频连接,能直接与对方球迷对话。

6.人工彩虹庆南非成立20周年

一直有"彩虹之国"之称的南非成立20年时,为了庆祝这个特别的日子,可口可乐真的在约翰内斯堡的上空架起了一座"天然"彩虹。霸气的创意和强大的执行力让人望尘莫及。执行的原理自然是根据"水汽经太阳折射形成彩虹"。至于这个角度,工作人员已经反复测算了很久,最后可口可乐选定在约翰内斯堡城市广场的大楼顶部安装喷水装置,喷水装置会根据太阳的角度来洒水,进而顺利形成彩虹。七彩的颜色是最好的幸福色彩,给当地的民众带去了无限的快乐。

7.可口可乐电话亭,所谓幸福就是有人为你着想

每一天都有很多南亚劳动力来到迪拜工作赚钱以获得更好的生活。他们平均一天只有6美元的收入,可打电话给家里时却不得不花0.91美元/分钟的费用。为了节省每一分钱,这些外来务工人员都不舍得打电话回家。迪拜可口可乐了解到这一情况后,联合扬罗必凯广告公司开发了一款可以用可乐瓶盖当通话费的电话亭装置,把这些电话亭安置在工人们生活的地区,每一个可口可乐瓶盖都可以免费使用3分钟的国际通话费。

8.新加坡可口可乐：幸福从天而降

可口可乐联手新加坡奥美打造一项传递快乐的活动：各大工地上空飞来无数架装载着红色箱子的遥控飞机，带着可口可乐和鼓舞的话语从天而降，以慰问新加坡多达2 500名建筑工人，为其鼓舞士气、重振精神并分享快乐。

9.可口可乐校园创意营销：双人可乐瓶盖

新晋大学生谁都不认识，难免无聊，于是可口可乐为了能让新晋大学生互动起来，开发了这个特殊的瓶盖。只有当两个人一起反向旋转可口可乐的时候，可口可乐才能打开。该项目来自哥伦比亚李奥贝纳广告公司。

10.怎么拯救世界上雨量最大的小镇？

可口可乐将公益做到了远在南美洲的哥伦比亚，世界上雨量最大的小镇——Floro。这个小镇虽然每年降雨量高达12 717毫米，但这里的人缺少饮用水，水质的不洁也引发了很多疾病。可口可乐为这个小镇做了一次雨水拍卖，用无数只可口可乐瓶子收集雨水，拍卖雨水给一些管理高层和名人们，装满Floro雨水的瓶子也将在网上义卖。收集到的善款将为Floro建一座雨水处理厂，这样能让Floro当地的人们喝上清洁的水，减少常见病的患病率。

11.可口可乐迷你货柜亭：带给你生活小快乐

迷你装的可口可乐在飞机旅行中屡见不鲜，但在日常生活中，却难觅踪影。可口可乐在德国为了宣传这一事件，以一个非常简单的策略赢得了广泛的好评：迷你货柜亭。迷你货柜亭的大小是正常货柜亭的1/3，让人感觉似乎进入了小矮人的世界，萌感十足。它麻雀虽小，五脏俱全，这里有专职的售货员，有迷你贩卖机，还有杂志、食物等。虽然它很小，却足够引人注目，带来的幸福感也很强。这些都写在为此驻足的人们的脸上。

12.可口可乐公益广告：婴儿们的欢乐颂萌萌哒

可口可乐把世界各地婴儿的哼哈声剪辑成了"欢乐颂"，这是一个公益广告。他们有一个很酷的目标：让每个出生的婴儿都免受艾滋病毒感染，实现"无艾滋一代"。每天全球有650个婴儿携带HIV病毒出生。但我们相信在可口可乐的帮助下，这个数字能够减少到0。

13.无孔不入的可口可乐：把我们的户外广告扯回家包礼物吧！

新年要送礼物吧？送礼物要包装吧？包装要包装纸吧……可别把这事交给百货公司了，自己动手心意满满！来来来，走过、路过别错过，你现在看到的户外广告，扯下来就是一大张喜庆的红色包装纸！想法极其简单，却又因为免费、体贴、容易获得而产生了极大的传播效应。默不作声、一分钱不花，就把自家的logo印在了千千万万份礼物上。

14.可口可乐温暖公交站台：让冬日暖如夏

在瑞典乌普萨拉，冬季日照时间很短，可能吃午饭时阳光还很好，但午饭后一会天空就逐渐暗下来。在这样的环境中，即使是瑞典人，多少也会有些压抑吧。不过，现在，当你走到乌普萨拉街头的一个可口可乐公交站台，可乐自动售货机感知你到来时，便会在黑暗中亮起暖暖的红光。接着广告牌开始播放瑞典夏季草甸美景，音响里传来欢乐的鸟鸣，一朵朵鲜花投影在地上，伴随着有加热功能的广告灯，好像一下子就阳光明媚，身在夏天！可口可乐继续为人们找回生活的温暖，就像冬日里一杯热咖啡，好暖心啊。

15.巴西可口可乐：智慧城市户外广告

一个独特的滑板斜坡被安装在里约热内卢的弗拉门戈公园，斜坡是可口可乐标志经典的白色条纹。远看，它是一块极其简约到只剩logo的广告牌；近看，广告牌上的飘带则是立体的。这一活动的目的是鼓励青少年发现有趣和充满乐趣的活动，激发更积极的生活态度。

资料来源：根据免费论文下载中心2015年1月19日相关论文整理得来。

思考：1.可口可乐公司针对哪些消费人群开展了营销活动？

2.可口可乐公司的营销活动如何影响人们的消费心理活动过程？

【业务操作训练】

消费者购买能力分析

训练目的：熟悉消费者购买能力的内容，培养学生增强各种分析能力。

训练内容：以自己最近的一次购买活动为主题，分析自己的购买过程需要具备哪些能力，以及自己还需加强哪些能力。

训练操作：

（1）了解消费者购买能力的具体内容。

（2）结合自己最近的一次购买活动，分析在这次购买过程中需要具备哪些能力，自己在哪些方面还需要继续加强学习与锻炼。

（3）写出分析报告。

成果要求：根据自己购买的商品，写出《××消费者购买能力分析报告》，要求结合自己真实的体验，分析合理，从而加深对消费者购买能力的理解。依据上述报告与陈述表现，为每位学生打分。

【成果评价】见表3-4。

表3-4　　　　　　　　　　　**消费者购买能力分析实训成绩评价**

项目	评价标准	得分
撰写自己的购买活动报告	购买活动选择恰当，符合要求，撰写的购买活动报告翔实，共计40分。综合评价，酌情扣分	
网购过程	分析报告全面、规范，购买能力分析正确、恰当，感受和体会总结有特点，共计60分。综合评价，酌情扣分	
总成绩（分）		
教师评语	签名：　　年　月　日	
学生意见	签名：　　年　月　日	

项目三思政小结

项目四　　　　　唤醒消费者需要与动机

学习目标

知识目标

1.掌握消费者需要、购买动机、购买行为的概念、分类和基本特征。

2.掌握消费者购买决策过程。

3.了解马斯洛需求层次理论的基本内容。

4.了解消费者购买决策的影响因素。

能力目标

1.能够分析消费者的消费需要，并利用消费需要的特征开展相应的营销活动。

2.会利用购买动机可诱导的特征，诱导消费者产生符合企业需要的购买行为。

3.运用消费者购买行为决策过程和心理过程的相互关系，把握其购买心理；运用消费者购买动机，促成购买行为。

素养目标

通过本项目的学习，学生在具备识别和分析消费者的需要与购买动机，并能运用正确购买决策制定有针对性的解决方案的知识技能的同时，提高洞察力和与人沟通交流的能力，使他们能正确处理好个人与他人、个人与社会的关系，学会有效地学习，形成自尊自信、理性平和、自立自强、坚韧乐观的健全人格。

需要是和人的活动紧密联系在一起的。人们的行为动机和购买行为都是为了满足一定的需要，了解并掌握人的基本需要和需要层次，对促成购买行为具有积极的意义。

案例导入

3元钱买个"苹果身份"过把瘾

近年来，网上一种名为"iPhone代挂"的服务正在热销，只需花费几元钱购买服务，将自己的QQ或微博的账号及密码留下，就能让对方帮忙"代挂"。购买这种服务后可以通过后台挂机，购买者的QQ则显示为"iPhone在线"，微博显示"来自iPhone手机"。

"iPhone代挂"为何受人追捧？一些卖家透露，前来购买的人大多是年轻人，他们不愿购买昂贵的iPhone手机，但又希望别人以为他们拥有这款手机，因此才"催生"了这项业务。

案例分析：购买者所寻找的是使用苹果手机的感觉，体现的是他作为消费者的内心需求，这决定了即便他在实际生活中使用廉价手机，"iPhone在线""来自iPhone手机"也满足了他内心的需求。

在人的诸多心理因素中，需要和动机占有重要的地位，并与消费行为的产生密切相关。需要是由于人们的任何消费行为都是有目的的活动，这些目的的实质是为了满足某种欲望。需要是消费者行为的最初原动力，动机则是消费者行为产生的直接原因。

任务分析

1.任务目的

通过分析讨论消费者需要，使学生能够充分理解消费者需要的含义及特征，达到培养学生具有合理思考和周密分析问题的能力的目标。

2.任务要求

（1）教师对学生制订的消费者需要唤醒方案进行规范性指导。

（2）教师要求每一名学生根据任务涉及的知识，写一份消费者需要唤醒方案任务书。消费者需要唤醒方案任务书内容包括：唤醒对象、消费者需要的特征分析、消费者需要的分类、马斯洛需要层次论等。

（3）在完成书面文稿后，进行分组讨论。然后选派一名组员进行发言，提出唤醒消费者需要的相关建议。各组交流后进行互评，教师对各项实施任务的建议进行点评、总结。

消费者需要心理

知识精讲

一、消费者需要

消费者需要是指消费者生理和心理上的匮乏状态，即感到缺少些什么，从而想获得它们的状态。个体在其生存和发展过程中会有各种各样的需要，如饿的时候有进食的需要，渴的时候有喝水的需要，在与他人交往中有获得友爱、被人尊重的需要等。

需要是和人的活动紧密联系在一起的。人们购买产品、接受服务的目的，都是满足一定的需要。一种需要被满足后，又会产生新的需要。因此，人的需要绝不会有被完全满足和终结的时候，正是需要的无限发展性，决定了人类活动的长久性和永恒性。

需要虽然是人类活动的原动力，但它并不总是处于唤醒状态。只有当消费者的匮乏感达到了某种迫切程度时，需要才会被激发，并促使消费者有所行动。比如，我国绝大多数消费者可能都有住上更宽敞住宅的需要，但由于受经济条件和其他客观因素的制约，这种需要大都只是潜伏在消费者心底，没有被唤醒，或没有被充分意识到。此时，这种潜在的需要或非主导的需要对消费者行为的影响力自然就比较微弱。

需要一经唤醒，就可以促使消费者为消除匮乏感和不平衡状态而采取行动，但它并不具有对具体行为的定向作用。在需要和行为之间还存在动机、驱动力、诱因等中间变量。比如，当饿的时候，消费者会为寻找食物而活动，但面对面包、馒头、饼干、面条等众多选择物，到底以何种食品充饥，则并不完全由需要本身所决定。

知识拓展

概念辨别

1.需要：是指消费者生理和心理上的匮乏状态。

2.需求：是指人们愿意且能够购买某个具体产品的欲望。

3.消费诱因：是指能够引起消费者需要的外部刺激。

二、需要的分类

（一）从心理学的角度分

1.生理性需要：生理性需要是与生俱来的，它反映了人对维持生命和延续后代所必需的客观条件的需求，如饮食、睡眠、休息、阳光、水、空气等。其特点是：以从外部获得一定的物质为满足，多见于外表，容易被人察觉，此需要有一定限度。

2.社会性需要：社会性需要是在进行社会生产和社会交往过程中形成的，如对劳动、交往、友谊、求知、尊重、道德的需要等。社会性需要因社会历史发展的不同、经济和社会制度的不同、民族的风俗习惯和行为方式的不同，而有显著的差异。其特点是：它不是由人的本能决定的，而是后天学习获得的，是由社会条件所决定的；它往往蕴藏于一个人的内心世界，不容易被人察觉；它是从人的内在精神方面获得满足，弹性很大。

（二）从消费者的角度分

1.劳动的需要：如职业劳动、创造性劳动、社会公益性劳动等。

2.物质文明的需要：如衣食住行的基本需要与较高水平的耐用品的需要。

3.文化与精神生活的需要：如学习、文艺、体育、旅游、娱乐等。

4.社会性需要：如社会活动、交往和谐、参加组织、友谊与爱情、尊重与荣誉等。

把人的需要进行分类（见表4-1），只具有相对的意义。人们精神需要的满足离不开物质需要的保证，对服饰美的需要就要有美的时装和精致的首饰作前提；同时物质需要中又渗透着精神需要，穿衣不光是为了御寒或蔽体，还包含对衣服的颜色、款式、质地、品牌的追求，体现美的需要。人的生理性需要也要依赖一定的文化条件来满足。

知识拓展

表4-1　　　　　　　　　　　消费者需要的种类与基本内容

划分方法	代表人物	分类标准	具体类型
两分法	传统观点	需要的产生和起源	生理性需要和社会性需要
		需要的实质内容	物质需要和精神需要
三分法	恩格斯	需要的生活形式	生存需要、享受需要、发展需要
五分法	马斯洛	需要的层次	生理、安全、爱或社交、尊重、自我实现

三、马斯洛需要层次论

美国著名的人本主义心理学家马斯洛提出的需要层次论（如图4-1所示），将人类需要分成生理需要、安全需要、社交需要、尊重需要和自我实现的需要五类，依次由较低层次到较高层次。

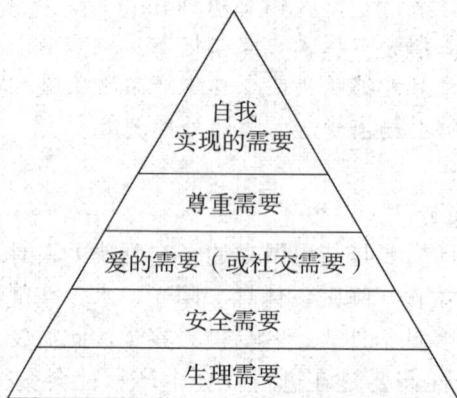

图4-1　马斯洛的需要层次论

（一）需要层次论的基本内容

马斯洛认为，人的一切行为都是由需要引起的，而需要是分层次的。在不同的时期表现出来的各种需要的迫切程度是不同的。人最迫切的需要才是激励人行动的主要原因和动力。人的需要是从外部得来的满足逐渐向内在得到的满足转化。

低层次的需要基本得到满足以后，它的激励作用就会降低，其优势地位将不再保持下去，高层次的需要会取代它并成为推动行为的主要原因。有的需要一经满足，便不能成为激发人们行为的起因，于是被其他需要取而代之。

高层次的需要比低层次的需要具有更大的价值。热情是由高层次的需要激发。人的最高需要即自我实现就是以最有效和最完整的方式表现自己的潜力，唯此才能使人得到高峰体验。

（二）对需要层次论的解释

马斯洛将人类需要按由低级到高级的顺序分为五个层次或五种基本类型。

1.生理需要，是人最原始、最基本的需要，如吃饭、穿衣、医疗等等。若不满足，则有生命危险。这就是说，它是最强烈的不可避免的最底层需要，也是推动人们行动的强大动力。当一个人被生理需要所控制时，其他一切需要均退居次要地位。

2.安全需要，指个人要求劳动安全、职业安全、生活稳定、希望免于灾难、希望未来有保障等。安全需要比生理需要高一级，当生理需要得到满足以后就要保障这种需要。每一个在现实中生活的人都会产生安全的欲望、自由的欲望、具有防御实力的欲望。

3.爱的需要，指个人渴望得到家庭、团体、朋友、同事的关怀、爱护和理解，是对友情、信任、温暖和爱情等的需要。社交需要比生理需要和安全需要更细微、更难以捉摸。它与个人性格、经历、生活区域、民族、生活习惯、宗教信仰等都有关系，这种需要是难以察觉、无法度量的。

4.尊重需要，包括自我尊重，对他人尊重，被他人尊重。人人都希望自己有稳定的社会地位，希望个人的能力和成就得到社会的承认。

尊重又可分为内部尊重和外部尊重。内部尊重是指一个人希望在各种不同情境中有实力、能胜任、充满信心、独立自主。总之，内部尊重就是人的自尊。外部尊重是指一个人希望有地位、有威信，受到别人的尊重、信赖和高度评价。

5.自我实现的需要，包括道德、创造力、自觉性、问题解决能力、公正度、接受现实能力。

这是最高层次的需要，它是指实现个人理想、抱负，把个人的能力发挥到最大程度。达到自我实现境界的人接受自己也接受他人，解决问题时能力增强，自觉性提高，善于独立处事，要求不受打扰地独处，完成与自己的能力相称的一切事情。

实例链接4-1

芭蕾舞演员可以满足每一层次的需求

1.生理：在舞台上跳舞使我身心愉快，生理平衡。

2.安全：在属于自己的舞台上我感觉安全。

3.社交：我可以和其他人分享美妙的艺术。

4.尊重：我可以创造美的艺术。

5.自我实现：舞台带给我安宁的感觉，实现艺术梦想和人生价值。

四、需要的特征

（一）多样性和差异性

由于不同消费者在年龄、性别、性格、工作性质、民族、传统、宗教信仰、生活方式、文化水平、经济条件、兴趣爱好、情感意志等主客观条件方面的千差万别，由此形成多种多样的消费需要。就消费者而言，需要也是多方面的，消费者不仅需要吃、穿、用、住，而且需要参加各种活动等，这都要求具有多种功能的商品或劳务与之相适应。

不仅如此，同一消费者对某一特定消费对象常常同时兼有多方面的需要，如既要商品质量好，又要其外观新颖，具有时代感。

（二）层次性和发展性

消费者的需要是有层次的。按照不同的划分方法，消费者需要可以划分为高低不同的层次。例如，充饥、御寒属于较低层次的需要；受人尊重、实现人生的自我价值属于较高层次的需要。

就发展性而言，消费者需要与社会生产及自身情况紧密相关，是一个由低级向高级、由简单到复杂、由物质到精神、由追求数量上的满足向追求质量上的充实且不断发展的过程。特别是在现代社会，科学技术和生产力更加发达和先进，物质产品极大丰富，新的消费方式也不断涌现，人们的消费需求在内容、层次上不断更新和发展。

实例链接4-2

从"网速变化"感受中国网络的历史变迁

从中国网络的历史变迁可以看出人们消费需要的发展。20世纪90年代，互联网进入中国。那时候上网还是一件稀罕事，网速以KB计算。除了学校、科研院所里的计算机房，就只能去外面的网吧上网了。后来，从电话线连接网络到拨号上网，网速从512KB到1M、2M、4M，一般家庭使用2M就已经很不错了。多年来，我们对网速的变化尤其是"提速降费"的感受越来越明显了，尤其是光纤入户实现后，网速大爆发，从10M到20M、50M，再到100M、200M甚至还有1 000M。一不留神，5G技术正大踏步走来。

回想起中国网络近30年的发展变化，我们都会发出感慨，网速的提升是网络发展的一个重要标志，中国网络事业的发展让我们的生活变得更加美好，我们每一位网民也是其中的见证者和分享者。

就不同的需要来说，当某种需要获得某种程度的满足后，另一种新的需要又产生了。任何时候都不可能有绝对的满足。从这个意义上说，需要是永无止境的，消费者需要是随着社会的发展而发展的。

（三）可变性和可诱导性

消费者需要直接受到所处环境状况的影响和制约，因此，一定阶段社会政治、经济制度的变革，伦理道德观念的更新，生活和工作环境的变迁，社会交往的启示，广告宣传的诱导以及生态环境的变化等，都可能改变消费者需要的具体内容，使某一种需要转变为另一种需要，潜在的需要转变为显著的需要，微弱的需要转变为强烈的需要。

实例链接4-3

驼鹿与防毒面具

有一个推销员以能够卖出任何东西而闻名。他已经卖给过牙医一支牙刷，卖给过面包师一个面包，卖给过盲人一台电视机。但他的朋友对他说："只有卖给驼鹿一个防毒面具，你才算是一个优秀的推销员。"

于是，这位推销员不远千里来到北方，那里是一片只有驼鹿居住的森林。"您好！"他对遇到的第一只驼鹿说，"您一定需要一个防毒面具。"

"这里的空气这样清新，我要它干什么？"驼鹿说。

"现在每个人都有一个防毒面具。"

"真遗憾，可我并不需要。"

"您稍候。"推销员说，"您已经需要一个了。"说着他便开始在驼鹿居住的林地中央建造一座工厂。"你真是疯了！"他的朋友说。"不过，我只是想卖给驼鹿一个防毒面具。"

当工厂建成后，许多有毒的废气从大烟囱中滚滚而出。不久，驼鹿就来到推销员处对他说："现在我需要一个防毒面具了。"

推销员卖给了驼鹿一个。"这真是一个好东西啊！"推销员兴奋地说。

驼鹿说："别的驼鹿现在也需要防毒面具，你还有吗？"

"你真走运，我还有成千上万个。"

"可是你的工厂里生产什么呢？"驼鹿好奇地问。

"防毒面具。"推销员兴奋而又简洁地回答。

满足需求的高手往往也先制造出需求来。当你营造出一定的氛围后，别人就会主动找上门来。

（四）伸缩性和周期性

伸缩性又称需求弹性，是指消费者对某种商品的需求会因某些因素，如支付能力、汇率、利率等的影响而发生一定程度的变化。如消费者在购买商品时的需求会在数量、品种等方面因商品价格的变化而变化。一般来说，生活必需品的伸缩性较小，而高档耐用品、奢侈品等的伸缩性就较大。

人类的消费是一个无止境的活动过程，而消费需要的满足也是相对的，当某些需要得到满足以后，在一段时间内可能不再产生，但随着时间的推移，已经消退的需要又会重新出现并周而复始，呈现周期性。例如，食品的需要周期间距短、循环快、重复性高；服装的需要周期受气候变化的影响，表现出明显的季节性。

@ 实例链接4-4

非洲人对欧洲人的趣谈

非洲人对欧洲人说：

如今——

俺们刚建设工厂，你们又研究低碳环保了！

俺们刚坐上汽车，你们又到处跑马拉松了！

俺们刚走出国门，你们又去月球旅行了！

　　　　　　　　　　消费者的购买动机

案例导入

速溶咖啡的转变

20世纪40年代，速溶咖啡脱颖而出，在市场上初露头角。照理儿，速溶咖啡不仅品质高，口味好，而且饮用方便，不需烧煮，上市后一定大受欢迎。然而，事实却与此相反，这种速溶咖啡投入市场后，消费者的反应冷淡，销路不畅。厂方市场营销人员会同广告人员、消费者心理专家对此进行调查研究，分析结果发现，毛病出在广告上。广告词一味强调速溶咖啡的快速、简便，使众多家庭妇女产生偏见，认为只有那些懒惰、生活无计划、邋遢的人才去购买速溶咖啡。症结找到了，广告设计人员立即改变过去广告的内容，从强调使用简便这一特点，转向突出新潮咖啡与新鲜咖啡同样具备美味、清香、质地醇厚的特点，并配上一幅广告画：一杯美味的咖啡，后面高高地堆着褐色的咖啡豆，上书"100%的真正咖啡"。新的广告问世后，立即引起人们的关注，人们的偏见慢慢地消除了，速溶咖啡迅速地打开了销路，成为西方咖啡消费的主流。

资料来源：佚名. 速溶咖啡为何卖不动［EB/OL］.［2010-09-15］. http://wenku.baidu.com/view/0af17900bed5b9f3f90f1cee.html.

案例分析：本案例表明，对消费者购买动机的调查研究，决定了商家的营销策略。

任务分析

1.任务目的

通过不同商品购买动机的市场调查，学生能掌握购买动机的基本知识，明晰消费者购买动机的类型。通过撰写调查问卷分析报告，把握消费者在消费过程中购买动机的形成过程，达到培养学生利用诱导动机唤起消费者购买行为的目的。

2.任务要求

（1）教师对学生撰写的调查问卷分析报告进行规范性指导。

（2）教师要求每一名学生根据任务涉及的知识写一份消费分析报告。报告内容包括：消费者购买动机及形成、购买动机的类型、购买动机在消费行为中的表现。

（3）在完成书面文稿后，进行分组讨论。然后选派一名组员进行发言，提出激发消费者购买动机的相关建议。各组交流后进行互评，教师对各项实施任务的建议进行点评、总结。

一、购买动机的概念与形成过程

（一）购买动机的概念

动机是指引起和维持个体活动并使之朝一定目标和方向进行的内在心理活动，是引起行为发生、造成行为结果的原因。当人们产生某种需要而又未能满足时，心理上便产生了一种不安和紧张，这种不安和紧张成为一种内在的驱动力，促使个体采取某种行动。心理学把这种现象称为动机。

（二）购买动机的形成过程

消费者购买动机产生的原因不外乎内因和外因，即消费者的内部需要和外部诱因两类。

1.内部需要

个体正常生活的某个方面出现"缺乏"，就会产生"需要"，当这种需要被个体意识到之后，他的整个能量便会被动员起来，有选择地指向可以满足需要的外部对象，于是"动机"出现了。

消费者的动机与需要的关系极为密切，它们都是影响购买行为的内在因素，是达到满足需要的行为动力。当消费者产生了某种消费需要时，心理上就会产生紧张情绪，成为一种内在的驱动力，即产生动机（如图4-2所示）。

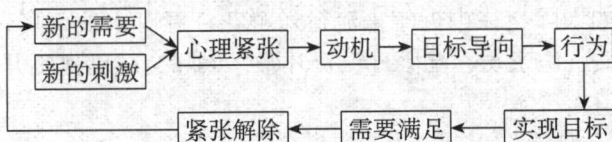

图4-2　动机形成过程

有了动机，就要选择或寻找目标。当目标找到后，就进行满足需要的活动。行为完成的过程，就是需要不断得到满足、心理紧张状态不断消除的过程。然后，又会有新的需要产生，新的动机形成，新的行为活动开始，如此周而复始。所以，动机是由个体需要引起的满足需要的行为动力，是需要的具体体现。

2.外部诱因

在现实消费中，并不是所有的动机都是由需要这种内部刺激产生的。如某消费者路过某商场时，看见不少人正在争购一种市面上流行的面料，于是她也挤上去买了一块。又如，有时引起人食欲的，并非是饥饿，而是美味佳肴的色、香、味。消费心理学把这种能够引起个体需要或动机的外部刺激（或情境）叫作诱因。诱因使个体需要指向具体的目标，从而引发个体的活动。因此，诱因是引起相应动机的外部条件。

诱因分为正诱因和负诱因。正诱因是指能使个体因趋近它而满足需要的刺激物。负诱因是指能使个体因回避它而满足需要的刺激物。

从上面分析可知，消费者购买动机产生的原因不外乎内因和外因，即内部需要和外部诱因两类。没有动机作为中介，购买行为不可能发生，消费者需要也不可能得到满足。因此，动机及其成因与行为这三者之间的关系为：内部需要和外部诱因产生购买动机，购买动机产生购买行为，购买后使用评价又产生内部需要和外部诱因。

想一想

奇特的巧克力

某商场销售一款品牌的巧克力系列产品，仅仅因为色彩鲜艳、赏心悦目、有一个特大号的卡通人物形象就销量大增，甚至一度出现抢购的场面。消费者不缺乏巧克力，但缺乏与众不同的巧克力。想一想消费者是因为使用价值而购买彩色巧克力吗？

二、购买动机的类型

消费者购买商品的动机是复杂、多层次、交织、多变的。在购买过程中，有时看来很简单的行动可以包含丰富的心理活动，很难说是一个或几个动机所推动的。

（一）生理性购买动机

消费者由于生理本能上的需要而产生的购买动机和行为叫作生理性购买动机。如人类为了维持和延续生命，都有饥渴、寒暖、作息等生理本能。

（二）心理性购买动机

消费者为满足自己的心理性需要而产生的购买动机，就叫作心理性购买动机。由消费者心理性需要而引发的心理性购买动机，比生理性购买动机更为复杂多样。特别是社会经济的发展和人们物质文化生活水平的提高，使人们购买行为的心理性动机越来越占据重要的地位。比如人际交往中近年来流行送鲜花：春有水仙，夏有玫瑰，秋有菊花，冬有康乃馨。探病人、访亲友、祝生日、贺开张，人际交往已离不开鲜花。

实例链接4-5

巧借王妃做推销

20世纪80年代初，英国伦敦一家服装公司在王妃戴安娜身上做推销商品文章，他们设计出一件底色鲜红夹杂着黑白色的孕妇服装，赠给怀孕的王妃戴安娜。戴安娜穿了这件衣服去球场看查尔斯王子打球。电视转播后，英国妇女群起模仿，甚至有些并没有怀孕的女士也穿起了戴安娜式孕服，这种款式的服装一夜之间就成为畅销货。

资料来源：彭石普. 市场营销：理论、实务、案例、实训［M］. 大连：东北财经大学出版社，2012.

（三）社会性购买动机

因为每个人都在一定的社会中生活，并在社会的教育影响下成长，因此，人们的购买行为无不受到社会的影响。这种后天的、由社会因素引起的购买行为动机就叫社会性购买动机。

（四）消费者具体购买动机

1. 求实动机：它是指消费者以追求商品或服务的使用价值为主导倾向的购买动机。在这种动机支配下，消费者在选购商品时，特别重视商品的质量、功效，要求一分钱一分货。相对而言，对商品的象征意义、所显示的"个性"、商品的造型与款式等不是特别强调。

2.求新动机：它是指消费者以追求商品、服务的时尚、新颖和奇特为主导倾向的购买动机。在这种动机支配下，消费者选购商品时，特别注重商品的款式、色泽、流行性、独特性与新颖性。相对而言，产品的耐用性、价格等成为次要的考虑因素。一般而言，在收入水平比较高的人群以及青年群体中，求新的购买动机比较常见。

3.求美动机：它是指消费者以追求商品欣赏价值和艺术价值为主要倾向的购买动机。在这种动机支配下，消费者选购商品时，特别重视商品的颜色、造型、外观、包装等因素，讲究商品的造型美、装潢美和艺术美。求美动机的核心是讲求赏心悦目，注重商品的美化作用和美化效果，它在受教育程度较高的群体以及从事文化、教育等工作的人群中是比较常见的。

4.求名动机：它是指消费者追求名牌、高档商品，借以显示或提高自己的身份、地位而形成的购买动机。当前，在一些高收入阶层、大中学生中，求名动机比较明显。购买名牌商品，除了有显示身份、地位、富有和表现自我等作用以外，还隐含着减少购买风险、简化决策程序和节省购买时间等多方面考虑因素。

@ 实例链接4-6

购买动机要把握

在某友谊商店里，一对外国夫妇对一枚标价8万元的翡翠戒指很感兴趣，售货员做了介绍后，见两人因价格昂贵而有些犹豫，于是说道："某国总统夫人也曾对它爱不释手，只是因感到价格贵而没买。"那位夫人一听，立即买下了。

5.求廉动机：它是指消费者以追求商品、服务的价格低廉为主导倾向的购买动机。在求廉动机的驱使下，消费者选择商品时以价格为第一考虑因素。他们宁肯多花体力和精力，多方面了解、比较产品价格差异，选择价格便宜的产品。相对而言，持求廉动机的消费者对商品质量、花色、款式、包装、品牌等不是十分挑剔，而对降价、折让等促销活动抱有较大兴趣。

@ 实例链接4-7

买二送一

一批鞋油急需销售，众人皆无良方。老贺灵机一动，计上心来。他先进了一批廉价的雨伞，然后推出"高级鞋油试用价5元，买两盒送一把雨伞"的促销活动。结果，鞋油热销一空且获利颇丰。注意：雨伞在当地零售价长期稳定在10元/把，其批发价仅为4元/把，一盒鞋油成本则为5角钱。

6.求便动机：它是指消费者以追求商品购买和使用过程中的省时、便利为主导倾向的购买动机。具有这种购买动机的消费者特别重视时间和效率，对商品本身则不挑剔。他们希望能够快速、方便地买到中意、合适的商品，讨厌烦琐的购货方式、过长的等候时间和过低的销售效率，对购买商品的要求是使用方便，便于携带与维修。

7.从众动机：它是指消费者在购买商品时自觉或不自觉地模仿他人的购买行为而形成的购买动机。模仿是一种很普遍的社会现象，其形成的原因多种多样。有出于仰慕、钦羡和获得认同而产生的模仿；有由于惧怕风险、保守而产生的模仿；有缺乏主见，随大流而产生的模仿。

8.好癖动机：它是指消费者以满足个人特殊兴趣、爱好为主导倾向的购买动机。其核心是为了满足某种嗜好、情趣。具有这种动机的消费者，大多出于生活习惯或个人癖好而购买某些类型的商品。比如，有些人喜爱养花、养鸟、摄影、集邮，有些人爱好收集古画、古董、古籍。

9.惠顾动机：它是指消费者基于感情和理智的经验，逐步建立起对特定商品或厂商或者商店特殊的信任和爱好，重复、习惯性地前往购买的一种行为动机，它具有明确的经常性、习惯性的特点。在这种动机支配下，顾客重复地、习惯性地向某一推销商或商店购买。

以上我们对消费者在购买过程中呈现的一些主要购买动机做了分析。需要指出的是，上述购买动机绝不是彼此孤立的，而是相互交错、相互制约的。

知识拓展

消费者在购物中心很愉快

由于邮购、网络购物能更方便消费者对效用的需要，因此传统零售商需要研究购物的享乐动机以及相关的营销策略。近期的一项研究发现了一般消费者的六种购物享乐动机。

1.冒险购物：为了快乐探险而购物——"我喜欢购物，它带给我兴奋和关于我将会发现什么的悬念"。

2.社交购物：为了从购物过程中的社会交往和与他人的联系中获得快乐——"我购物是因为这使我能与朋友和家人共度时光"。

3.犒劳购物：为了减轻压力或为了对自我进行犒赏——"我喜欢购物，因为它是我缓解压力的最好方式"。

4.观念购物：为了跟上潮流和时尚——"我喜欢新的小玩意和新的技术，喜欢看那里的新事物"。

5.角色购物：消费者从为他人买东西的过程中获得愉快——"我喜欢为别人买礼物。如果他们喜欢我买给他们的东西，我会感到很开心"。

6.价值购物：涉及折扣——"打折很让人兴奋，因为你会觉得自己是赢家"。

三、购买动机的特征

（一）迫切性

购买动机的迫切性是由消费者的高强度需求引起的。如某新生已经拥有一款国产手机，对 iPhone 手机本身不感兴趣，但进入新校园后，看到同学们用的都是 iPhone 手机，联系很方便，有很多共同的游戏话题，就会产生迫切需要一款新手机的想法。

（二）内隐性

内隐性是指消费者出于某种原因而不愿让别人知道自己真正的购买动机的心理特

点。如一些姑娘其实并不喜欢佩戴夸张的黄金首饰，结婚时，却非要购买大量的黄金首饰，美其名曰以后使用，其真正的购买动机可能是为了显示自己的身价及富有程度，满足自己的虚荣心。

（三）可变性

在消费者的诸多消费需求中，往往只有一种需求占主导地位，同时还有许多辅助的需求。消费者在做购买决策或购买过程中出现新的刺激时，原来的辅助性购买动机便可能转化为主导性购买动机。

（四）模糊性

有关的研究表明，引起消费者购买活动的动机有几百种，其中最普遍的是多种动机的组合作用。有些是消费者意识到的动机，有些则处于潜意识状态，这往往表现在一些消费者自己也不清楚购买某种商品到底是为了什么，这主要是由人们动机的复杂性、多层次和多变性等造成的。

（五）矛盾性

当个体同时存在两种以上消费需求，且两种需求互相抵触、不可兼得时，内心就会出现矛盾。这里人们常常采用"两利相权取其重，两害相权取其轻"的原则来解决矛盾。只有当消费者面临两个同时具有吸引力或排斥力的需求目标而又必须选择其一时，才会产生遗憾的感觉。

想一想

简单描述自己的一次购买行为，根据马斯洛的需要层次理论分析自己的需要的种类及动机冲突的具体表现。

任务三　消费者的购买决策

案例导入

"画蛇添足"

星期天通常是某购物广场最显忙碌的时候，也是各专柜促销人员抓紧促销的大好时机。这天，某小姐来到了女装区，准备为自己选购一套漂亮的衣服。她边走边看，来到服装专柜前看中了一件自己可心的上衣，于是便喊促销小姐取来试一下，穿上后发现挺合适，自己觉得也挺满意。这时，就听那位促销员对着另一个柜台的促销员说："这身衣服穿上真的挺好看的，我打算给我妈也买一套。"本来正算买这件衣服的小姐听到这句话后，立刻打消了念头，头也不回地转身离开了柜台。

案例分析：本案例表明，影响消费者购买决策的因素很多，要准确把握不同消费者购买过程中的决策心理差异并合理运用。

1.任务目的

通过分析购买决策过程，使学生充分理解购买决策各环节的内容，掌握影响消费者购买决策的因素，准确把握不同消费者在购买过程中的决策心理差异并合理运用，达到培养学生具有灵活运用策略解决问题的能力的目的。

2.任务要求

（1）教师对学生分析购买决策过程进行规范性指导。

（2）教师要求每一名学生根据任务涉及的知识，写一份以某商品为例不同家庭结构购买决策调查报告。报告内容包括：购买决策内容、购买决策过程、影响因素以及不同家庭结构中不同消费者的消费心理差异等。

（3）在完成书面文稿后，进行分组讨论。然后选派一名组员进行发言，提出协助消费者做出购买决策的相关建议。各组交流后进行互评，指导教师对各项实施任务的建议进行点评、总结。

知识精讲

一、购买决策的内容

（一）购买决策的概念

消费者购买决策是指消费者谨慎地评价某一产品、品牌或服务的属性并进行选择、购买能满足某一特定需要的产品的过程。

（二）购买决策的具体内容

在今天的市场经济中，消费者到处都会遇到各种决策问题，但是主要有如下六个方面：买什么、由谁购买、在哪里买、何时买、为什么买和如何买，即5个W和1个H。

1.买什么（What）：决定买什么是消费者最基本的任务之一，它是决策的核心和首要问题。不决定买什么，当然就谈不上有任何购买活动的产生。决定购买目标不只停留在一般的类别上，而且要明确具体的对象。

2.由谁购买（Who）：购买某件商品，从表面上看似乎是一个人的活动，实际上多人参与决策。因此，在一项购买决策中可能有以下角色：

（1）发起者，即首先想到或提议购买某种商品或者劳务的人。

（2）影响者，即其意见对最终决策者具有直接或间接影响的人。

（3）决定者，即对是否买、买什么、买多少、何时买、何处买等问题做出全部或部分决策的人。

（4）购买者，即实际采购的人。

（5）使用者，即直接消费或使用所购商品或者劳务的人。

3.在哪里买（Where）：确定购买地点，购买地点的决定受多种因素的影响，诸如路途的远近，可挑选的商品品种、数量、价格以及商店的服务态度等。消费者决定在哪里购买与其买什么的关系十分密切。

4.何时买（When）：确定购买时间。决定何时购买由下述因素而定：消费者对某商品需要的急迫性、市场的供应情况、营业时间、交通情况和消费者自己的空闲时间等。此外，商品本身的季节性、时令性也影响购买时间。

5.为什么买（Why）：确定购买原因。

6.如何买（How）：如何买涉及的是购买方式的确定。比如，是直接到商店选购，还是邮购或代购；是付现金、开支票，还是分期付款等。

想一想

5个W和1个H

小明同学回到寝室，看着床沿上那台直板的诺基亚手机，同班同学用智能手机玩游戏、下载视频、听音乐的画面一直在脑海里浮现。换手机的念头再一次升起，可是离下个月的生活费到账还有十几天，假期兼职的工资只够换一台千元内的国产机，不买行不行呢？算了，还是买一款好点的吧，学校内的小超市是不行的，机型太少，价格还虚高，毕竟是上千元的东西，还是到市中心的移动营业大厅吧，可是这几天上课没时间，周末再去买。同学小丽上周刚买了一款三星手机，看着蛮好的，到时候问问看她是否愿意一同前往。想一想案例中的5个W和1个H分别对应的内容。

二、购买决策的过程

（一）问题认知

消费者认识到自己有某种需要时，是其决策过程的开始，这种需要可能是由内在的生理活动引起的，也可能是受到外界的某种刺激引起的。

（二）搜寻信息

信息来源主要有四个方面：个人来源，如家庭、亲友、邻居、同事等；商业来源，如广告、推销员、分销商等；公共来源，如大众传播媒体、消费者组织等；经验来源，如操作、实验和使用产品的经验等。

（三）评价备选方案

消费者得到的各种有关信息可能是重复的，甚至是互相矛盾的，因此还要进行分析、评估和选择，这是决策过程中的决定性环节。

（四）购买决策

消费者对商品信息进行比较和评选后，已形成购买意愿，然而从购买意愿到决定购买之间，还要受到两个因素的影响：一方面是他人的态度，反对态度越强烈或持反对态度者与购买者关系越密切，更改购买意愿的可能性就越大；另一方面是意外情况，如失业、意外急需、涨价等，则很可能改变购买意图。

（五）购后评价

购后评价包括购后的满意程度和购后的活动两个方面。消费者购后的满意程度取决于消费者对产品的预期性能与产品使用中的实际性能之间的对比。购买后的满意程度决定了消费者的购后活动，决定了消费者是否重复购买该产品，决定了消费者对该品牌的态度，并且还会影响到其他消费者，形成连锁效应。

实例链接4-8

对联促销出奇效

相传在明朝，有个商人因仰慕唐伯虎这位"江南才子"的大名，特地登门请他书写一副对联，并要求既要体现生意兴隆和财源充足之意，又要语句通俗易懂。唐伯虎略加思索，便展纸挥笔写成一副"生意如春意，财源似水流"的生意联。那商人读后却摇头说："好是好，只是还有点文绉绉的，读起来有点不过瘾。"唐伯虎笑了笑，当即又写了一副："门前生意，好似夏日蚊虫，对进对出；柜里铜钱，就像冬天虱子，越抓越多。"

这位商人对这副生意联十分满意，并拱手作揖道："唐先生，不愧为饱学才子，这样的对子才真正符合买卖人的心意啊！"这家店铺自从贴上这副对联后，过路者见了，都要停步观赏，进去看看，店铺的生意也就更加兴隆。

三、影响购买决策的因素

（一）个人因素

1.稳定因素。这主要是指个人的某些特征，诸如年龄、性别、种族、民族、收入、家庭、生活周期、职业等。稳定因素不仅能影响家庭决策者，而且能影响人们决策过程的速度。在决策过程的某一特殊阶段，购买行为也部分地取决于稳定因素。

实例链接4-9

"斜口杯"

一位日本的营销员在一家饭店观察外国人饮茶时发现，由于欧洲人的鼻子较大，当茶水少于半杯时，鼻子便碰到杯沿了。若想喝完茶水，欧洲人必须仰起脖子，既不方便，也有失欧洲人的绅士风度。这位日本营销员回国后，研制生产了"斜口杯"，果然风靡欧洲市场。

资料来源：彭石普. 市场营销：理论、实务、案例、实训 [M]. 大连：东北财经大学出版社，2012.

2.随机因素。随机因素是指消费者进行购买决策时所处的特定场合和具备的一系列条件。有时，消费者的购买决策是在未预料的情况下做出的。例如，某人也许要购买一张机票去与弥留之际的亲戚一起度过其最后几天。

（二）心理因素

1.感觉。不同的人用不同的方法同时看到同一事物时得出的结论是不一样的。同样，同一个人在不同的时间用不同的方式看同一事物，得出的结论自然也不同。感觉是为了获得结果而对输入的信息进行识别、分析和选择的过程。人们通过看、听、闻、尝和摸等接受外界信息。

2.动机。动机是激励一个人的行动朝着一定目标迈进的一种内部动力。许多不同动机能立即影响购买行为，如一个想买沙发的人可能被某种沙发的特性所吸引，诸如耐久性、经济性、式样等。

3.经验。经验包括由信息和经历所引起的个人行为的变化，个人行为的结果强烈地影响着经验积累过程。如果个人的活动带来了满意的结果，那么他在以后相同的情况下，会重复以前的做法；如果个人的活动没有带来满意的结果，那么将来他可能采取完全不同的做法。例如，一个消费者购买了某种品牌的香烟而且很喜欢，那么他以后还会一直购买同样品牌的香烟，直到这个品牌不再使他满意为止。

4.态度。态度由知识和对目标的积极与消极的情感构成。个人的态度基本上是保持稳定的，不会时刻变化。同样，任何时候，个人的态度产生的影响都是不同的，有的强、有的弱。消费者对公司和产品的态度，对公司营销战略的成败至关重要。当消费者对公司营销实践的一个或几个方面持否定的态度时，不仅他们自己会停止使用公司的产品，他们还会要求亲戚和朋友也这样做。

5.个性。个性是和人们的经验与行为联系在一起的内在本质特征。源于不同的遗传和经历，每个人的内心世界、知识结构、成长过程都不同。个性比较典型地表现为以下一种或几种特征，如冲动、野心、灵活、死板、独裁、内向、外向、积极进取和富有竞争心。例如，人们所购买的服装、首饰、汽车等类型也反映了一种或几种个性特征。

@ 实例链接4-10

借名家巧推销

现在，我们的生活总会被各种明星广告、各种名人代言所影响着，在商场博弈中，利用名人效应为自己的产品疏浚销路更是屡见不鲜。相传我国最早利用名人巧推销的故事发生在春秋时期。有一位卖骏马的，在集市上站了三天，也无人问津。后来他恳请伯乐帮忙相马，伯乐前往小视，的确是匹好马。顿时，这匹马变为人们抢手货，价格也因此被抬高了10倍。

（三）社会影响

1.角色和家庭。我们当中的每个人都在一定的组织、机关和团体中占有一定位置，和每个位置相联系的就是角色。由于人们占据多种位置，他们同时扮演多种角色，个人的多种角色的需求可能不一致，因而，个人的购买行为部分地受到他人意见的影响。在家庭中扮演的角色直接和购买决策联系在一起。家庭中的男主人可能主要是烟、酒等商品的购买者，而许多家庭用品的购买决策，包括保健品、洗漱用品、纸类产品和食品等主要由妻子决定。丈夫和妻子、子女共同参与的购买决策，主要是耐用消费品。

想一想

买车的烦恼

张先生最近上班总是迟到，原因是近来上班高峰期乘坐地铁的人太多，他挤不上车。张先生打算买一辆几万元的车代步，他的妻子希望他买一辆本田汽车，他的儿子希望他买通用别克，他的同事却建议他买进口的宝马，张先生很是苦恼，如何决策？

2.相关群体。相关群体是指个人对其认可，并采纳和接受其成员的价值观念、态度和行为的群体。例如，一个人由于受相关群体成员的影响停止购买某一种品牌的食品而使用另一种。相关群体对购买决策的影响程度依赖于个人对相关群体影响的敏感性和个人与相关群体结合的强度。

3.社会阶层。社会阶层是指具有相似社会地位的人组成的一个开放的群体，对其他进行区分的主要因素包括：职业、教育、收入、健康、地区、种族、伦理、信仰和财富。把某一个人归入某一阶层时不需要考虑所有的社会标准。在一定程度上，某个阶层内的成员采取的行为模式差不多，他们具有相似的态度、价值观念、语言方式和财富。

4.文化。文化是指人类所创造的物质财富与精神财富的总和，是人类劳动的结晶，包括有形的东西，如食物、家具、建筑、服装和工具；无形的概念，如教育、福利和法律。文化同样也包括整个社会所能接受的价值和各种行为。

四、不同消费者购买过程中的决策心理差异

（一）按不同年龄段划分消费群体

1.少年儿童消费心理

（1）购买目标明确，购买过程迅速。少年儿童购买商品时多由父母提前确定，决策的自主权十分有限，因此，购买目标一般比较明确。加上少年儿童缺少商品知识和购买经验，识别、挑选商品的能力不强，所以对营业员推荐的商品较少异议，购买过程比较迅速。

（2）更容易被群体所影响。学龄前和学龄初期的儿童的购买需要往往是感性的，非常容易被诱导。在群体活动中，儿童会进行相互比较，如"谁的玩具更好玩""谁有什么款式的运动鞋"等，并由此产生购买需要，要求家长为其购买同类、同一品牌、同一款式的商品。

（3）选购商品时具有较强的好奇心。少年儿童的心理活动水平处于较低的阶段，虽然已能进行简单的逻辑思维，但仍以直观、具体的形象思维为主，对商品的注意和兴趣一般是由商品的外观刺激引起的。因此，在选购商品时，有时不是以是否需要为出发点，而是取决于商品是否具有新奇、独特的吸引力。

（4）购买商品时，具有依赖性。由于少年儿童没有独立的经济能力和购买能力，几乎由父母决定他们的购买行为，所以在购买商品时具有较强的依赖性。不过，父母不但代替少年儿童进行购买，而且经常将个人的偏好夹杂到购买决策中，从而有可能忽略儿童本身的好恶。

2.青年消费心理

（1）追求时尚和新颖。青年的特点是热情奔放、思想活跃、富于幻想、喜欢冒险，这些特点反映在消费心理上，就是追求时尚和新颖，喜欢购买一些新的产品，尝试新的生活方式。

（2）表现自我和体现个性。青年强烈地追求独立自主，在做任何事情时，都力图表现出自我个性。这一心理特征反映在消费行为上，就是喜欢购买一些具有特色的商品，而且这些商品最好能体现自己的个性特征，对那些一般化、不能表现自我个性的商品，他们一般都不屑一顾。

（3）容易冲动，注重情感。由于人生阅历并不丰富，青年对事物的分析判断能力还没有完全成熟，他们容易产生冲动性购买；在选择商品时，感情因素占了主导地位，往往以能否满足自己的情感愿望确定对商品的好恶，只要是自己喜欢的东西，一定会迅速做出购买决策。

3.中年人消费心理

（1）购买的理智性胜于冲动性。随着年龄的增长，中年人选购商品时，很少受商品的外观因素影响，而比较注重商品的内在质量和性能，往往经过分析、比较以后，才做出购买决定，尽量使自己的购买行为合理、正确、可行，很少有冲动、随意购买的行为。

（2）购买随俗求稳，注重商品的便利性。他们更关注其他顾客对该商品的看法，宁可压抑个人爱好而表现得随俗，喜欢买大众化、易于被接受的商品，尽量不使人感到自己花样翻新和不够稳重。

（3）购买求实用，节俭心理较强。中年人更多的是关注商品的结构是否合理，使用是否方便，是否经济耐用、省时省力，能否切实减轻家务负担。当然，中年人也会被新产品所吸引，但他们更多地关心新产品是否比同类旧产品更具实用性。商品的实际效用、合适的价格与较好的外观的统一，是引起中年消费者购买的动因。

（4）购买有主见，不受外界影响。中年人的购买行为具有理智性和计划性的心理特征，使得他们做事大多很有主见。他们经验丰富，对商品的鉴赏能力很强，大多愿意挑选自己喜欢的商品，对营业员的推荐与介绍有一定的判断和分析能力。

4.老年人消费心理

（1）购买和使用商品的过程中受习惯的影响大。老年人在长期的消费生活中形成了比较稳定的态度倾向和习惯化的行为方式，主要表现在日常生活中的购买方式、使用方法、商品认知（或品牌认知）等方面。老年消费者对商标、品牌的偏爱一旦形成，就很难轻易改变。他们大多是老字号、老商店的忠实顾客，是传统品牌、传统商品的忠实购买者，往往对传统商品情有独钟。

（2）购买和消费商品要求方便。老年消费者心理稳定程度高，注重实际，较少幻想，购买动机以方便实用为主。在购买过程中，老年消费者要求商家提供方便、良好的购物环境和服务，一般表现为对购买和消费两个方面求方便的要求。

（3）消费需求构成发生变化。老年人的大部分支出用于购买食品和医疗保健用品，用于穿和用方面的支出则相对减少，受流行消费的影响也其少。

（4）补偿性消费心理。在子女成人独立、经济负担减轻之后，一些老年消费者试图进行补偿性消费，随时寻找机会补偿过去因条件限制而未能实现的消费欲望。他们在美容美发、穿着打扮、营养食品、健身娱乐、旅游观光等方面，同样有着强烈的消费兴趣。

中国老年消费者的补偿心理还有一个重要而特别的方面，就是"隔代"消费比重大。复旦大学的调查显示，老年消费者用于隔代子女的消费仅次于满足自身需要的消费。现在，中国城镇家庭的组成模式是"4+2+1"，独生子女得到了4个老人和双亲的绝对关注。由于竞争压力的增加，子女工作繁忙，无暇过多陪伴老人和孩子；同时，由于中国传统观念的影响，许多老年人认为继续照顾第三代人是他们的责任和义务，所以老年人往往将情感倾注到孙辈身上。为了弥补自己年轻时由于经济能力有限等方面的原因造成的花在子女身上的消费相对较少的遗憾，现在的老年人在对隔代人的消费上显得尤为大方，他们往往不太注重产品的价格等因素，甚至出现了倾向于购买高价格产品的趋势。这时的消费已经不能等同于老年消费者为自己购买产品时的特征，而表现出某些青年消费的行为特征了。

（二）按性别划分消费群体

1.女性消费群体的消费心理

女性消费心理是指女性消费者在购买和消费商品时具有的一种心理状态。女性消费者越来越倾向于个性化的消费，往往按照自己喜欢的方式来展现自我。

（1）注重商品的外表和情感因素。女性消费者对商品外观、形状特别是其中体现出的情感因素十分重视，往往在情感因素的作用下产生购买动机。商品品牌的寓意、款式色彩产生的联想、商品形状带来的美感或环境气氛形成的温馨感觉等都可以使女性消费者产生购买动机，有时是冲动型购买行为。购物现场的环境以及促销人员的讲解和劝说在很大限度上会左右女性消费者的购买行为，有时甚至能够改变她们之前已经做好的消费决定，使其转为购买促销产品。

（2）注重商品的实用性和细节设计。女性消费者心思细腻，追求完美，购买的商品主要是日常用品和装饰品，如服装鞋帽等，因此购买商品时比男性更注重商品细节，通常会花费更多的时间在不同厂家的不同产品之间进行比较，更关心商品带来的具体利益。

（3）注重商品的便利性、生活化和创造性。目前，我国中青年女性就业率较高，她们既要工作，又要做家务劳动，所以迫切希望减少家务劳动量，缩短家务劳动时间，能更好地娱乐和休息。为此，她们对日常消费品和主副食的方便性有更强烈的要求，新的、方便的消费品会诱使女性消费者首先尝试，富于生活化和创造性的事物更使女性消费者充满热情，以此显示自己独特的个性。

2.男性消费群体的消费心理

男性消费者相对于女性消费者来说，购买商品的范围较窄，一般多购买"硬性商品"，注重理性，较强调阳刚气质。其特征主要表现为：

（1）注重商品的质量、实用性。男性消费者购买商品多为理性购买，不易受商品外观、环境及他人的影响；注重商品的使用效果及整体质量，不太关注细节。

（2）购买商品目的明确，购买过程迅速果断。男性的逻辑思维能力强，喜欢通过媒

（3）有强烈的自尊好胜心，购物不太注重价格问题。由于男性本身所具有的攻击性和成就欲较强，所以男性购物时喜欢选购高档气派的产品，而且不愿讨价还价，忌讳别人说自己小气或所购产品"不上档次"。

就普遍意义上讲，男性消费者不像女性消费者那样经常料理家务、照顾老人和小孩，因此，购买活动远远不如女性频繁，购买动机也不如女性强烈，比较被动。在许多情况下，男性消费者购买动机的形成往往是由于外界因素的作用，如家里人的嘱咐、同事或朋友的委托、工作的需要等，动机的主动性、灵活性都比较差。

任务四　　消费者的购买行为

案例导入

到底听谁的？

一天，某老年服装店里来了几位消费者。从他们亲密无间的关系上，可以推测出这是一家人，可能是专为老爷子来买衣服的。老爷子手拉一位十来岁的孩子，走在前面，后面是一对中年夫妇。中年妇女转了一圈，很快就选中了一件较高档的上装，要老爷子试穿；可老爷子不愿意，理由是价格高、款式太新。中年男子说："反正是我们出钱，您管价格高不高呢。"可老爷子并不领情，脸色也有点难看。营业员见状，连忙说："老爷子你可真是好福气，儿孙如此孝顺，您就别难为他们了。"小男孩也摇着老人的手说就买这件好了，老爷子说小孩子懂什么好坏，但脸上已露出了笑容。营业员见此情景，很快把衣服包好，交给了中年妇女，一家人高高兴兴地走出了店门。

案例分析：本案例表明，消费者的购买因受到年龄、性别、职业、收入、文化程度、民族、宗教等的影响，其需求有很大的差异性，对商品的要求也各不相同；如果商家能够认识到这一点，并加以理解，适当地把握消费者的心理，就会收到事半功倍的效果。

任务分析

1.任务目的

通过对不同消费者的购买行为进行市场调查，使学生掌握购买行为的基本知识，明晰消费者购买行为的类型。通过撰写调查问卷分析报告，把握消费者在消费过程中购买行为的特征，让学生促成消费者做出符合企业营销目的的购买行为。

2.任务要求

（1）教师对学生撰写调查问卷分析报告进行规范性指导。

（2）教师要求每一名学生根据任务涉及的知识，写一份以某商品为例的调查问卷分析报告。调查问卷分析报告内容包括：不同消费者购买行为过程、购买行为的类型、购买行为的特征在消费中的表现。

（3）在完成书面文稿后，进行分组讨论。然后选派一名组员进行发言，提出促成消费者购买的相关建议。各组交流后进行互评，教师对各项实施任务的建议进行点评、总结。

知识精讲

一、购买行为的概念

购买行为是指消费者为满足自身需要而发生的购买和使用商品的行为活动。消费者的购买行为是在动机的支配下发生的，动机的形成是消费者一系列心理活动过程的结果，按照心理学上的"刺激-反应"理论，人们产生购买行为的动机是一个看不见、摸不着的内心活动过程，就像一只"黑箱"。各种刺激经过购买者"黑箱"（心理活动过程）的作用，引起购买者的购买行为（购买或拒绝购买）。

二、购买行为的特点

（一）购买者多而分散

购买涉及每一个人和每个家庭，购买者多而分散。由于消费者所处的地理位置各不相同，闲暇时间不一致，形成了购买地点和购买时间的分散性。

（二）购买量少，多次购买

消费者购买行为是以个人和家庭为单位的，由于受到消费人数、需要量、购买力、储藏地点、商品保质期等诸多因素的影响，消费者为了保证自身的消费需要，往往购买批量小、批次多，购买次数频繁。

（三）购买行为的差异性大

消费者的购买行为因受年龄、性别、职业、收入、文化程度、民族、宗教等影响，其需求有很大的差异性，对商品的要求也各不相同；而且随着社会经济的发展，消费者的消费习惯、消费观念、消费心理不断发生变化，从而导致消费者购买差异性大。

（四）大多属于非专家购买

绝大多数消费者缺乏相应的商品专业知识、价格知识和市场知识，尤其是对某些技术性较强、操作比较复杂的商品，更显得知识缺乏。在多数情况下，消费者很容易受广告宣传、商品包装、装潢以及其他促销方式的影响，产生购买冲动。

（五）购买的流动性强

在市场经济比较发达的今天，人口在地区间的流动性较强，因而消费者购买的流动性增强，消费者购买经常在不同产品、不同地区及不同企业之间流动。

（六）购买的周期性

对于有些商品，消费者需要常年购买、均衡消费，如食品、副食品等生活必需品；对于有些商品，消费者需要季节性购买或在节日购买，如一些时令服装、节日消费品；对于有些商品，消费者需要等商品的使用价值基本消费完毕才重新购买，如电脑与家用电器等。这就表现出消费者购买有一定的周期性可循。

（七）购买的时代特征

消费者购买常常受到时尚、社会习俗的影响，从而使消费者产生一些新的需要。如APEC会议以后，唐装随之流行起来；又如，社会对知识的重视、对人才的需求量增加，从而使人们对书籍、文化用品的需要量明显增加。

（八）购买行为的发展性

随着经济的发展和人们消费水平、生活质量的提高，消费需求也在不断向前推进。过去只要能买到商品就行了，现在则追求名牌；过去无人问津的高档商品如汽车等，现在也大有人消费了。这种新的需要不断产生，而且是永无止境的，使消费者购买具有发展性的特点。

三、购买行为的类型

（一）根据消费者的购买目标划分的购买类型

1.全确定型。它指消费者在购买商品以前，已经有明确的购买目标，对商品的名称、型号、规格、颜色、式样、商标以至价格都有明确的要求。这类消费者进入商店以后，一般都是有目的地选择，主动地报出所要购买的商品，并对所要购买的商品提出具体要求，当商品能满足其需要时，则会毫不犹豫地买下商品。

2.半确定型。它指消费者在购买商品以前，已有大致的购买目标，但具体要求还不够明确，最后购买需经过选择比较才能完成。如购买空调是原先计划好的，但购买什么牌子、规格、型号、式样等心中无数。这类消费者进入商店以后，一般要经过较长时间的分析、比较才能完成其购买行为。

3.不确定型。它指消费者在购买商品以前，没有明确的或既定的购买目标。这类消费者进入商店后主要是参观、游览、休闲，漫无目的地观看商品或随便了解一些商品的销售情况，有时对有兴趣或合适的商品偶尔购买，有时则看后离开。

（二）根据消费者的购买态度划分的购买类型

1.习惯型。它指消费者由于对某种商品或某家商店的信赖、偏爱而产生的经常、反复的购买。由于经常购买和使用，他们对这些商品十分熟悉，体验较深，再次购买时往往不再花费时间进行比较选择，注意力稳定、集中。

2.理智型。它指消费者在每次购买前对所购的商品要进行较为仔细的研究、比较。其购买过程中感情色彩较少，头脑冷静，行为慎重，主观性较强，不轻易相信广告宣传、承诺、促销方式以及售货员的介绍，主要看商品的质量、款式。

3.经济型。它指消费者购买时特别重视价格，对价格的反应特别灵敏，无论是选择高档商品，还是中低档商品，首选的是价格，他们对"大甩卖""清仓""血本销售"等低价促销最感兴趣。一般来说，这类消费者与自身的经济状况有关。

4.冲动型。它指消费者容易受商品的外观、包装、商标或其他促销努力的刺激而产生购买行为。购买过程一般都是以直观感觉为主，从个人的兴趣或情绪出发，喜欢新奇、新颖、时尚的产品，购买时不愿做反复的选择与比较。

5.疑虑型。它指消费者具有内倾性的心理特征，购买时小心谨慎、疑虑重重。其购买过程一般缓慢、费时多，常常是"三思而后行"，还会因犹豫不决而中断购买，有时购买后会疑心是否上当受骗了。

"新式衬衫，每人限购一件"

一家商店购进了一批款式新、质地好的衬衫，为了使消费者了解这一价廉物美的商品，并及早推销出去，店主大做广告。可事与愿违，欲购者寥寥无几，顾客都愿意到另一家商店去买穿惯了的老式衬衫。在老板束手无策之际，有人给他出了一个简单的主意：只需在店门口挂一招牌，写上"新式衬衫，每人限购一件"。不久，购买者便络绎不绝，甚至排上了长队。

项目小结

消费者需要反映了消费者某种生理或心理体验的缺乏状态，并直接表现为消费者对获取以商品或劳务形式存在的消费对象的要求和欲望。

动机是引起行为的内在动力。动机在需要的基础上产生，是指向行为的直接动力，是一种内在、主动的力量。消费者购买动机，是指能够引起消费者购买某一商品或选择某一目标的内在动力。它是购买行为的原因和条件。

消费者的购买决策就是在特定的心理动机驱动下，按照一定程序发生的心理与行为活动过程。购买决策在消费者购买行为中占有极为重要的地位。

消费者购买决策的过程有：问题认知、搜寻信息、评估备选方案、购买决策、购后评价。

在购买活动中，每个消费者的购买行为都与他人存在差异。通过对消费者购买行为的分类，可以从不同侧面全面认识消费者购买行为的特点，这也是分析、研究消费者购买心理的重要途径。

本项目讨论题

"脑白金"的成功

步入中老年的人没有不担心衰老的：女人怕容颜易逝、更年期到来、体态臃肿、美丽不再；老人怕疾病缠身、老态龙钟、卧床不起、不久于人世。"脑白金"以中老年人为主要消费对象，在广告宣传中提出了"年轻态、健康品"的创意，受到了中老年消费者的青睐。

讨论题："脑白金"为什么会取得如此大的成功呢？它把握住了消费者什么样的心理需求？

思考与练习

1.选择题

（1）单选题

①马斯洛的需要层次理论不包括的层次是（   ）。

A.安全需要　　　　B.社交需要　　　　C.成长需要　　　　D.自我实现需要

②购买动机模式为（   ）。

A.需要→购买行为→购买动机→获得满足→新的需要，循环往复

B.需要→购买动机→购买行为→获得满足→新的需要，循环往复

C.购买动机→需要→购买行为→获得满足→新的需要，循环往复

D.需要→购买动机→获得满足→购买行为→新的需要，循环往复

③购买决策的内容不包括（　　）。

A.购买原因决策、购买目标决策　　　　　B.购买方式决策、购买地点决策

C.购买决心决策、购买地位决策　　　　　D.购买时间决策、购买频率决策

④消费者购买行为过程包括五个阶段，下列顺序正确的是（　　）。

A.搜集信息阶段　认识需要阶段　分析评价阶段　决定购买阶段　购后感受阶段

B.认识需要阶段　搜集信息阶段　分析评价阶段　决定购买阶段　购后感受阶段

C.认识需要阶段　搜集信息阶段　决定购买阶段　分析评价阶段　购后感受阶段

D.认识需要阶段　分析评价阶段　搜集信息阶段　决定购买阶段　购后感受阶段

⑤按消费需求的实质内容来分，消费需求可分为（　　）。

A.物质消费需求和精神消费需求　　　　　B.生产消费需求和生活消费需求

C.个人消费需求和社会公共消费需求　　　D.自然的消费需求和社会的消费需求

（2）多选题

①在下列需要中，人类所特有的包括（　　）。

A.生理需要　　　　B.社会需要　　　　C.物质需要　　　　D.精神需要

②消费者心理性购买动机包括（　　）。

A.情感动机　　　　B.理智动机　　　　C.嗜好动机　　　　D.惠顾动机

③购买动机的功能有（　　）。

A.始发和终止功能　B.维持功能　　　　C.引导功能　　　　D.强化功能

2.简答题

（1）简述消费者个性购买动机，并举例说明。

（2）消费者购买决策过程分哪几个阶段？在各阶段营销者应注意什么？

3.分析题

小林今年刚从某中职学校市场营销专业毕业。他在校期间曾买过一个滑板车，主要在校内活动时使用。因为在校内，骑滑板车上下课、去图书馆和食堂等不仅仅是一种时尚，而且已成为大家方便出入、节省时间的最佳选择。该校占地上万公顷，同学们从宿舍到教室上课步行需要15－20分钟，以前大多数同学选择骑自行车，但是由于风吹日晒后不美观，很多同学转向选择滑板车。滑板车体积小，美观大方，又便于收藏，尤其是折叠式滑板车，收起来可以放进背包里，非常方便，因而近两年滑板车在该校的校园里随处可见。

小林看到了这个商机，因为每年都有近万名新生进入该校，是一个不小的市场。在家人的支持下，他在该校附近开了一家专营滑板车的商店，该商店经营三种品牌的滑板车，每个品牌又有不同价位、不同功能的多个款式，他的业务主要面向在校生。但在小林开始经营此业务时，他发现有另外两家即将开张的店也准备从事这项业务，他觉得是该利用自己所学的营销知识，为本小店制定一套营销竞争策略的时候了。

问题：

（1）请站在顾客的角度，分析学生在购买滑板车时考虑的问题。

（2）学生在决定购买某一特定品牌滑板车时，其购买行为可能会受到哪些群体因素的影响？

（3）小林可以采取什么样的措施，吸引更多的学生关注他的商店及销售的滑板车？

4.实务训练题

【相关案例】

消费者购买心理变化的新特点

我国消费市场在激烈竞争中稳步发展，消费者的消费观念和消费心理日趋成熟，购买行为呈现出层次性、个性化的趋势。这种现象使得商家感觉现在的"上帝"越来越难以满足了！当今人们的购买心理和购买决策表现出以下特点：

（1）买涨不买落。有经验的购买者要先看行情，货比三家。价格趋涨，争先购买，唯恐继续上涨；价格落，等待观望，寄望再落，直至看准最佳时机、最佳价格再购买。

（2）就高不就低。当今城市的"上帝"选购商品时，有高档不购中档，有中档不购低档，有名牌不购杂牌，有新品不购旧货，这已成为一种时尚。

（3）求便不求廉。商品价廉物美还不足取，更要质量可靠、方便实用。现在的城市人几乎没有自己做鞋子的，就是在农村做鞋子的也不多见，都是买鞋子穿；服装也是如此，有80%以上的市民购买成衣，只有少数老年人或特异体型的人才去量体裁衣；在食品中，买成品或半成品，回家简单加工一下就食用的做法已越来越普遍了。

（4）进大不进小。曾几何时，大型综合性商场更能招揽顾客，这是因为大商场品种齐全、环境舒适、管理规范、服务周到，不仅实行"三包"，还送货上门。消费者不仅能购得满意的商品，同时还能获得精神上的享受。

（5）购少不购多。在商品货源极大丰富的今天，只要有钱，什么商品都能买得到，"用多少、买多少"已成为购物的口头禅，而那些储备购物、保值购物的行为已成为过去时。

（6）购近不购远。新商品、新品种、新款式层出不穷，日新月异。与其早早买个"过时货"，不如将来再买"时髦货"。所以，年轻人临到婚礼时，才去购买彩电、冰箱；有的人则到了夏至，才去购买空调。

（7）储币不存物。花钱买一些一时用不着的东西搁"死"在那里，不如把钱存在银行或通过买国库券，参与其他投资等渠道更实惠、更灵活。

（8）投机不投需。近年来，有奖销售活动以及各类彩票风行，撩拨了不少人"中大奖"的投机欲望，许多人都情不自禁地大把大把掏钱去购买那些可买可不买的商品，追求精神上的刺激。

（9）要扩大宣传。要利用各种媒体，反复宣传"名、特、优、新"商品和企业形象，扩大影响，深化商品在"上帝"头脑中的印象。

请思考：

（1）除了以上消费者购买心理变化的新特点，你还有哪些补充？

（2）针对消费者购买心理变化的新特点，经营者应采取哪些营销对策，满足人们的购买需求？

（3）请就我国当前空调（或其他家电）消费市场的购买特点做归纳分析，并提出相应的营销对策。

资料来源：根据道客巴巴网相关资料整理得来。

【业务操作训练】

消费者购买决策过程

训练目的：通过自己购买某一商品的体验，加深对消费者购买决策过程的了解，熟悉购买决策的内容，提升自己分析和总结问题的能力。

训练内容：根据自己最近所购买的商品（有一定价值的一件商品或一次服务），描述你开始思考购买到实际购买的全过程，记录在购买过程中的购买决策特点。

训练操作：

（1）结合自己最近的一次购买行为，对照消费者购买决策过程进行对比分析。

（2）说明购买该商品的最初动机，你是从哪里找到可做决策的信息的？你考虑了多少种不同的选择？影响你最终决策的主要因素是什么？你是否满意自己的决策？

（3）针对以上内容列出草稿，与本班2位以上同学交流，听取他们的意见，在此基础上用你认为最好的方式进行展示。每位同学完成一份作业。

（4）根据同学们完成实训的情况，选3~5位同学在班级交流，可由其他同学现场点评。

成果要求：

（1）根据购买过程，每人写出一份"购买决策过程分析报告"，重点说明每一阶段企业应注意什么。要求结合自己真实的感受和想法，分析合理，从而加深对购买决策过程和购买行为的理解。

（2）从理论与实践的结合程度及知识的灵活运用程度，评定每位同学的实训成绩。

【成果评价】见表4-2。

表4-2　　　　　　　　　　购买过程自我体验评价

项目	评价标准	得分
购买最初动机说明	购买动机与所购商品满足需求分析符合实际，说明准确10分，很准确15分，共计15分	
购买决策信息来源	信息来源符合消费者个人实际情况，来源及信息真实、可靠，信息说明翔实，每小点5分，共计15分	
购买选择方案	购买选择方案3个以上，每个方案5分，共计15分	
影响购买决策的因素	结合自己所购商品，说出3个以上影响因素，每个因素5分，共计15分	
对自己购买决策的评价	评价准确，评价内容包括产品、服务、购买过程等方面，每小点5分，共计20分	
对营销者的建议	每条建议5分，共计20分	
总成绩（分）		
教师评语	签名：　　年　月　日	
学生意见	签名：　　年　月　日	

咖啡店顾客消费行为与心理需求分析实训

训练目的

①掌握观察法在消费心理研究中的应用，通过记录顾客行为分析消费需求差异。

②理解不同年龄、性别顾客的消费动机与心理特征，提升消费心理分析能力。

③培养团队协作与数据整理能力，学会从行为表现推导心理需求。

训练内容

①实地观察：选择一家咖啡店，分组观察四批顾客的购买行为，记录年龄、性别、购买商品种类、店内消费时间。

②行为记录：填写《顾客行为记录分析表》，包括顾客基本信息与消费行为细节。

③需求分析：结合消费心理理论，分析不同顾客的需求类型（如社交需求、享受需求、效率需求等）及动机。

④小组讨论：对比四批顾客的行为差异，总结消费心理需求的共性与个性特征。

训练操作

1. 分组与分工：4~6人一组，确定记录员、观察员、数据分析员等角色。

2. 实地观察：

①选择非高峰时段进入咖啡店，避免干扰顾客。

②用表格4-3快速记录四批顾客的年龄（估计）、性别、购买商品（如拿铁、美式、蛋糕等）、消费时长（如15分钟、1小时）。

3. 需求推导：

结合教材中"消费者需要层次理论""购买动机类型"等知识，分析顾客行为背后的心理需求（如年轻情侣可能为社交需求，上班族可能为提神需求）。

4. 课堂汇报：每组选派1人通过PPT或表格展示记录结果，阐述需求分析逻辑。

5. 教师点评：引导学生对比不同小组的分析，强调年龄、性别与消费需求的关联（如女性更关注产品颜值，中年顾客更重视性价比）。

成果要求

1. 完整表格：提交表4-3《顾客行为记录分析表》，要求数据真实、记录详细。

2. 分析报告：每组写一份《顾客行为记录分析报告》，说明不同顾客的需求差异及对应的消费心理理论（如马斯洛需求层次、动机诱导理论）。

3. 汇报展示：汇报时间不超过5分钟，需突出"行为-心理"的推导逻辑，引用教材知识点。

【成果评价】

项目	评价标准	分值
观察记录完整性	数据真实，涵盖年龄、性别、商品、时间4项要素，记录无遗漏，共计30分	
需求分析准确性	能结合教材理论（如P76动机分类、P82需求层次），推导逻辑清晰，共计30分	

项目	评价标准	分值
小组汇报表现力	表达流畅，案例与理论结合紧密，PPT或表格可视化效果好，共计20分	
团队协作有效性	分工明确，成员参与度高，讨论记录完整，共计20分	
总成绩（分）		
教师评语	签名：　　　　　　　　年　　月　　日	
学生意见	签名：　　　　　　　　年　　月　　日	

表4-3 　　　　　　　　　　　顾客行为记录分析表

顾客	估计年龄	性别	购买商品种类	顾客在店内消费的时间	对顾客需求及动机的分析
顾客1					
顾客2					
顾客3					
顾客4					

思政小结

项目四思政小结

项目五　消费群体与消费心理

学习目标

知识目标

1. 了解消费群体的概念与分类。
2. 理解消费群体心理现象对消费心理的影响。
3. 掌握家庭消费的心理。
4. 了解不同年龄的消费群体的消费心理特点。
5. 了解男女群体消费心理的特点。

能力目标

1. 能够深层次理解消费群体心理现象对消费心理的影响。
2. 会根据不同消费群体的消费特点，制订营销计划，开展营销活动。

素养目标

通过本项目的学习，学生能够了解消费群体的概念和分类以及消费心理，在计划营销活动中能运用辩证思维能力，养成良好的职业行为习惯；让学生们充分认识劳动是光荣、崇高、伟大的道理，弘扬劳动精神。

在消费活动中，消费者的消费活动常常以群体的形式出现。本项目运用社会学和心理学等相关知识，从群体的概念和分类出发，研究了消费群体心理现象对消费心理的影响，并在此基础上，具体研究了家庭、不同年龄群体和男女群体的不同消费心理。通过本项目的学习，为企业制订正确的营销计划提供参考。

案例导入

国货当自强
——国产积木借本土优势"破圈"崛起

中国潮玩品牌TOP TOY将其"中国积木"已上架商标产品全线降价5%~25%。谈及这次与乐高涨价的"反向而驰"，TOP TOY表示"完全是一个巧合"。"目前，积木品类在我们所有产品线中的销售提升非常快，为了培育这个市场，我们策划了长期运营计划，暑期价格让利只是其中的一部分。"TOP TOY告诉本报记者，2022年TOP TOY正式把积木作为TOP 1的战略品类，希望借助潮玩市场经验，打响"中国积木"的概念。"积木作为玩具模型行业中复购属性最高的品类，是跨年龄层表现的大集合体，覆盖自1.5岁至90岁全年龄段人群的诉求。可以说，积木撑起了潮流玩具市场的半壁江山"，积木已经成为人们喜爱的潮流生活方式话题，消费者们在社区发布自己的积木开箱、商品推荐、入坑指南等，互相交流分享已成为一种常态。国产积木深挖中国文化的文库，在文化中拓展出更多主题积木，适合各消费人群的需要，中国积木的巨大市场正在实现年龄阶段的跨越。

资料来源：根据《消费日报》2022年8月23日相关文章整理得来。

任务分析

1.任务目的

通过研究群体的概念和分类，理解消费群体心理现象对消费心理的影响，达到培养学生具有解决消费过程中实际问题能力的目的。

2.任务要求

（1）教师从社会学和心理学角度对相关理论进行深入讲解。

（2）教师组织学生进行角色扮演或分组讨论。引导学生深层次理解群体心理现象对消费心理的影响，然后选派一名组员进行发言。各组交流后进行互评，教师对各项实施任务的建议进行点评、总结。

知识精讲

一、消费群体的概念与分类

（一）消费群体的概念

群体或社会群体是指两个或两个以上社会成员在长期社会交往过程中，在相互作用与相互依存的基础上形成的集合体。群体的规模可以比较大，如几十人组成的班级，也可以比较小，如经常一起逛街购物的两个好朋友。群体成员之间一般有较经常的接触和互动而能够互相影响。

消费群体的概念是从社会群体的概念中引申而来的。消费群体是指具有某些共同消费特征的消费者所组成的群体。消费群体的共同特征，包括消费者的收入、职业、年龄、性别、居住分布、消费习惯、消费爱好、购买选择、品牌忠诚等因素。同一消费群体在消费心理、消费行为、消费习惯等方面具有明显的共同之处。

（二）消费群体的分类

1.正式群体和非正式群体。正式群体是指以确定的加入程序方可取得成员资格的群体，有固定的组织形式、明确的组织结构、完备的组织章程、经常性的群体活动等。成员的角色与地位、权利与义务都是明显界定的，如学校、机关、合法成立的政党、社团等。

非正式群体是指那些无正式规定、自发产生、结构松散，一般为完成某项任务或临时性任务或兴趣相同的人组成的群体。如旅游团、参观团、考察团，以某种共同的兴趣或爱好所组成的协会或不固定的组织等。

2.自觉群体和回避群体。自觉群体是指消费者按年龄、性别、民族、职业等因素自动划分的群体。这类群体在生活中并非客观存在，往往是为了统计或分析的需要而划分的，但它对消费者有很大的影响，个人会意识到同类群体的特征，约束自己的消费行为，以达到心理上的趋同。如"老三届"群体、"80后"或"90后"群体等。自觉群体对增强消费者的趋同心理和从众心理具有明显的影响，能够促成消费者行为的统一化和规范化。

回避群体是指消费者极力避免归属的、认为与自己不相符的群体。这有两种情形：第一种是虽然有群体成员的资格，但因不同意群体价值观的行为标准，从而表现出与群体消费行为的偏离；第二种是不具有群体成员的资格，也不同意群体的行为标准和价值观，从而极力排斥群体对自己的影响。消费者对回避群体的消费行为持反对态度，且极力排斥其对自身的影响。

3.所属群体与参照群体。所属群体是指一个人实际参加或归属的群体。这种群体既可以是正式群体，也可以是非正式群体。所属群体对消费者的影响是直接、显现和稳定的。例如，60岁以上的人，无论自身的心理状态如何，年龄因素使其成为老年人群体中的一员。在现实生活中，家庭是最基本、最重要的所属群体，学校、工厂、机关等均是重要的所属群体。

参照群体是指消费者做出购买决策时的比较群体，或是个人心理向往的群体，也称渴望群体。参照群体的标准和规范会成为消费者的行动指南或努力达到的目标，对消费者的行为具有很强的示范作用，使其产生模仿行为。

4.首要群体与次要群体。首要群体，也称主要群体或主导群体，是指由关系极为密切的消费者组成的群体。首要群体对其成员的消费心理和消费行为都有十分重要的制约作用。如家庭、亲戚、朋友、单位同事等就属于首要群体。

次要群体，它也称次级群体或辅助群体，是指对成员的消费心理和消费行为影响相对较小的群体。它通常是由具有某种共同兴趣、需要或追求的消费者组合而成的。

二、消费群体心理现象对消费心理的影响

（一）为消费者展示新的行为和可供选择的消费方式

消费者个人总是生活在一定的群体之中。与众多的群体成员在一起生活，随时传递信息，进行相互沟通与交往，必然会产生一种相互感染、相互影响的集体心理现象。集体心理现象的存在就会使每个成员趋向于某种共同的追求和目标，形成具有群体特征的生活方式。既然是群体所认可的生活方式，该群体成员一般都会自觉遵守，并且对新加入成员具有明确的示范作用。

消费群体心理
现象对消费
心理的影响

（二）可引起消费者的模仿欲望，影响消费态度

具有较强影响力的消费者群体或消费者自我归属意识十分强烈的消费者群体，会对其成员的消费态度与习惯起诱导作用。以作为某群体成员而自豪的消费者，都愿意按群体的消费习惯做事，以表明自己具有某群体成员的特征。

（三）促使成员购买行为的一致化

共同的心理特征必然产生行为的一致化。作为某个群体的成员，消费者在大多数情况下都会自觉做出与群体成员一致的消费行为。这是由于不同的群体有不同的内部规范，消费者对商品的评价、选择、购买、使用都会受到群体内大多数成员的影响。尽管随着社会经济的发展，消费者的行为渐趋个性化、独特化，但群体成员消费行为的趋同仍然表现得十分普遍。

实例链接5-1

飞人乔丹

美国著名篮球明星迈克尔·乔丹高超的技术和令人振奋的体育精神，使他成为全世界青少年心目中的英雄。耐克公司请乔丹作为其产品代言人，并设计了以"飞人乔丹"命名的球鞋，还在商店设立乔丹专柜，"飞人乔丹"上市第一年即创下1亿美元的销售佳绩，耐克很快成了高档篮球鞋的主导品牌。

耐克公司成功的主要原因就是利用了对相关群体的模仿心理。模仿是一种最普遍的社会心理现象，但模仿要有对象，即我们通常所说的偶像。模仿的偶像越具有代表性、权威性，就越能激起人们的模仿欲望，模仿的行为也就越具有普遍性。由于乔丹是青少年心目中的篮球英雄，他所使用的产品也备受青少年的关注和认同，青少年愿意模仿和接受。利用乔丹的示范效应，可以达到促进销售的目的，这也是为什么现在很多企业请明星做自己品牌代言人的原因之一。

任务二　　不同消费群体的消费心理分析

案例导入

儿童玩具的购买

某儿童玩具厂为了在暑期增加一款智力玩具的销量，煞费苦心地在产品上捆绑了一种时下在小学生中非常流行的飞镖玩具，以期博得他们的青睐。但结果令他们非常失望，销售额还不如以前。后来，他们通过调查发现，有许多家长认为这种飞镖玩具的安全性存在问题。

　　案例分析：除了产品的安全问题以外，还有一个原因是忽略了消费决策者的作用。因为使用玩具的是儿童，但做出购买决策的是家长。

任务分析

　　1.任务目的

　　通过研究家庭消费心理、不同年龄群体消费心理和男女群体的消费心理，使学生进一步理解不同消费群体的消费心理，达到培养学生具有解决消费过程中实际问题的能力的目的。

　　2.任务要求

　　（1）教师从社会学和心理学角度对相关理论进行深入讲解。

　　（2）教师组织学生进行角色扮演或分组讨论。引导学生深层次理解不同消费群体的消费行为特点，然后选派一名组员进行发言。各组交流后进行互评，教师对各项实施任务的建议进行点评、总结。

　　一、家庭的消费心理分析

　　人的一生中绝大部分时间是在家庭中度过的，家庭是构成人类社会的基本单位，是消费者行为研究中不可缺少的一个部分。据统计，大约80%的消费行为是由家庭控制和实施的，家庭不仅对其家庭成员的消费观念、生活方式、消费习惯有重要影响，而且直接制约着支出的投向、购买决策的制定及实施，这使得家庭这一群体成为影响消费者行为的最重要因素之一。

　　（一）家庭的含义与类型

　　家庭是指以婚姻、血缘或收养关系为纽带而组成的一种社会生活组织形式或社会单位。婚姻、血缘或收养关系的存在是构成家庭的基础。社会生活中，家庭的存在形式是多样的。在消费心理研究中，家庭通常分为如下类型：

　　（1）**核心家庭**：由夫妇双方或其中一方和其未婚子女构成。夫妇同自己的孩子或收养的孩子保持着合法的关系，核心家庭在每种文化中都很重要。

　　（2）**复合家庭**：也称为扩大的家庭，由核心家庭和其他亲属如姥爷、叔叔、堂兄妹等组成，即中国式四世同堂的大家庭。

　　（3）**本原家庭**：人们出生或被养育的家庭，也就是父母或养育者的家庭。

　　（4）**生育家庭**：结婚、生育后组建的家庭，它标志着一个新的独立消费单位的出现。

　　（二）家庭的结构

　　家庭的结构可划分为人口结构、年龄结构、关系结构和教育结构，这种结构体系与人们的消费行为有着密切的联系。进入21世纪，中国的家庭结构在悄然发生着变化，表现为家庭规模逐渐小型化、家庭模式逐渐多样化；婚姻观念也在发生着变化，单亲家庭越来越多，并成为一个社会化问题。

电视剧《半路父子》的热播引发思考

2014年10月，电视剧《半路父子》在浙江、东方、深圳、河北、安徽五大卫视进行首播，开播以来该剧收视率一直是稳中有升，并且在晚间黄金时段中名列前茅。与此同时，该剧在网络上的热度也是有增无减，如妻子过世、继子的不接纳、母亲的不支持等一系列家庭结构变化引发的社会伦理问题，成为人们热烈讨论的话题。

（三）家庭的消费特征

1.广泛性

在人们购买的商品中，绝大多数都与家庭生活有关，家庭消费几乎涉及生活消费品的各个方面，如从最常见的日用品到高档耐用的消费品（包括家电、轿车等），都是以家庭为中心进行购买的。

2.阶段性

现代家庭呈现着明显的发展阶段性，大致可划分为单身阶段、新婚阶段、少子女阶段、多子女阶段、子女成年阶段、老年阶段等不同阶段。处于不同发展阶段的家庭在消费方面存在明显的差异，并且表现出一定的规律性。

3.稳定性

家庭消费的稳定性是指我国大多数家庭的收入一般是相对固定的，而用于日常消费的支出与其他各项支出间的比例关系也是相对稳定、均衡的。同时，我国传统道德观念使大多数家庭能够维系一种紧密、融洽、安定的家庭关系，社会政治、经济、法律等环境都促成家庭关系的稳定，也促成家庭消费的相对稳定。

4.传承性

由于每一个家庭都可以归属于不同的群体和社会阶层，具有不同的价值观念，并受一定经济条件的制约，因此形成了具有不同家庭消费特色的消费习惯和消费观念等。这些具有家庭特色的消费习惯和观念，对家庭成员的日常消费行为具有潜移默化的影响。如当子女脱离原有家庭并组建自己的家庭时，必然带有原有家庭消费特征的某些痕迹。

台湾"经营之神"王永庆的创业故事

王永庆，是台湾著名的企业家、台塑集团的创始人，被誉为台湾的"经营之神"、台湾的"松下幸之助"。在他的创业过程中，貌似十分简单的卖米，却让王永庆做出了大文章，使他在这个行当里奠定了自己的霸业基础。

为了谋生，16岁的王永庆便开始了人生之旅中最为艰难的创业之路。他用从父亲那里借来的200元钱做本金，在嘉义开了一家小米店。当时，由于市场上米店多、竞争激烈，一开始王永庆只能选择位于偏僻小巷中的铺面，同时面临着门庭冷清的经营局面。

王永庆经过思考，把经营的突破口首先放在提高米质上，当时店家出售的大米里都混杂着米糠、沙粒等，这是很常有的情况，但王永庆每次卖米前都要把米中的杂质拣干净，经过细致挑拣的大米的米质好，深受顾客的欢迎。其次，为了扩大销售，他开始采用送货上门的方式，对于习惯了自己买米扛回家的顾客来说，此举无疑又将便民服务提高了一个档次，增加了销量。后来，其他各家米店也纷纷效仿他的做法，这对王永庆又形成了新的竞争压力。于是，王永庆再次想出了新办法，他要求员工详细记录顾客家里有多少人、米缸有多大、一个月吃多少米、何时需要买米等信息，这样就会知道下次应该在什么时候给顾客送米上门、送多少米了，每当顾客家的米快要用完的时候，王永庆就会派人把米送上门。功夫不负有心人，王永庆的生意一天天红火起来，最终创造了一个又一个商业神话。

（四）家庭生命周期

1.家庭生命周期的概念

家庭生命周期，指的是一个家庭从诞生、发展直至消亡的运动过程。它反映了家庭从形成到解体呈循环运动的变化规律。家庭随着家庭组织者的年龄增长而表现出明显的阶段性，并随着家庭组织者的寿命终止而消亡。家庭生命周期的概念最初是美国人类学学者P.C.格利克于1947年首先提出来的。

2.家庭生命周期的阶段划分

结合家庭生命周期理论，对一般家庭来说，其财务生命周期中必须经过单身期、家庭形成期、家庭成长期、家庭成熟期、家庭衰老期五个阶段。在不同的阶段，家庭购买力、家庭成员的消费心理和对商品的兴趣与偏好会有较大差别。

（1）单身期：指从参加工作到结婚时期，一般为1～5年。这一时期的青年几乎没有经济负担，收入较低，承担风险的能力较强。

（2）家庭形成期：指从结婚到新生儿诞生时期，一般为1～5年。这一时期是家庭的主要消费期，经济收入增加而且生活稳定，家庭已经有一定的财力和基本生活用品。为提高生活质量，这一时期往往需要较大的家庭建设支出，如购买一些较高档的用品。贷款买房的家庭还需一笔大开支（月供款）。

（3）家庭成长期：指从小孩出生直到上大学，一般为18～25年。在这一阶段里，家庭成员不再增加，家庭成员的年龄都在增长，家庭的最大开支是生活费用、医疗保健费、教育费用。财务上的负担通常比较繁重。同时，随着子女的自理能力增强，父母精力充沛，又积累了一定的工作经验和投资经验，投资能力大大增强。

（4）家庭成熟期：指子女参加工作到家长退休为止这段时期，一般为15年左右。这一阶段里自身的工作能力、工作经验、经济状况都达到高峰状态，子女已完全自立，债务已逐渐减轻，理财的重点是扩大投资。

（5）家庭衰老期：指退休以后。这一时期的主要内容是安度晚年，投资支出通常都比较保守。

不同的生命周期对消费者购买行为的影响

曾经,某部门对北京地区106个已经购买家用轿车的家庭的调查表明,有54位购买者家庭的"提议购买"行为由20~34岁的男性完成,占已购车家庭数的50.9%;另有25位受访者家庭买车是由20岁以下的男性首先提议的,占已购车家庭数的23.6%,这两者合计达74.5%,由此可见,青年男性在家庭购车中担任着一个非常重要的角色。另外,单身阶段与有年幼子女阶段的购买行为有显著的不同。单身的青年时尚一族,追求的是轿车外观的前卫、价格的低廉和功率的强劲;而在结婚后,在有年幼的孩子的情况下,对轿车的购买欲望极大增强,并且以价格适度和舒适、宽敞为主要选择标准;对年龄较长的成功人士来说,汽车品牌的知名度就可能成为考虑的主要因素了。

资料来源:佚名.家庭生命周期 [EB/OL]. [2009-08-31]. http://wiki.pinggu.org/doc-view-20211.html.

(五)家庭决策的制定

家庭购买决策研究中的一个重要问题是,对不同产品的购买,家庭决策是以什么方式做出的,谁在决策中发挥最大的影响力。戴维斯(H.Davis)等人做的一个研究识别了家庭购买决策的4种方式:

1.妻子主导型。在决定购买什么的问题上,妻子起主导作用。

2.丈夫主导型。在决定购买什么的问题上,丈夫起主导作用。

3.自主型。对于不太重要的购买,可由丈夫或妻子独立做出决定。

4.联合型。丈夫和妻子共同做出购买决策。

该研究发现,人寿保险的购买通常由丈夫主导;度假、孩子上学的事儿、购买和装修住宅则多由夫妻共同做出决定;清洁用品、厨房用具和食品的购买基本上是妻子做主;而像饮料、花园用品等产品的购买一般由夫妻各自自主做出决定。该研究还发现,越是进入购买决策的后期,家庭成员越倾向于联合做决定。换言之,家庭成员在具体产品购买上确有分工,某个家庭成员可能负责收集信息和进行评价、比较,而最终的选择则尽可能由大家一起做出。

家庭成员共同决策

价格是影响家庭集体决策购物的首要因素,单价在3 000元以上的产品就需要家庭成员共同决策。

有关调查显示,消费者认为需要与家庭成员共同决策购买的每件产品的均价在3 022元以上。而从价格分布来看,30.9%的受访者表示价格在1 000~2 000元的商品的购买就需要和家人商量,占到整个受调查人数的近1/3。由此看来,大部分人在考虑购买商品时,遇到1 000元以上的商品都会与家人商量。

调查中发现，有87.5%的受访者表示，在购买金额较大的商品时一定会与家人商量后才购买。另外，家人共同使用的商品，其家庭集体决策购买的比例也较高，占到了41.7%；其次为高科技产品、家人更有购买经验的产品以及第一次购买的产品；只有0.3%的受访者明确表示就自己说了算，不需要参考家人的意见。

资料来源：王长征. 消费者行为学〔M〕. 武汉：武汉大学出版社，2003.

（六）家庭决策的影响因素

1.家庭的购买力

一般情况下，家庭购买力越强，共同决策的观念越淡漠，一个成员的决策更容易为家庭其他成员所接受；反之，在购买力弱的家庭中，其购买决策往往由家庭成员共同参与制定。

2.家庭的民主气氛

民主气氛浓厚的家庭中，其成员经常共同参与决策；在专制的家庭中，购买决策往往由其中的一人专断。

3.家庭成员的分工

家庭成员分工有粗有细，如丈夫负责买米，买电器、日用五金等，妻子负责买菜，买衣服及纺织品等，而购买其他相关商品的决策则视其家庭分工而定。

4.所购商品价值的大小

购买价值较低的生活用品时，不需要进行家庭决策，各自做主；购买的高档耐用消费品对全家具有重要意义或涉及全家人利益时，多数情况下由家庭成员共同协商决定。

5.所购商品风险的大小

购买那些家庭成员比较陌生、缺乏足够的市场信息、没有充足把握、风险较大的商品时，家庭成员共同决策的情况较多；风险小时，则较多地自主决策。

知识拓展

孩子在家庭决策制定中的角色

孩子会使家庭决策发生变化。虽然孩子在决策制定过程中没有支配地位，但他可以和爸爸或妈妈组成联盟而产生一个"多数通过"的决策。随着孩子年龄的增长，他对家庭的影响力越来越大，对决策不同阶段的影响力也增强了。另外，同龄孩子之间的交流对商品的偏好有很大影响。

二、不同年龄消费群体的消费心理特点

处于不同年龄段的消费者的消费行为具有不同的特点。正确地掌握不同年龄段消费者的消费特点，对掌握不同目标市场的消费行为、制定合理的营销策略，具有重要的作用。

（一）儿童消费群体的心理与行为特征

儿童期一般是指0～11岁的时期，在这一发展过程中，它又可以分为乳婴期（0～3岁）、幼儿期（4～6岁）、童年期（7～11岁）3个阶段。一般在这个时期，儿童的生理发育较快，但心理和智力发育不成熟，消费行为也比较单一。在前两个时期，儿童基本上没有什么购物意识，父母扮演了儿童消费绝对的决策者；但在最后一个时期，儿童的消费意识逐渐开始出现，形成主观意识，开始具有自己的个性，如孩子们开始喜欢购买款式更漂亮的服装，有了自己挑选的意识，而不再是完全由父母做主挑选商品。

实例链接5-4

按年龄划分的儿童细分市场

按照认知发展阶段对儿童进行细分，大致形成了三个细分类型：

1.能力有限的儿童：6岁以下，不会存储和提取记忆。这一时期的消费行为基本不可以自主，消费决策者是父母或家人。企业营销策略的重点是对儿童父母进行宣传和说服。

2.需要提示的儿童：7~11岁，在被敦促的情况下能产生积极的购买行为。企业营销策略的重点，可以开始有倾向性地转向儿童自身，如颜色鲜艳的包装、附赠的玩具，对这部分儿童消费者具有很大吸引力。

3.讲究策略的儿童：11岁以上，能自主存储和提取记忆。企业营销策略的重点可以开始利用其从众消费的心理，开发一些模仿性消费产品。

（二）少年消费群体的心理与行为特征

少年消费群体是指12~14岁的消费者。与儿童时期相比，他们的心理和生理都有了较大的变化，生理上呈现出第二个发育高峰，心理上有了自尊与被尊重的要求。总之，少年期是依赖与独立、成熟与幼稚、自觉与被动交织在一起的时期。其在消费心理方面具有以下特征：

1.与成人相比独立性强，有成人感。这是少年消费者自我意识发展的显著心理特征。在主观上他们认为自己已经长大成人，就应该有成人的权利与地位。这反映在消费心理方面，则是他们不愿意受父母过多的干涉，希望按照自己的意愿行事，要求独立购买所喜欢的商品，喜欢在消费品的选择方面与成人相比拟。

2.购买行为的倾向性开始确立，购买行为趋于稳定。少年时期由于对社会环境的认识不断加深，知识不断丰富，兴趣趋于稳定，鉴别能力提高，随着购买次数的增加，购买行为趋于习惯化、稳定化，购买的倾向性也开始确立。

3.消费观念开始受社会群体的影响。少年消费者由于参加集体学习、集体活动，接触社会的机会增多，受社会环境的影响逐渐增加，其消费观念和消费爱好由主要受家庭的影响逐渐转变为受同学、朋友、老师、明星、书籍及大众传媒等社会因素的影响。

（三）青年消费群体的心理与行为特征

青年是指由少年向中年过渡时期的人群，一般指15~34岁的人。

1.青年消费群体的特点

（1）青年消费群体人数多，是一支庞大的消费群体。

（2）青年消费者具有巨大的购买潜力。青年消费者已具备独立购买商品的能力，具有较强的自主意识。尤其是参加工作以后有了经济收入的青年消费者，由于没有过多的负担，独立性更强，购买力也较强。

（3）青年消费群体的购买行为具有扩散性，对其他各类消费者都会产生深刻的影响。他们的购买意愿大多为家庭所尊重，年轻父母的独特消费观念和消费方式会影响下一代的消费行为，且对他们的长辈也会产生极大的影响。

2.青年消费群体的消费心理

（1）追求时尚、表现个性

青年思维活跃，富于幻想，勇于创新，渴求新知，追求新潮，积极向上。这些心理特征反映在消费心理方面就是追求新颖与时尚，力图站在时代的前列，领导消费新潮流，体现时代的特征。他们总是对新产品抱有极大的兴趣，喜欢更换品牌，体验不同的感受。青年消费者往往是新产品或新的消费方式的尝试者、追求者和推广者。

（2）突出个性、表现自我

处于青春期的消费者自我意识逐渐增强。他们追求个性独立，希望树立完善的自我形象。其反映在消费心理方面就是愿意表现自我，非常喜欢个性化的商品，有时还把所购买的商品同自己的理想、职业/爱好和时代特性，甚至自己所崇拜的明星和名人等联系在一起，并力求在消费活动中充分表现自我。

（3）追求实用、表现成熟

青年消费者的消费倾向从不稳定向稳定过渡，因而在追求时尚、表现个性的同时，也注重商品的实用性和科学性，要求商品使用经济，货真价实。由于青年人大多具有一定的文化水准，接触信息比较多，因而在选择的过程中盲目性较低，购买动机及购买行为表现出一定的成熟性。

（4）注重感情、冲动性强

青年消费者处于从少年到成年的过渡阶段，思想倾向、志趣爱好等还不完全稳定，行动易受感情支配。上述特征反映在消费活动中，表现为青年消费者易受客观环境的影响，感情变化剧烈，经常出现冲动性购买行为。同时，直观地选择商品的习惯使他们往往忽略综合性选择的必要，款式、颜色、形状和价格等因素都能单独成为青年消费者的购买理由，这也是冲动性购买的一种表现。

实例链接5-5

宝洁的青少年行动计划

宝洁公司一直重视青少年市场，1996年就开始与中国青少年发展基金会合作，捐建希望小学。宝洁在中国已经建成了200余所希望小学，通过遍布各地的希望小学这样的平台，其开展了一系列的青少年"快乐行动"。宝洁公司希望使中国的消费者在青少年时期就形成对其品牌的忠诚，并在此基础上影响其家庭的购买决策。

资料来源：根据新华网相关内容整理得来。

微信营销

微信营销现如今已经成为越来越多的人所选择的营销渠道。在朋友圈里发布商品信息，利用微信点"赞"进行营销宣传等，已经成为一种高效而时尚的营销方式。

2011年1月，微信客户端正式发布，433天后，用户数从零上升到1亿；如今，微信用户数已经超过3亿。从2亿到3亿，微信仅用了不到4个月的时间。而微信的"野蛮"增长也正说明了它在时下的社交媒体中的"江湖地位"，同时它正以前所未有的速度与激情，冲击着传统的人际交流方式。而在微信3亿多的使用者里，20~30岁的青年占了74%，其中大学生占了64%。对善于接受新鲜事物的年轻人而言，玩微信成了一种时尚便捷的生活方式。

资料来源：根据和讯网相关内容整理得来。

（四）中年消费群体的心理与行为特征

中年消费群体一般是指35岁至退休年龄阶段的人。中年消费者人数众多，负担重，大多处于决策者的位置，且购买的商品既有家庭用品，也有个人、子女、父母的穿着类商品，还有大件耐用消费品。因此，了解、把握中年消费群体的心理特征，对企业制定正确营销决策具有重要的意义。中年消费者心理具有如下特征：

1. 理智性强、冲动性小

中年消费者阅历广，购买经验丰富，情绪反应一般比较平稳，多以理智支配自己的行动，感情用事的现象不多见；注重商品的实际效用、价格和外观的统一，从购买欲望形成到实施购买往往是经多次分析、比较后才做出判断，随意性小。

2. 计划性强，盲目性小

中年消费者处于青年向老年的过渡阶段，大都是家庭经济的主要承担者。尽管他们的收入不低，但是他们肩负着赡老育幼的重任，因此，经济负担重，经济条件的限制使他们养成了勤俭持家、精打细算的消费习惯，以"量入为出"作为消费原则。其消费支出计划性很强，很少有计划外开支和即兴购买。

3. 注重传统，创新性小

中年消费者正处于"不惑"和"知天命"的成熟阶段，青年消费者身上的一些特点在他们身上逐渐淡化，他们内心既留有青年时代的美好岁月，又要做青年的表率。因此，他们希望以稳重、老练、自尊和富有涵养的风度有别于青年。反映在消费方面，就是他们不再完全按照自己的兴趣爱好选择商品或消费方式，而是更多地考虑他人的看法，以维护自己的形象，与众人保持一致。如选择服装时，他们宁可压抑自己的个人爱好而随俗，也不愿意让别人感到自己花样翻新和不稳重。

（五）老年消费群体的心理与行为特征

老年消费者一般是指在退休年龄以上的人。随着社会生活环境的改善和卫生、保健事业的发展，世界人口出现了老龄化的趋势，老年人在社会总人口中所占的比例不断提高。老年人是一个特殊的消费群体，全世界都在关注老年消费者市场。老年消费者在生理和心理上同青年消费者、中年消费者相比发生了明显的变化。老年消费者心理呈现如下特征：

1. 消费习惯稳定，消费行为理智

老年消费者在几十年的生活实践中，不仅形成了自身的生活习惯，而且形成了一定的购买习惯。这类习惯一旦形成就较难改变，并且会在很大限度上影响老年消费者的购买行为；反过来，这会使老年型商品市场变得相对稳定。由于年龄和心理因素，与年轻人相比，老年人的消费观比较成熟，消费行为理智，冲动型热情消费和目的不明的盲目消费相对较少。老年消费者对消费新潮的反应显得较为迟钝，他们不赶时髦，而是讲究实惠。

2. 商品追求实用性

老年消费者一般在退休后收入有所下降，他们的心理稳定性高，过日子精打细算，其消费已不像青年那样富于幻想，而是重视感情，把商品的实用性放在第一位，强调质量可靠、方便实用、经济合理和舒适安全。至于商品的品牌、款式、颜色和包装是其次需要考虑的因素。

3. 消费追求便利，要求得到良好的售后服务

老年消费者的生理机能有所下降，他们总希望购买场所交通方便些，商品标价和商品说明清楚些，商品陈列位置和高度适当，便于挑选，购买手续简单，服务热情、耐心、周到，同时也要求商品能够易学易用、方便操作，减少体力和脑力的负担。

4. 消费需求结构发生变化

随着生理机能的衰退，老年消费者的需求结构发生变化，保健食品和医疗保健用品的支出增加，在穿着和其他奢侈品方面的支出大大减少，满足个人的嗜好和兴趣的商品支出有所增加。

5. 较强的补偿性消费心理

在子女成家立业，没有了过多的经济负担后，部分老年消费者产生了较强的补偿性消费心理。在美容、衣着打扮、营养食品、健身、娱乐和旅游观光等商品的消费方面，他们有着与青年类似的强烈消费兴趣，以补偿那些过去未能实现的消费愿望。

三、男女群体消费心理特点

(一) 女性消费心理特征

我国女性消费群体数量庞大，女性是大多数购买行为的主体。由于在家庭中同时担任女儿、妻子、母亲、主妇等多种角色，她们不仅为自己购买所需商品，也是大多数儿童用品、老人用品、家庭用品的主要购买者。因此，相关产品的生产厂家都要认清：虽然女性不一定是企业产品的使用者，但大多是产品的实际购买者，或是对购买行为有决策权的重要人物。女性对日常用品有绝对的购买决定权，对买房、家庭装修、私家车的购买也具有很大的建议权，女性做决策的家庭也不在少数。商家只要打动了女性消费者的心，就占据了较大的市场份额。女性独特的消费心理表现为：

1. 强烈的购买动机。女性的购买动机一般较男性强烈。因为女性较多地照料家务，且家庭观念强，又受到传统观念的影响，更多地考虑家庭的衣食住行，购买次数频繁，掌握的市场信息较多。

2.暗示心理。女性在情感上多有暗示心理，易受到环境气氛的影响，被他人的议论所左右。比如，营业员的一个眼神暗示常会影响女性的购买行为。

3.注重直观和情感。女性购买行为极易受直观感觉和情感的影响，如鲜明的广告和精致的外观设计易引发女性的兴趣，激起她们的购买欲。

4.求实心理。部分已婚女性特别注意求实，购买物品时，讲究经济实惠，偏爱处理品，喜欢仔细挑选、讨价还价、斤斤计较。

5.富于联想，容易感情用事。女性一般想象力丰富，有时观看和购买商品时不爱客观地分析商品的优缺点，而是感情用事、冲动购买。

6.爱美心理。女性非常重视自己的容貌，尤其是年轻女性。这与男性对女性的审美心理有关：男性对女性的形象要求较高，重视女性的体态和容貌。为此，女性常求助于各种美容术，让自己变得更加美丽。

7.自我表现心理。女性多喜欢自我表现、自我陶醉，从服装上即可得到验证。

（二）男性消费心理特征

男性消费者相对于女性消费者来说，购买商品的范围较窄，一般多购买"硬性商品"，注重理性，较强调阳刚气质。比如，对于男性自己使用的商品（如剃须刀）或家庭的大件商品（如汽车），男性消费者或者自己购买，或者在购买上有很大的决策权。男性消费心理表现为：

1.注重商品的质量、实用性

男性消费者购买商品时多为理性购买，不易受商品外观、环境及他人的影响。其注重商品的使用效果及整体质量，不太关注细节。

2.购买商品的目的明确，购买过程迅速果断

男性的逻辑思维能力强，喜欢通过各类媒体广泛收集有关产品的信息，购买决策迅速。

3.强烈的自尊好胜心，不太注重价格问题

由于男性本身所具有的攻击性和成就欲较强，所以男性购物时喜欢选购高档气派的产品，而且不愿讨价还价，忌讳别人说自己小气或所购产品"不上档次"。

知识拓展

商家营销应挖掘男女共同的需求

随着百姓生活水平的提高、消费观念的改变，很多看起来属于女性的专属品却受到男性的欢迎，而很多具有男性标志的商品今天也拥有了大量的女性消费者，男性和女性的消费概念正在模糊化，"男品女用"或"女品男用"正在成为新的消费趋势之一，市场不再片面地严格区分男女消费者了。这对商家也提出了新的考验，应多多开发具有男女共同需求的产品，这样才能在商业竞争中占据有利位置。

项目小结

消费群体是指由具有某些共同消费特征的消费者所组成的群体。同一消费群体在消

费心理、消费行为、消费习惯等方面具有明显的共同之处。消费群体的形成是内在因素与外在因素共同作用的结果。

家庭是消费者参与的第一个社会群体，家庭是社会生活的"细胞"。家庭对个体性格和价值观的形成、对个体的需要与决策都会产生重要的影响。

社会阶层是指某一社会中根据社会地位或受尊重程度的不同而划分的社会等级，是由具有相同或类似的社会地位的社会成员组成的相对稳定的群体。

根据年龄划分，消费者可划分为少年儿童消费群体、青年消费群体、中年消费群体和老年消费群体。处于不同年龄段的消费者对商品有明显的不同偏好。

根据性别划分，消费者可划分为女性消费群体和男性消费群体。由于性别的不同，消费者对商品的需求结构、消费心理与习惯、购买行为模式都会有较大的差异。

本项目讨论题

网购族群

俗话说"物以类聚，人以群分"，在网购族群里的组织"分化"也是显而易见的。淘宝网按照网购习惯将网购群族划分为"夜淘"族、"拾惠"族、"剁手"族、"逛逛"族等类型。

2013年，淘宝网的一份报告中显示，有2 283.2万人习惯在深夜23时至第二天早上5时之间逛淘宝网，他们被称作"夜淘"族，也是网购族群中规模最庞大的一个群体，且男女比例相当，为48∶52。这一群体普遍年轻、能"熬"夜，年龄为25～29岁，主要分布在广东、江苏、北京、福建等地。

而在精打细算的"拾惠"族中，却体现出了鲜明的性别特色。这些擅长购买反季商品、通过聚划算进行团购的悭（省）钱达人有6成以上为女性消费者。"拾惠"族年龄稍微大一点，以30～34岁居多。从人均每次购买金额来看，天津为最"拾惠"地区，人均每次花费仅为90元。

拥有100多万族员的"剁手"族（特指那些每年一收到支付宝对账单后，就在微博上发出"再买就剁手"的一群网购达人）是淘宝网最知名的用户群体，这100多万人的人均年购物总额高达16.16万元！人均购买次数538次，人均购买商品数22 148件。从省份上来看，"剁手"族多集中在浙江、广东、江苏等地，而从单个城市来看，则是上海最多，有10.6万人。

而喜欢只逛不买的500万"逛逛"族也有7成以上为年轻女性（22～26岁最多）。

资料来源：根据淘宝网相关资料整理得来。

讨论题：结合本章所学，分析网络购物群体的消费行为特点，并分析企业应该如何制订针对网络购物不同群体的行之有效的营销计划。

思考与练习

1.选择题

（1）单选题

①从消费心理的角度，下列各阶层中不是主要影响消费时尚形成的阶层的

是（　　）。

A.高收入阶层

B.社会地位较高的阶层

C.收入中高及偏上但有社会地位的阶层

D.低收入阶层

②下列（　　）不是女性消费者购买行为的心理特征。

A.注重商品的外表和情感因素

B.注重商品的实用性和细节设计

C.注重商品的便利性和生活的创造性

D.注重商品价格与外表的统一性

③青年消费者的购买心理特征不包括（　　）。

A.追求个性，表现自我　　　　　　　　B.追求实用，表现成熟

C.追求廉价，注意实惠　　　　　　　　D.注重情感，容易冲动

④学前期（6岁以前）儿童消费者的心理特征不包括（　　）。

A.消费情绪开始较为稳定　　　　　　　B.模仿性消费特点突出

C.消费情绪不稳定　　　　　　　　　　D.消费中学会了比较

⑤青年消费者群体的特点不包括（　　）。

A.人数众多

B.习惯性消费心理

C.消费者分布广泛、流动性大

D.对整个市场的需求变化有着重要的影响

（2）多选题

①少年儿童的消费心理主要有（　　）。

A.依赖心理　　　　　　　B.天真好奇心理　　　　　　C.模仿心理

D.时尚心理　　　　　　　E.攀比心理

②在购买行为中，家庭成员可以扮演（　　）等不同角色。

A.倡议者　　　　　　　　B.影响者　　　　　　　　　C.决策者

D.购买者　　　　　　　　E.使用者

③老年人用品应注意（　　）。

A.实用性　　　　　　　　B.方便性　　　　　　　　　C.安全性

D.依赖性　　　　　　　　E.适用性

2.简答题

（1）简述家庭生命周期对购买行为的影响。

（2）简述青年消费者的消费心理和购买行为。

3.实务训练题

【相关案例】

抓住消费者兴趣，名创优品"草莓熊"系列成功"出圈"！

"双11"前夕，名创优品推出"草莓熊"系列产品，并展开营销造势，包括在社交

平台发起"快把草莓熊带走"活动，线下打造12家"草莓熊"主题店等，由此成功孵化出超100个"草莓熊"主题IP社群，日均互动量达到6 000+，同时该话题在小红书上的浏览量超过1 200万。

正如麦肯锡预言：能否深刻理解Z世代，并打入他们的社交圈子，成为决定品牌下一个十年生死存亡的关键要务。作为当前消费市场的主力军，Z世代引领潮玩、文艺、有趣、新奇等趋势，以远超其他年龄层的购买力，撑起了一个4万亿的买方市场。不夸张地说，谁能抓住Z世代，谁就能抓住未来十年的发展红利。名创优品和"草莓熊"打的显然也是Z世代的主意。此外，名创优品利用"草莓熊"在动画片中的独特"人设"，深挖IP属性，并将其投射在家居、百货、衣帽等各类产品上，匹配恰当的细节，以贴近年轻消费者的喜好，增强产品与受众的情感黏合度。

名创优品为了让"草莓熊"和消费者、IP粉丝建立直联关系，在预热期便快速创建上百个IP社群，邀请感兴趣的粉丝与消费者加入，并通过IP本身巨大的粉丝效应和共同的兴趣锚点向外扩散，最终形成一个不断裂变、不断蓄水的"池塘"。

名创优品的"草莓熊"无疑是示范了一次极为亮眼的营销案例。如今，时代的变化让二次元、模玩手办、国潮风、JK制服、cosplay、盲盒，甚至包括夸夸群、00后黑话……成为Z世代群体最大的特征，而由不同兴趣分化衍生的兴趣圈层、社群也悄然兴起，并表现出爆棚的消费力。

资料来源：根据节点财经2021年12月1日相关内容整理得来。

请思考：

1.从消费者心理的角度分析"草莓熊"受欢迎的原因。

2.搜集有关"草莓熊"的资料，从中你得到了什么启示？

【业务操作训练】

不同年龄女性消费者行为分析训练

训练目的：根据女性消费者心理的特征，掌握其购买行为规律，做好女性消费市场的营销工作。

训练内容：了解不同年龄消费者的心理特征和女性消费者的心理特征，分析其购买行为，制定营销对策。

训练操作：

（1）以小组为单位，每个小组4人，选定1人为组长，明确分工与责任。

（2）以女性经常购买的两种商品为例（如化妆品和服装）进行分析。

（3）分别分析不同年龄段的女性在购买化妆品和服装时，有何心理需求，会受哪些心理因素的影响，购买行为有何特征，评定每位同学的实训成绩。

（4）写出分析报告。

成果要求：撰写《××（年龄）女性消费者购买××（产品）的消费心理分析》，要求结合实际，有理有据，内容翔实，分析透彻，对企业有一定的参考价值。

【成果评价】见表5-1。

表5-1　　　　　　　　　　　　**不同年龄女性消费者行为分析评价**

项目	评价标准	得分
商品选择	选择的商品属于不同类别，差异比较大，共计10分	
购买商品消费心理分析	对不同年龄女性的消费心理的描述准确，符合实际，针对性强，共计20分	
女性购买行为分析	关于不同年龄女性所需要商品的特点、功能、购买方式、购买地点等的说明详细，分析全面，共计30分	
针对不同年龄女性销售的对策	针对不同年龄女性的特点和心理，制定有针对性的销售策略，共计20分	
完成实训任务的表现	按照与人合作能力、与人交流能力、解决问题能力、信息处理能力等方面的表现给分，每小点5分，共计20分	
总成绩（分）		
教师评语	签名：　　　年　　月　　日	
学生意见	签名：　　　年　　月　　日	

思政小结

项目五思政小结

项目六　商品因素与消费心理

学习目标

知识目标

1.了解新产品的含义，理解消费者对新产品的心理过程及需求。

2.掌握新产品设计的心理策略，理解新产品推广功能与消费心理。

3.掌握商品命名的心理功能与心理策略。

4.引入商标设计，理解商标设计的心理策略，掌握商标使用的心理策略。

5.了解商品包装的心理功能，理解消费者对商品包装的心理要求，掌握商品包装的心理策略。

能力目标

1.能够利用消费者对新产品的心理过程及需求，对企业商品命名、新产品设计及商品包装等提出建议。

2.会运用所学知识，剖析消费者对新产品的心理需求并将其运用在具体的营销活动中。

素养目标

通过本项目的学习，学生能够了解新产品以及消费者对新产品的命名、设计、包装的心理需求，引导学生在设计上要做到改革创新，激发活力，同时融入民族特质，顺应潮流，体现时代精神。

随着社会的进步与生产工艺的改进，产品生命周期呈现出日益缩短的趋势。在日常经营中，如何把握消费者对新产品的需求并在新产品设计中充分考虑消费者的心理要求，成为摆在所有企业面前的头等大事。新产品设计完成后，还要给产品起一个响亮的名字并配之以得体的包装，只有这样贯彻产品整体的概念、实施市场营销观念，企业才能在激烈的市场竞争中求得生存和发展。

新产品开发推广的心理策略

案例导入

华为手机成为"第一"的真相

华为手机的崛起是非常值得中国企业深入学习、思索的一个案例！

2011年前，华为手机的知名度在业界并不高。不过，短短几年后，华为手机已成为国产第一品牌。2015年，华为手机出货突破1.08亿部，成为首个跻身亿部俱乐部的国产品牌，也成为中国首个跻身全球手机第一阵营的品牌，与三星、苹果并列三巨头。

华为是如何逆转成为国产手机第一品牌的？它究竟是如何一步步做到的？

2011—2014年，小米手机用4年时间登上了巅峰，但短短1年后，华为手机取代小米手机成为新领军品牌。

2013—2014年，华为在这两年中完成了三个突破：第一个突破，用荣耀产品实现了运营推广的演练，成功完成B2B向B2C传播推广的转型；第二个突破，用华为P6（Ascend P6）成功打开中端市场，并一下子为华为赢得了良好的口碑，拉开了此前与小米同样中低端形象的距离；第三个突破，用华为Mate7成功打开中高端市场，再次将华为的口碑大幅拉升。这三个突破，对华为与小米的竞争有着极为重要的作用。

客观来说，在营销推广上，小米与华为差距不大，甚至小米的推广在国内手机行业是领先的；但在产品上，两者拉开了差距，华为不仅在中低端市场取得了不错的业绩，而且在高端市场也实现了突破，后者是小米想突破却没有成功的，这也让两者的差距拉开了！毕竟相对于小米，华为在产品线上多了一个市场空间。

资料来源：根据搜狐网相关内容整理得来。

任务分析

1.任务目的

通过新产品设计，满足消费者的多种消费心理；通过分析新产品购买者类型，掌握不同类型购买者的心理特点并制定有针对性的心理策略；掌握商品命名、商标设计及商品包装与消费心理的内在联系。

2.任务要求

（1）教师针对新产品的概念与分类对学生进行规范性指导。

（2）教师要求每一名学生根据任务所涉及的知识撰写一份新产品销售导购书。新产品销售导购书内容包括：新产品概述、设计特性、主要功能、销售前景与企业发展规划等。

（3）在完成书面文稿后，进行分组讨论。然后选派一名组员进行发言，提出引导消费者了解、知晓、接受新产品的相关建议。各组交流后进行互评，教师对各项实施任务的建议进行点评、总结。

知识精讲

一、新产品的含义

新产品是指采用新技术原理或新设计构思研制、生产的全新产品，或在结构、材质、工艺等某一方面比原有产品有明显改进，从而显著提高了产品性能或扩大了使用功能的产品。从市场营销的角度看，凡是企业向市场提供的过去没有生产过的产品都叫新产品。具体地说，只要是产品整体概念中任何一部分做了变革或创新，并且给消费者带来了新的利益、新的满足，都可以认为是一种新产品。

二、消费者对新产品开发的心理需求

（一）对新产品功能的要求

消费者在购买商品时，首先考虑的是商品的使用价值，他们希望所购商品能用，并且性能稳定，功能齐全。

（二）表现愿望的要求

有的消费者会将某些商品的使用效果与自己的某种愿望相比拟。

（三）表现归属的要求

每个人都生活在一定的群体中，也都有一种归属的愿望和要求。人们希望使用和其所属群体相协调的商品，以得到别人的承认和尊重。

（四）表现时代特色的要求

人们大都有一种趋向时尚的心理，希望自己的行为能符合时代精神。在不同的历史时期，审美标准也不同，人们要求商品能体现时代特色，具有时代精神。

（五）满足精神上的需求

随着经济的发展以及人们文化素质的提高，消费者在购买和使用商品时，不仅要求得到物质上的满足，还要求能满足某些精神上的需求，有时甚至以精神上的需求为主。

实例链接6-1

2019款iPhone比iPhone6还要薄？

各大手机厂商都将在2019年推出自家5G手机，而苹果要等到2020年才会发布5G版iPhone，这是不是代表着2019年款iPhone不会给我们带来任何惊喜呢？答案显然是否定的。

苹果公司2019年将采用由三星提供的"Y-OCTA"触控式集成柔性OLED面板，其结构与目前的iPhone屏幕面板不同，这意味着2019年的新iPhone系列中至少有一款机身更薄、更轻。这也是苹果首次在iPhone上使用触控集成显示器。

据外媒报道，三星"Y-OCTA"是集成触摸的柔性有机发光二极管（OLED）面板。2018年3月，三星首次向苹果提供这项屏幕技术，以此作为保留该公司OLED订单的一种方式。三星目前是iPhone X和iPhone XS / XS Max OLED面板的独家供应商，尽管该技术在2019年会投入使用，但在生产初期会面临产能不足的问题，这也表明新屏幕可能仅用于2019年最高端的iPhone型号上。

除采用新屏幕外，2019年款iPhone还会加入更强的AR功能。凭借苹果的实力，2019年款iPhone依旧值得期待。

资料来源：根据中关村在线相关内容整理得来。

三、新产品设计的心理策略

1.根据消费者的享受需要进行产品的结构设计。这种设计要适应人的生理特点和环境条件，产品结构要合理、实用、方便、舒适，要有与环境相匹配的优美造型和色彩，这样，消费者才能获得享受。

2.根据消费者的个性特点设计产品的象征意义，如显示人的成熟度、威望特征、适应群体等。

3.根据消费者的时髦心理进行新产品的设计，不断推陈出新、去粗存精。

4.根据消费者的审美心理进行产品的造型设计。

以消费者为中心、采用心理策略进行产品设计的思想，已在许多国家牢牢确立，产品的设计人员在不断提高产品的设计水平，从而使企业的新产品受到消费者的青睐。

@ **实例链接6-2**

改变消费态度

20世纪60年代，日本本田摩托车准备进军美国市场，但当时美国市场的消费者对摩托车持否定态度。因为受警匪片和枪战片的影响，很多消费者把摩托车与流氓犯罪等行为联系起来。在这种情况下，要想让消费者接受这种新产品，首先就必须改变消费者的态度。本田公司以"你可以在本田车上发现最文雅的人"为主题，展开了一系列的广告宣传，出现在广告画面上的骑车人都是神父、教授、美女等，于是逐渐改变了人们对摩托车具有的延伸意义的看法，从而打开了销路。

四、新产品推广的心理策略

（一）消费者接受新产品的过程与市场扩散

消费者接受新产品的心理过程，一般分为五个阶段，即：

1.知晓。获得新产品信息的初始阶段，但对新产品还缺乏了解。

2.兴趣。在广告宣传刺激的作用下，对新产品产生兴趣，开始寻求有关新产品的信息。

3.评价。对新产品的价值进行分析、评估，考虑是否试用这种新产品。

4.试用。开始少量试用新产品，并根据试用的感觉来修正对新产品的评价。

5.采用（再购买及扩散）。试用新产品感到满意后，决定正式购买，并重复使用该产品。

（二）消费者对新产品的反应差异与市场扩散

新产品上市后，由于不同消费者对新产品的反应存在明显差异，可以将他们划分为五种类型，即：

1.创新采用者。这是"消费先驱"，富有个性，敢于冒险，信息灵通，经济宽裕，对新产品很敏感。这部分人在全部使用者中占2.5%，他们是投入新产品时极好的销售目标。

2.早期采用者。他们一般比较年轻，经济状况良好，对新事物较敏感，对早期采用产品的行为具有一种自豪感。他们的行为对周围的消费者往往有着较大影响。这部分人占13.5%，他们是推广新产品时极好的销售目标。

3.中期采用者。他们具有较少的保守思想，深思熟虑又不愿意"赶潮流"。这部分人占34%。

4.晚期采用者。他们表现得多疑和优柔寡断，对新事物不敏感，在大多数消费者购买新产品后，才会采取行动。这部分人占34%。

5.最晚采用者。他们一般比较保守，对新产品持怀疑态度，固守传统的消费观念。他们是最后采用新产品的人。这部分人占16%。

新产品能否打开市场，关键是做好前两种人的工作。要特别注意"消费先驱"和"早期采用者"的心理特征以及他们通常接触的信息媒体，以便采取一定的促销手段，把有关新产品的信息传递给他们。通过他们的带头试用，使中晚期采用者模仿跟进，新产品的销路就会扩大，这几乎是新产品进入市场并获得成长与发展的一般规律。

实例链接6-3

"脑轻松"的开发及成功问世

康富来公司是一家专门生产洋参含片、洋参胶囊等洋参制品的四大知名品牌之一的企业，但它在上海却推出一种全新的健脑补品"脑轻松"，并顿时在市场上掀起了一股不大不小的旋风。

康富来公司选择开发新产品"脑轻松"，主要是由于洋参制品市场竞争越来越激烈，利润不断下降。康富来公司前期做了大量的保健品市场调查，发现人的健脑意识和健脑需求随着智力竞争的加剧而开始有所增强，健脑产品不仅有市场潜力而且目前没有领导品牌，同时康富来公司购买到卫生部批准的一个健脑产品的专利。于是，康富来公司将老市场上海作为首攻市场，以保证销售渠道的畅通。该公司决策层在34个月内投入1 500万元的高额广告费，展现出"脑轻松"健脑养脑的特点，并以脑力劳动者作为销售对象。经过一段时间的宣传，这种产品很快形成流行风潮，逐步被消费者所接受。

任务二　商品名称、商标设计的心理策略

案例导入

奔驰和平治，哪个名字好？

世界上第一辆汽车的发明者是德国人卡尔·本茨，于是在世界上也有了以他名字命

名的小汽车。这个汽车品牌的名字，在中国内地被译为"奔驰"，在中国香港被译为"平治"。两个名字哪个翻译得更好呢？当然是"奔驰"这个名字。"奔驰"用在汽车上，暗喻汽车动力十足、奔驰如飞；而"平治"这个名字则让人感觉平淡无奇甚至寂寂无闻。

案例分析：商品命名很重要，具有多种心理功能。许多大公司都花重金聘请著名的设计公司为产品命名，对商品的音译名我们也要充分重视，否则不利于本地企业开拓海外市场。

任务分析

1.任务目的

通过商品命名，满足消费者的各种消费心理；通过分析商品命名的心理功能，掌握商品命名的心理策略。通过商标设计，体现商标功能；通过商标功能，实施商标设计的心理策略。

2.任务要求

（1）教师针对商品命名和商标设计，通过实例列举、案例分析等对学生进行规范性指导。

（2）教师要求每一名学生根据任务所涉及的知识，写一份商品命名和商标设计的调研报告书。调研报告书内容包括：商品命名概述、商品命名的心理功能与企业产品命名建议、商标设计概述、商标的功能、商标使用的相应策略与企业商标设计建议等。

（3）在完成书面文稿后，进行分组讨论。然后选派一名组员进行发言，各组交流后进行互评，教师对各项实施任务的建议进行点评、总结。

知识精讲

一、商品命名的心理功能

商品命名是指生产企业赋予商品的称谓。在现实生活中，消费者对商品的认识和记忆不仅仅依赖于商品的外形和商标，还要借助于一定的语言文字，即商品的名称。在接触商品之前，消费者常常以自身对特定名称的理解来判断商品的属性、用途和品质。具体而言，商品命名的心理功能包括：

（一）识别功能

商品名称是商品的一种特定标志，它有助于消费者在购买商品过程中，辨识并挑选他们所需要、所喜好的商品；同时，消费者可以通过商品名称来了解、记忆商品的生产经营单位，以便得到相关的服务信息。在现实消费活动中，很多消费者都是根据商品名称购买商品的。例如，购买空调时，消费者脑海中会出现格力、海尔、美的、科龙、海信、奥克斯等品牌名称，而如果没有这些商品名称，要想实现对空调的识别几乎是不可能的。

（二）记忆功能

一个好的商品名称能够迅速吸引消费者，引起消费者对商品的注意，及时让消费者记住该商品的名称。例如，"猫耳朵""满天星"等商品名称，能让消费者从名称联想到商品实体，从而加深了对商品的注意和记忆；又如，"Coca-Cola"音译成"可口可乐"，该名称非常适合中国消费者的语言偏好，并且名称中流露出一种亲切与喜庆，让人不由自主地联想到饮料可口，饮后会欢快愉悦，从而增强了该商品的记忆功能。

（三）联想功能

激发联想是商品命名的一项潜在功能，通过命名的文字和发音使消费者产生恰当、美好的联想，激发购买欲望。很多企业甚至会对品牌的内涵进行二次开发来增强其联想功能，从而使品牌耳目一新、增色添光。

实例链接6-4

TCL与"今天的中国雄狮"

TCL公司1981年成立的时候，选取了公司名字（Telephone Communication Limited）英文的三个开头字母，组成其商品名称——TCL，这其实是国际上通用的做法，但并不能更多地激发起中国消费者的购买欲望。后来为了给这个名字赋予更多的内涵，该公司对TCL一词进行了富有创意的联想和诠释，就有了"今天的中国雄狮"（Today China Lion）的说法。对TCL品牌新的联想，无疑会使消费者对其产品产生好感，进而刺激需求。

二、商品命名的心理策略

（一）名实相符

名实相符是指商品名称与商品的实体特性相符，使消费者能够通过名称迅速了解商品的主要特性，了解商品的基本效用，加速消费者认识商品、了解商品的过程。例如："暖宝宝"随身热贴，使人一看便知其用途和特点是在贴上该商品后短期内使身体发热，不畏寒冷。名实相符是商品命名的基本心理要求，是其他心理策略的基础。

（二）便于记忆

商品名称应该朗朗上口、便于识记。为此，商品命名应力求以最简洁的语言文字，高度概括商品的实体特征。为了便于消费者记忆，使用的名称不宜过长，一般以三个字为宜，如万家乐、舒肤佳等。此外，大众化商品的命名还应通俗易懂，不宜出现怪字、生僻字。一个难以发音和不易读懂的商品名称、企业名称，会使消费者产生畏惧心理、踌躇退缩，从而影响购买行为的发生。

实例链接6-5

全球知名品牌——力士

英国联合利华公司的力士（Lux）是当今世界最有名的香皂品牌之一，初期的力士能成功得益于其杰出的命名创意。

联合利华公司于19世纪末向市场推出了一种新型香皂，一年中先后采用过猴牌（Monkey）与阳光牌（Sunlight）作为品牌名称，但是市场销路一直不好。1900年，公司在利物浦的一位专利代理人建议采用一个令人耳目一新的品牌名称——Lux，立即得到公司董事会的同意。名称更换之后，产品销量大增，时间不长Lux就成为驰名世界的品牌。

Lux是一个近乎完美的品牌名称。它是利用拉丁字母进行品牌命名的经典之作，几乎具备优秀品牌的所有优点。首先，它只有三个字母，易读、易记、简洁明了，在所有国家语言中发音一致，易于在全世界传播。其次，它来自古典语言Luxe，具有典雅、高贵的含义，在拉丁语中是"阳光"之意，用作香皂品牌，令人联想到明媚的阳光和健康的皮肤。另外，它的读音和拼写令人潜意识地联想到另外两个英文单词——Lucky（幸运）和Luxury（精美、华贵）。这个品牌名称对产品的优良品质起到了很好的宣传作用，至今尚未有其他品牌能在命名的内涵上超过它。

（三）引人注目

商品命名应对产品有恰当的形象描述，即根据商品适应范围内消费者的年龄、职业、性别及知识水平等所产生的不同心理要求进行商品命名，给消费者留下良好的印象并激发其兴趣。例如，女性用品名称应柔和优美、高雅大方；男性用品名称应浑厚朴实、阳刚大气；青年用品名称要具有青春气息；老年用品名称宜朴素庄重；儿童用品名称则应体现儿童的活泼可爱并充满童趣。但命名也不必拘泥于固定格式，别出心裁往往能令人过目不忘。

（四）引发联想

商品名称应具有一定的暗示效应，引发顾客美好的联想，从而刺激其购买欲望。例如，快捷酒店"如家"的店名，使消费者一看到这个名称就产生宾至如归的感觉；又如，"东坡肉"，将特定的人（苏轼）与特定的食品相联系，使消费者睹物思人，引发丰富的联想、追忆或敬慕之情，从而在消费者心目中留下深刻的印象。

（五）避免禁忌

不同国家和地区的消费者因为民族文化、宗教信仰、风俗习惯及语言文字等方面的差异，可能会对同一商品名称的认知和联想截然不同。如我国的蝙蝠电扇，蝙蝠的英文"Bat"有"吸血鬼"的意思。美国通用汽车公司为一款车取名为NOVA（诺娃），这是欧美许多国家妇女喜欢用的名字。但该车运到普遍讲西班牙语的拉丁美洲以后，很少有人买这种车。经调查后才发现"NOVA"一词在西班牙语中是"开不动"的意思，显然这种"开不动"的车唤不起消费者的购买欲望。

三、商标设计的心理功能

（一）商标的功能

商标是商品的标志。它是商品生产者或经营者为了使本企业商品与其他企业商品相区别而采取的一种标记，一般由文字、字母、图形、数字、线条、颜色等构成。经过正式注册后的商标受到法律保护并具有排他性。商标的具体功能包括：

1.识别功能

商标是商品的一种特定标志，有助于消费者在购买商品的过程中，辨识并挑选他们所需要、所喜好的商品。同时，消费者可以通过商标来了解、记忆商品生产经营单位的信息，以便得到相关的售后服务（包括索赔等）。在现实消费活动中，很多消费者都是根据商标来购买商品的，一旦消费者认定了某一商标，就会产生偏好而习惯性地购买。

2.保护功能

商标一旦在国家商标局注册后就受到法律的保护，任何假冒、伪造商标的行为都要受到法律的制裁。商标受法律保护的功能是非常重要的，它不仅维护了制造商与销售商的经济利益和企业形象，而且让消费者在购买和使用商品时有一种安全感和信赖感，从而可以促进商品的销售。

3.促销功能

商标作为某一产品具体质量、性能、价格和特点等的标志与保证，长期积淀之后就会成为产品的信用象征，获得消费者的认同，成为消费者选择商品的依据。特别是著名商标（名牌），由于其品牌知名度较高，企业具有完善的售后服务体系，顾客满意度较高，因而更能吸引消费者。

4.提示和强化功能

当消费者存在某种需求时，商标的提示效应可以使消费者对商品产生偏好，从而影响消费者的购买决策，最终促成购买行为，这就是商标的提示功能。消费者使用该商品后如果感觉良好，那么，这种好感觉就会加深消费者对商标的印象，使消费者在以后对这种商品的购买变成一种理性的购买或习惯性的购买；反之，一个与消费者心理不符的商标，会强化消费者对商品的摒弃心理，这就是商标的强化功能。

实例链接6-6

宝马汽车

宝马汽车的商标设计在同类商标设计中显得出类拔萃。它的圆形商标光感很强，立体感明显，层次分明，对比强烈，体现出现代高科技产品的严密性和精确性，完整、准确地传达了产品的性质和特点。B、M、W三个英文字母轮廓清晰、挺拔，很有机械制造感，加之完美的音译，使宝马商标浑身上下显示出高贵与超凡脱俗的气质。

（二）商标设计的心理策略

商标设计就是商标（文字或图案）的构思和创作，其构成是灵活多样的，既可以由词组、字母、数字、图形等材料单独构成，也可以由上述两项或几项组合而成。

1.简洁性的商标设计策略

一个人在单位时间内所能够接受的信息量是有限的，消费者在购买商品时，对商品的注意时间也很短。如果商标的设计过于复杂难懂，消费者就不易辨别和记忆，从而影响消费者对商品快速的认识。这就要求企业在进行商标设计时应做到：单纯醒目，易于理解、记忆，线条简洁，色彩明快。选用简短易懂、顺口悦耳的文字或字母，个性鲜明，让消费者在短时间内留下清晰的印象。简洁性的商标中具有代表性的如娃哈哈、可口可乐等。

2.富有感染力的商标设计策略

生动活泼的造型易于吸引消费者的视线，清新隽永的文字能激发消费者的美感，从而产生强烈的感染力，达到令人过目难忘的效果。其具体要求是：运用消费对象熟悉且喜爱的形象，进行图形设计，如"米老鼠""唐老鸭""奥特曼"等儿童用品，均采用儿童熟知的卡通形象作为商标；选用寓意美好的文字作商标，如"旺旺"食品系列、"美加净"护手霜等商标。

3. 形象一致的商标设计策略

该种策略要求商标与所代表的商品名实相符，能使消费者视标知物，或者说，商标应能使消费者联想到它所代表的商品或劳务，这样设计出的商标称为形意商标，如体现微软公司Windows操作系统的商标等。

4. 中性化的商标设计策略

中性化的商标是采用公司的字母缩写而成、抽象、带有几何图形的商标，商标上的字母或图案本身没有任何具体的意义，但经宣传后会被广大消费者接受。这种设计多用于那些科技含量高、专业程度强的电子、化工、机械、西药等行业的产品，因为这些商品的情感色彩很少，使用中性化商标比较合适，如中国石化、修正药业等商标。

实例链接6-7

"金利来"品牌的由来

香港著名实业家曾宪梓先生创造了"金利来"品牌，但它原本不叫"金利来"，而是叫"金狮"。一次，曾宪梓将"金狮"领带送人，但对方并不领情。原来，粤语中"狮"与"输"的读音相近，而在香港博彩的人很多，很忌讳"输"。经过深思熟虑，曾宪梓决定将"金狮"的英文GOLD LION改为意译与音译结合，即GOLD意为"金"，LION谐音读为"利来"，并设计出相应的商标标志，于是有了今天几乎无人不知的"金利来"。

（三）商标使用的心理策略

为了更好地利用商标，满足消费者的各种心理，在商标使用过程中可采取以下策略：

1. 按照求同心理实行统一商标的策略

统一商标策略是指对企业生产的不同产品及其品种，均使用同一商标的一种策略。例如，娃哈哈集团生产的营养液、八宝粥、果奶、纯净水等商品都统一使用"娃哈哈"商标。这一策略的优点是：能向社会公众显示企业商品的统一形象，促进产品销售；企业推出新产品时，能利用消费者"认牌购物、忠诚老品牌"的消费心理，促进购买，易于打开销售市场；可节约费用，如商标的设计费、注册费以及产品的推销费、宣传费等；各种产品可相互声援，扩大销售。

2. 按照习惯心理实行独立商标的策略

独立商标策略是指对企业生产的各种不同产品及其品种，分别使用不同商标的策略。例如，上海牙膏厂生产的各种牙膏由于产品质量和档次不同，就分别采用"白玉""美加净""黑白""玉叶""庆丰"等商标。该策略有三大优点：可以适用不同市场；满足不同消费者的偏好；争取更多的顾客。企业可依产品品质采取不同的价格、包装等，使用差异化策略促进产品销售。

3.按照求全心理实行产品线扩展的策略

产品线扩展的策略是指企业增加某一产品线的产品时仍沿用原有的商标的策略。企业生产的新产品可以是现有产品的改进，如改变产品包装、风格或者增加新性能等。不同的产品可以满足消费者的不同需求。此策略可以充分地利用企业过剩的生产能力，填补市场空隙，扩大消费群，增加企业的利润。

4.按照求变心理实行多商标的策略

多商标策略是指企业在相同产品类别中引进多个商标，建立多商标组合，以最大限度地覆盖市场的策略。随着市场的不断成熟，消费者的需求也日益细分化，企业实施多商标策略，能够满足不同目标客户群的需求，从而提高市场份额。采用此策略最典型并且最成功的企业当属宝洁公司，其同时生产经营"飘柔""海飞丝""潘婷""汰渍""舒肤佳"等产品，总体销售额多年居同类产品前三名。

5.按照求新、求异心理重新定位商标的策略

当企业的竞争商标增多而使企业的商标市场份额有所减少，或者是消费者的偏好发生转移，原有的商标定位无法给消费者带来更高层次的需求时，企业就必须开始给自己的商标重新定位，以再次赢取目标消费者的"芳心"。

同步实训6-1

商品命名、商标心理策略运用调查

【实训目标】培养学生具有分析商品命名、商标运用心理策略的能力。

【实训内容】对本地有地方特色的某一产品，就商品命名、商标方面或目前市场上新产品的命名、商标方面，运用消费心理策略进行调查。

【训练操作】

（1）学生每4人一组，选定1名负责人，明确成员的分工和具体责任。

（2）利用休息日，到市场、网上、图书馆收集相关资料。

（3）确定调查商品的品种，制定调查方案，组织实施调查。

（4）就该商品的特点、命名、目标消费者需求特点、商标设计及心理策略运用、营销业绩等问题，向商家、消费者等进行了解，并就存在的问题提出改进意见。

（5）教师选择3～5组同学的调查报告在班级交流，学生可参与讨论，并由老师现场点评。

【实训要求】

（1）每组撰写一份《关于××商品命名、商标心理策略运用情况的报告》。

（2）根据每组的调查方案、调查报告和小组成员在调查中的表现，综合评定每位同学的实训成绩。

案例导入

一个价值600万美元的玻璃瓶

说起可口可乐的玻璃瓶包装，至今仍为人们所称道。1898年，鲁特玻璃公司一位年轻的工人亚历山大·山姆森根据女友穿着的一套裙子的形象设计出一个玻璃瓶。

亚历山大·山姆森设计的这种瓶子不仅美观，还很像一位亭亭玉立的少女，而且使用非常安全，易握且不易滑落。

更令人叫绝的是，瓶子的中下部是扭纹形的，如同少女所穿的条纹裙子。此外，由于瓶子的结构是中大下小，当它盛装可口可乐时，给人的感觉是分量很多。

采用亚历山大·山姆森设计的玻璃瓶作为可口可乐的包装以后，可口可乐的销量飞速增长。在两年的时间内，销量翻了一倍。从此，采用山姆森玻璃瓶作为包装的可口可乐开始畅销美国，并迅速风靡世界。这种玻璃瓶式的包装，花费了600万美元的前期投入，为可口可乐公司带来了数亿美元的回报。

任务分析

1.任务目的

通过商品包装，体现包装功能；通过包装功能，体现商品包装的心理策略。

2.任务要求

（1）教师针对商品包装，通过实例列举、案例分析等对学生进行规范性指导。

（2）教师要求每一名学生根据任务所涉及的知识撰写一份商品包装调研报告书。商品包装调研报告书的内容包括：商品包装概述、包装功能与企业商品包装建议等。

（3）在完成书面文稿后，进行分组讨论。然后选派一名组员进行发言，各组交流后进行互评，教师对各项实施任务的建议进行点评、总结。

知识精讲

一、商品包装的心理功能

商品包装是指用于盛装、裹束、保护商品的容器或包装物。从包装物的形状看，它包括瓶、罐、盒、箱、袋、筐等；从包装物的用料看，它包括纸、木、竹、麻、草、藤、塑料、陶瓷、玻璃、金属等。商品包装的心理功能包括：

（一）识别功能

商品包装及装潢已经成为产品差异化的基础之一。一个设计精良、富于美感且独具特色的商品包装，会在众多商品中脱颖而出，以其独特的魅力吸引消费者的注意并留下深刻的印象；同时，包装上准确、详尽的文字说明，有利于消费者正确使用商品。

（二）安全功能

一个结实、实用的包装可以有效地保护商品，安全、可靠的包装有利于商品的长期储存及延长商品的使用寿命，开启方便和能重新密封的包装便于消费者使用。总之，根据实际需要，设计合理、便利的商品包装能使消费者产生安全感和便利感，方便消费者的购买、携带和储存。

（三）美化功能

商品包装本身应具有艺术性，让消费者赏心悦目，得到美的享受。好的包装会使商品锦上添花，有效推动消费者的购买；而制作粗劣、形象欠佳的包装会直接影响消费者的选择，甚至抑制他们的购买欲望。

（四）联想功能

好的商品包装能使消费者产生丰富的想象和美好的联想，从而加深对商品的好感。此外，商品包装高雅、华贵，可以大大提高商品档次，使消费者获得受尊重、自我表现等心理满足。

实例链接6-8

"青花瓷"让双沟酒大放异彩

双沟酒以"青花瓷"为瓶，以白色为底色，消费者一看就会产生古朴典雅、底蕴厚重的感觉，使消费者在耳濡目染中国优秀传统文化的同时，激发起强烈的购买欲望。

（五）体现价值的功能

商品价值的高低主要由核心商品决定，外行或尚不明了商品功效的社会大众并不知晓核心商品所具有的价值，消费者选购商品时对商品价值的感受往往是从包装开始的。包装具有重要的象征意义，豪华的包装可以体现高档商品的高贵价值。

二、商品包装设计的心理要求

商品包装要获得消费者的认同和喜爱，必须结合心理学、美学、市场营销学等基本知识，也要充分利用包装的外观形象，满足消费者对包装及其内容的心理要求。

（一）突出商品形象

要满足消费者"先入为主"的心理，商品包装必须形象突出。例如，独特奇异的包装容易与常规的包装形式形成对比和反差；开窗式包装往往能满足那些急于了解商品"真面目"的消费者的求知心理和好奇心理；系列式包装的商品陈列具有统一的格调，给人以集中、完整的印象；用鲜明、真实的实物彩色照片做包装，则形象逼真、引人入胜。

（二）使用安全便利

包装设计必须考虑为消费者携带、使用、储存等提供方便，力求科学、合理、安全、便利。例如，提包式、折叠式包装便于携带；笨重物品要在其包装上安置把手，以便于搬运；方便即食面用碗形包装，罐头使用拉环式包装，香水采用喷雾式包装，以便于使用；易燃、易挥发、易受潮的物品用密封包装；有的家用电器、药品在包装上标明保管方法、安全使用注意事项或"无毒""无副作用"字样等，使消费者产生安全感和方便感。

（三）富有美感和时代感

商品包装的形状、图案、色彩力求具有欣赏价值、艺术价值，给人一种美的享受，以满足消费者的求美心理。实践证明，富于艺术魅力的商品包装可以将潜在的消费者变为实际的消费者，甚至变为习惯性购买的消费者。在购买活动中，求新、求变、求好的心理也起着很重要的作用。体现在商品的包装上，必须充分利用现代科学技术、制作工艺、新型材料等，赋予包装以浓厚的时代特色，给消费者以新颖独特、简洁明快、时尚新潮的感受。

（四）引发美好联想

包装中式样、构图、文字、数字、线条、符号、色彩的任何一项设计，都会引起消费者的不同看法，产生不同的心理联想。因此，包装设计必须高度重视这种心理现象，全面考虑消费市场的各种因素，充分掌握消费者的兴趣爱好与忌讳，力求包装的各项内容含义积极、健康、美好，符合消费者的心理愿望。

（五）适应不同环境

商品包装的
心理策略

因为不同国家和地区的宗教信仰、风俗习惯、文化背景、地理环境都有所不同，所以在产品包装上应避免出现一些禁忌。例如，出口产品要充分考虑不同国家和地区的禁忌（比如一些数字、图案、颜色方面的禁忌），以免出现纠纷，影响商品销售的实际效果。

三、商品包装的心理策略

（一）按照消费习惯和实用需求心理设计包装

1.惯用包装。这种方法是沿用长期以来所形成的并为消费者非常熟悉的商品包装，其好处是能适应消费者的习惯或传统观念，便于识别和记忆商品。

2.分量包装。这是根据消费者购买或使用的习惯和特点，将商品按照一定分量进行的包装，其好处是能给消费者的购买和使用带来方便，也能适应消费者尝试性购买新产品的心理，有助于新产品的推广。例如，白酒大都有二两小瓶包装，洗发露大都有一次性小包装等。

3.配套包装。这是将经常同时使用的几种不同类商品拼套、合成一体的包装，便于消费者购买和使用。例如，一盒一套的化妆品、餐具、电工工具、玩具等。

4.系列包装。这是为同一企业若干用途相似、品质相近的商品，设计图案、形状、色彩相同或相近的包装。此种方法的优点是可以节约设计费用，并且可以使消费者从包装的共同性上产生联想，一看就知道是哪一家企业的产品，能缩短认识过程。这种包装在市场上十分常见。需要注意的是，此种策略只适用于企业所经营的同一档次的产品，否则可能增加低档商品的包装费用，或者对高档商品的销售产生不良后果。

（二）按照消费者的消费水平设计包装

1.等级包装。这种方法是按照商品的档次专门设计与商品身份相匹配的包装，以适用高、中、低档消费水平的需求。因为消费者一般都有用包装的价值去衡量商品价值的习惯，即希望包装的档次能与包装内商品的档次相符。例如，在同类商品中，高档次的商品，配以豪华精美的包装；低档次的商品，配以简单朴素的一般包装，以突出商品的经济和实惠。

2.特殊包装。这是一种专门为那些市场稀缺、用途特殊、价格昂贵的商品设计的具有较高欣赏价值和专门用途的包装。例如，名贵药材、文物古董、珠宝首饰、艺术珍品等的包装。这种包装的设计构思奇妙独特、用料考究名贵、制作工艺精湛，既能显示内装商品的贵重特点，又能激发消费者的珍爱情感。因此，凡是贵重商品都应配以贵重包装，以满足消费者求名、求美、求珍、求炫耀等心理需要，否则贵重商品在人们心目中的贵重感就会降低。

3.礼品包装。这是一种专门用于赠送给他人礼品而制作的装饰华丽、富有欢庆情调和美好寓意的特殊包装形式。礼品包装不仅可以增强喜庆气氛，而且能增加礼品的价值。

实例链接6-9

日常生活中的礼品包装

用于新年祝福的礼品包装，一般会印上"恭贺新禧""年年有余""吉祥如意""岁岁平安"等红字彩贴；用于祝寿的礼品包装，会印上"福""寿"等字样和青松、仙鹤等图案。

4.简便包装。这是一种成本低廉、构造简单的包装，如塑料袋、纸袋包装一般用于日用品和低值消费品，其目的是降低销售价格，以迎合普通大众的消费心理。

5.再用包装。这是指商品包装在商品使用完后，包装物可以用作其他用途，使消费者在购买商品的同时，又得到另一件用具，如月饼盒、茶叶罐等。

（三）按照消费者的性别、年龄设计包装

1.女性化包装。对于女性用品采用女性化包装，重点体现女性温柔、雅洁的形象特征，突出艺术性和流行性，可采用优美的线条、艳丽的色彩、高雅的形象，以增强商品的女性魅力。

2.男性化包装。对于男性用品采用男性化包装，重点表现男性粗犷、豪放、刚劲、稳重的形象特征，突出实用性和科学性，可采用黑色为主的色调进行包装设计。

3.少儿用品包装。少儿具有活泼好动、求知欲强的心理特点。为此，利用生动的形象、鲜艳的色彩、富有趣味性和知识性的画面设计包装，可以引起少年儿童的兴趣，激发其购买欲望。

4.青年用品包装。针对青年精力充沛、喜欢追求时髦、标新立异的特点，设计新颖、美观和具有流行性的包装，能引起他们的好感，从而促进其购买。

5.老年用品包装。根据老年人求朴实、庄重、便于携带的心理要求，设计具有实用性和传统型的商品包装，可以满足他们的需要，引起其购买和重复购买的欲望。

推荐阅读

项目小结

任何一个层次的创新、变革或改革，都可以理解为一种新产品。产品只要具有新的功能、新的结构、新的品种或增加新的服务，能为顾客带来某种新的满足和新的利益，就可以被看作一种新产品。

商品名称具有先声夺人的心理效应。一个容易记忆、寓意深刻、引发联想的商品名称能激发消费者的购买欲望。

商标是商品的标志，是商品的生产者或经营者为了区别于其他同类竞争的产品而采取的一种标记。商标一般由文字、图形、符号、字母、颜色、线条、数字等组成。商标经过注册登记后，具有专利并受法律的保护。

商品包装的设计应以消费者的各种心理需求为依据，通过设计使商品包装激发消费者积极的心理效应，以刺激其购买欲望。常用的包装设计心理策略主要有以下三种：按照消费习惯和实用需求心理设计包装；按照消费者的消费水平设计包装；按照消费者的性别、年龄设计包装。

本项目讨论题

以"水晶之恋"之名，通过包装设计"俘获"消费者

我国最早出现果冻生产厂家是在1985年，而广东喜之郎集团有限公司（以下简称"喜之郎公司"）直到1993年才开始进入果冻生产行业。然而1999年央视调查咨询中心"全国城市消费者调查"的结果显示，喜之郎公司占领了当时我国果冻市场83%的市场份额。是什么让喜之郎公司在短短的6年时间内就迅速成长为国内果冻企业的龙头企业呢？除了产品本身的质量以外，创意包装和独特的营销战略使得喜之郎公司的市场占有率年年提升。

1996年，喜之郎公司在市场上就已经小有名气了，但是市场份额仍然有限。1997年，喜之郎公司为了扩大自身的发展，委托广东平成广告公司对自己的产品进行重新定位和包装。

1998年，喜之郎公司的新产品"水晶之恋"系列正式上市，同年，好莱坞大片《泰坦尼克号》隆重上映，片中男女主人公至死不渝的爱情让"水晶之恋"系列产品迅速得到了市场的认可。在消费定位上，"水晶之恋"系列产品缩小目标市场，聚焦于年轻情侣，但是果冻与"水晶之恋"原本是两个意义完全不同的符号，为了建立消费者的认知，喜之郎公司为"水晶之恋"创造性地设计了"爱的造型"与"爱的语言"，将果冻的造型由传统的小碗样式改造为心形。封盖上两个漫画人物相拥而望，更为这种心形果冻平添了几分魅力，迅速得到了市场的认可。"水晶之恋"的推出，使喜之郎公司在

短短的一年时间内从一个地方性品牌一下子跃升为行业第二大品牌。

除了"水晶之恋"系列产品外，喜之郎公司还突破传统的行业做法，逆向定位，扩大产品消费群体，将果冻原有的儿童食品的定位转换成大众休闲食品，迅速地扩大了消费群体。

资料来源：佚名. 十大经典创意包装营销案例（节选）[EB/OL].［2007-09-27］. http：//www.gjart.cn.

讨论题：结合商品与消费心理的相关内容，分析喜之郎公司是如何通过新产品以及商品命名等举措迅速占领市场、提高市场占有率的。

思考与练习

1.选择题

（1）单选题

①美国可口可乐公司生产的饮料使用"可口可乐""雪碧""芬达"等不同的名称，实行的是（　　）策略。

A.销售商标　　　　　B.个别商标　　　　　C.统一商标　　　　　D.中间商商标

②消费者接受新产品的心理过程，一般分为五个阶段，即（　　）。

A.知晓→评价→决策→购买→反馈　　　　B.知晓→兴趣→评价→购买→反馈

C.知晓→兴趣→评价→试用→采用　　　　D.知晓→评价→兴趣→试用→采用

③"人参蜂王浆"是根据商品的（　　）来命名的。

A.主要功能　　　　B.主要用途　　　　C.主要成分　　　　D.主要效用

④通过消费者能够理解、便于记忆的语言文字，概括反映商品的性质、形状、用途等特点，叫作（　　）。

A.商品介绍　　　　B.商品包装　　　　C.商品命名　　　　D.商品商标

（2）多选题

①新产品开发的心理要求包括（　　）。

A.适应消费变化　　B.改变消费心理　　C.适应个性特征　　D.讲究科学、合理

②新产品能否打开市场，关键是要注意（　　）的心理特征，做好他们的工作。

A.消费先驱　　　　B.早期采用者　　　　C.中期采用者　　　　D.晚期采用者

③商标的心理功能主要表现为（　　）。

A.识别功能　　　　B.保护功能　　　　C.安全功能　　　　D.促销功能

④下列商品中，符合商标设计心理要求的有（　　）。

A.钻石牌饼干　　　B.力士牌球鞋　　　C.火焰山牌毛毯　　　D.海燕牌金笔

⑤按照消费水平设计的商品包装，主要有（　　）。

A.等级包装　　　　B.简易包装　　　　C.复用包装　　　　D.多种包装

2.简答题

（1）简述影响新产品购买的心理因素有哪些。

（2）简述商品包装的心理要求和心理策略。

（3）简述商品命名的心理策略。

3.实务训练题

（1）利用假期，到计算机售卖商场进行调查，观察顾客选购计算机的情况，统计各种品牌计算机的日销售量，对销售前3名的计算机，从品牌名称、外形、基本功能、定价等方面进行比较，了解这些品牌计算机吸引顾客的主要原因、顾客对所购品牌的意向和心理价位并对销量不佳的品牌提出改进建议。

（2）把班级学生分成若干个小组。以中职生的某一生活必需品为对象，通过"头脑风暴法"予以创新设计，包括功能、结构、外观、材料、品牌命名等。根据小组形成的新产品设计资料，从可行性、创新性及市场投资回报率等几个维度进行计分评价。

【业务操作训练】

训练目的：通过实训，了解商品名称对消费者心理的影响，熟悉商品命名的心理策略，培养针对消费者心理为商品命名的基本技能。

训练内容：选择两个不同名称的商品（一个命名成功、一个命名失败），分析商品命名对消费者心理和购买行为的影响。

训练操作：

（1）首先了解商品命名的心理效应，熟悉商品命名的心理策略。

（2）教师将学生分组，4人一组，以小组为单位，走访附近的商场或超市，每个小组各搜集一个关于商品命名成功和失败的例子，并进行分析。

（3）将调查了解的有关内容填入表6-1相应的空格内，形成"商品命名分析表"。

表6-1　　　　　　　　　　　　　　商品命名分析表

项目	商品名称	原因分析（心理效应）	心理策略分析
命名成功			
命名失败			

（4）选择3~5组同学在班级里交流，小组派代表发言，在课堂上交流讨论，教师进行点评。

成果要求：根据实地调查，形成《××商品命名分析评价》，重点从消费者心理方面进行分析，说明命名成功和失败的原因，都运用了哪些心理策略。

【成果评价】见表6-2。

表6-2　　　　　　　　　　　　　　商品命名分析评价

项目	评价标准	得分
调查准备	资料查找、浏览网络、制订调研方案、人员分工，每项5分，共计20分	
商品命名成功	商品选择、原因分析说明、心理策略分析，每项10分，共计30分	
商品命名失败	商品选择、原因分析说明、心理策略分析，每项10分，共计30分	
完成实训任务表现	在与人交流、与人合作、解决问题、创新思维方面表现佳，每项5分，共计20分	

总成绩（分）	
教师评语	
	签名： 年 月 日
学生意见	
	签名： 年 月 日

思政小结

项目六思政小结

项目七　商品价格与消费心理

知识目标

1. 了解商品价格衡量商品价值的功能。

2. 掌握商品价格的自我意识比拟功能。

3. 掌握商品价格调节消费需求的功能，理解需求价格弹性对商品价格的影响。

4. 了解消费者价格心理的特征、消费者判断价格的途径及影响因素。

5. 掌握价格变动与消费者的心理行为反应之间的内在联系，理解消费者心理价格阈限。

6. 掌握商品定价的心理策略，理解商品调价的心理策略。

能力目标

能够利用消费者对产品价格的认知心理确定一般产品的销售价格，能对一些商品调价提出自己的意见和建议，并能运用相关价格心理策略促进商品销售。

素养目标

通过本项目的学习，学生能够了解消费者的价格心理特征，掌握商品定价和调价的心理策略，培育学生应以消费者为中心的公共参与素养，学会竞争与合作，增强了公德意识和依法守法意识，提高适应社会、应对挫折的能力。

现实生活中，每一位消费者的购买行为都可以说是诸多因素共同作用的结果，而在这些诸多因素中，被选择商品的质量与价格因素均可视为至关重要的因素。在购买过程中消费者是如何看待商品价格的？商品价格又从哪些方面影响消费者的购买心理及其行为？企业在决定商品价格时应考虑哪些心理因素？采用什么定价方法最能迎合消费者的一般购买行为？价格的波动会对消费者行为有什么影响？消费者对灵活的市场价格会有哪些规律性的心理与行为反映呢？这些都是本项目需要阐述的内容。

📖 **案例导入**

打折出奇招，顾客怎么选？

日本东京有座银座绅士西装店，这里就是首创"打一折"销售的商店。它曾经轰动了整个东京，当时销售的商品是"日本GOOD"。具体打折的情况见表7-1：

表7-1　　　　　　　　　　　　　打折的情况

第1天	九　折
第2天	八　折
第3、4天	七　折
第5、6天	六　折
第7、8天	五　折
第9、10天	四　折
第11、12天	三　折
第13、14天	二　折
第15、16天	一　折

案例分析：本案例打折销售的方式很有新意，商家利用消费者追求实惠的心理，用逐级提高折扣的方法来刺激消费者尽快购买。折让定价是一种竞争力较强、弹性较大、买卖双方都愿意接受的价格策略。企业必须根据竞争状况、消费者心理以及企业的经济利益，合理确定折让的幅度，把握好折让的时机。

👤 **任务分析**

1.任务目的

了解商品价格衡量商品价值和商品品质的功能；掌握商品价格的自我意识比拟功能及相关内容；通过消费需求的变化，理解商品价格调节消费需求的功能。

2.任务要求

（1）教师针对商品价值、商品价格等概念，对学生进行规范性指导。

（2）教师要求每一名学生根据任务所涉及的知识，设计一份消费者汽车消费心理调查表。消费者汽车消费心理调查表主要采用单选、多选题形式，内容包括：商品品名、设计特性、主要功能、心理价位等。

（3）在完成书面调查表后，进行分组讨论。然后选派一名组员进行发言，提出引导消费者汽车消费的相关建议。各组交流后进行互评，教师对各项实施任务的建议进行点评、总结。

知识精讲

一、商品价格衡量商品价值的功能

（一）商品价格往往成为衡量商品价值的工具

价格是消费者衡量商品价值和品质的直接标准。在消费者对商品品质、性能知之甚少的情况下，其主要通过价格来判断商品品质。许多人认为价格高表示商品品质好，价格低表明商品品质差，这种心理认识与成本定价方法以及价格构成理论一致。所以，便宜的价格不一定能促进消费者购买，相反可能会使人们产生对商品品质、性能的怀疑。适中的价格则可以使消费者对商品品质、性能有"放心感"。

实例链接7-1

手机价格与质量间的关系

针对手机销售量、价格和质量关系的一项研究发现，很多消费者认为高价手机有着更好的质量。只有当消费者能够通过使用多部不同品牌手机后对手机的质量进行判断时，他们才会较少依赖价格作为衡量质量的尺度。当消费者由于信息不对称或者因缺乏相关技术而无法判断质量时，价格就成为一种很重要甚至最重要的判断因素。

（二）影响消费者对商品价格产生心理反应的主要因素

影响消费者对市场价格产生心理反应的因素有很多，其中主要有五个方面的因素：个人因素、专家因素、购物环境因素、商品本身因素、社会文化因素。

1.个人因素。个人因素是影响消费者的最直接、最重要的因素。个人因素包括：消费者个人的消费经验、消费者家庭以及消费者的个性、爱好和兴趣等三个方面。

消费者个人的消费经验往往是自身感官的接受，形成对某种商品某个价位的知觉与判断。消费者多次购买某种价格高的商品回去使用后发现很好，就会不断强化其"价高质高"的判断和认识；当多次购买某种价格低的商品，发现不如意时，这同样会增强其"便宜没好货"的感知。

2.专家因素。专家因素包括两个方面：一是指专职对商品价格进行监测评价的政府官员、经济学家等对商品价格水平及其变化的职业性的感受和判断，具有理性和准确性的特点。由于专家具有权威性和参照性，对消费者面对商品价格的判断和感受影响也比较深远。二是指消费指导者，消费者在日常生活中总要接受周围一些对商品有经验的人的建议、意见和指导，并受到他们的影响。

3.购物环境因素。购物环境因素包括销售现场周围的环境、销售现场的环境。装修豪华的商店可能使工薪阶层望而却步，因为消费者认为豪华商场出售的商品价格昂贵。有实验者曾经做过这样一个对比实验：把某大商场一件价值2 600元的名牌西服和地摊上一件价值500元的西服去掉标签互换，结果到地摊上卖的名牌西服没有卖出去，而地摊上的西服在大商场却以1 600元的价格卖掉了。

4.商品本身因素。商品本身因素指的是商品本身的外观、重量、包装、使用特点、使用说明等对消费者看待价格产生的影响。

5.社会文化因素。社会文化因素指的是社会群体对商品价格水平及其变化的总体感受和判断。这种感受和判断可以说明商品价格的大体范围以及商品价格所属的群体特征。购买经济适用房的消费者的群体特征与购买豪宅的消费者的群体特征就非常鲜明，他们对房产价格的判断也有比较大的差距。

实例链接7-2

柯达胶片在日本市场的高价策略

柯达公司生产的彩色胶片在20世纪70年代初突然宣布降价，立刻吸引了众多的消费者，挤垮了很多国家的同行企业。柯达公司一度垄断了彩色胶片国际市场占有率的90%。到了20世纪80年代中期，日本胶片市场被富士所垄断，富士胶片压倒了柯达胶片。对此，柯达公司细心研究后发现，日本人对商品普遍存在重质而不重价的倾向，于是制定高价策略与富士竞争。他们在日本设立了贸易合资企业，专门以高出富士1/2的价格推销柯达胶片。经过5年的竞争，柯达终于被日本人所接受，走进了日本市场，并成为与富士平起平坐的企业，销售额也直线上升。

二、商品价格的自我意识比拟功能

心理学认为，自我意识是意识的形式之一，是个人对自己心理、行为和身体特征的了解、认识，它体现着认识自己和对待自己的统一。商品价格的自我意识比拟是商品人格化的心理意识，即借助于商品价格来反映消费者自我意识的一种心态。

商品价格本来是商品价值的货币表现，其作用是有利于商品交换。但从价格心理的角度看，它还有另外一种作用，就是购买者把商品价格作为自我意识比拟的心理作用。也就是说，商品价格不仅具有劳动价值的意义，也有社会心理价值的意义。原因在于购买者通过联想与想象，把商品价格与个人的愿望、情感、个性心理特征结合起来，通过这种比拟来满足心理上的要求或欲望。

（一）社会地位比拟

一些人往往把某些高档商品同一定的社会地位、经济收入、文化修养等联系在一起，认为购买高价格的商品，可以显示自己优越的社会地位、丰厚的经济收入和高雅的文化修养，可以博得别人的尊敬，并以此为满足；相反，使用价格便宜的商品，则感到与自己的身份、地位不符。

（二）文化修养比拟

有些消费者尽管对书法和书画没有什么研究，但仍愿意花一大笔钱去购买一些名人字画挂在家中，以拥有这些名人字画为自豪和满足，并希望通过拥有这些字画来显示自己对文化的重视；也有一些消费者虽然并不经常阅读，但却喜欢大量购买图书，摆在家中。这些都是文化修养上的比拟。

（三）生活情操比拟

有些消费者以具有高雅的生活情趣为荣，即使不会弹钢琴，也要在起居室里摆放一架钢琴；即使不会欣赏，也会经常听音乐会、歌剧等，以获得心理上的满足；也有些消费者对古董文物并不精通，却心甘情愿地付出巨资去收藏一些古董作为家中摆设，以拥有这些稀奇的古物来获得巨大的心理满足，希望通过昂贵的古董来显示自己崇尚古人的风雅。这些都是生活情操的比拟。

（四）经济收入比拟

有人收入颇丰，追求时尚的欲望强烈，是社会时尚消费的倡导者，如高收入阶层往往是高档名牌服装的忠实购买者，经常出入高档酒店、咖啡馆、茶馆，热衷于国外旅游，他们往往以率先拥有高价的私人轿车、高档的商品、住房等为消费追求的目标，对低价商品不屑一顾，把商品价格与自身的经济地位联系在一起。也有些消费者在购买活动中总是喜欢选购廉价商品或降价商品，认为价格昂贵的商品只有那些有钱人才买得起。这些也是消费者将自己的经济收入与商品价格联系起来的具体表现。

想一想

英雄牌水珠笔的定价策略

1995年，国内文具用品市场日趋萧条，某厂成功地研制并生产出新产品水珠笔。当时成本为0.2元/支。专家们认为，这种产品在国内市场上是第一次出现，奇货可居，尚无竞争者，最好采用新产品的"撇脂定价策略"，利用消费者的求新、求好心理以及要求产品新颖、奇特、高贵的特点，用高价格来刺激顾客购买。于是，该厂以11元/支的价格卖给零售商，零售商又以20元/支的价格卖给消费者。尽管价格如此昂贵，"水珠笔"却在一时间风靡全国，在市场上十分畅销。

三、商品价格调节消费需求的功能

（一）价格变化与消费需求间的一般规律和例外情况

商品价格的高低对消费需求有调节作用。一般来说，在同等条件下，当商品价格上涨时，消费需求量将减少；当商品价格下跌时，消费需求量将增加。但在市场经济发展中，商品价格对需求的影响还受消费者心理因素的制约。

如当一种产品的价格下降时，人们不一定增加购买而是产生疑虑心理，担心商品的质量，或怀有期望的心理，等待继续降价等，所以会出现商品降价反而抑制购买行为的现象。当价格上涨时，人们不一定减少购买，有时会产生紧张心理，担心价格继续上涨，所以会在储备动机的支配下大量或重复购买，以致出现商品涨价反而刺激购买行为的现象。当然这种调节功能还取决于商品的种类和消费者对此商品的需求程度。可见，一种商品的市场价格变动后，可对消费需求产生多种不同的影响，其中消费者的心理因素起着非常重要的作用。

（二）价格对需求的影响和调节能力的大小受商品需求弹性的制约

1.需求价格弹性

价格直接影响消费者的需要量。一般来说，价格的上升会引起需要量的下降，抑制消费；价格的下降会增加需要量，刺激消费。但有时情况却相反，各种商品价格普遍上升时，会使消费者预期未来价格将继续上升，增加即期需要量；反之，则预期未来价格将继续下降，减少即期需要量，产生"买涨不买落"心理。出现这种情况的原因是消费者的生活经验、经济条件、知觉程度、心理特征等有着不同程度的差异，他们对价格的认识及心理反应千差万别。

2.需求价格弹性的基本类型

当需求量变动百分数大于价格变动百分数，需求弹性系数大于1时，叫作需求富有弹性或高弹性；当需求量变动百分数等于价格变动百分数，需求弹性系数等于1时，叫作需求单一弹性；当需求量变动百分数小于价格变动百分数，需求弹性系数小于1时，叫作需求缺乏弹性或低弹性。

3.需求价格弹性大小的影响因素

（1）替代品的数量和相近程度。一种商品若有许多相近的替代品，那么这种商品的需求价格弹性就大。因为一旦这种商品价格上涨，甚至是微小的上涨，消费者就往往会舍弃这种商品，而去选购它的替代品，从而引起需求量的变化。

（2）商品的重要性。一种商品如果是人们生活基本必需品，即使价格上涨，人们还得照样买，其需求价格弹性就小或缺乏弹性；而一些非必需的高档商品，像贵重首饰、高档服装等，只有当消费者购买力提高之后才买得起，其需求价格弹性就大。

（3）商品用途的多少。一般来说，一种商品的品种越多，它的需求价格弹性就越大，反之就缺乏弹性。任何商品的不同用途都有一定的排列顺序。如果一种商品价格上升，消费者会缩减其他品种的需求，把购买力用于具有重要用途的品种上。

（4）时间的长短。时间越短，商品的需求价格弹性就越小；时间越长，商品的需求价格弹性就越大。这是因为在较长的时间内，消费者有可能找到更多的替代品，替代品多了，它的需求价格弹性就必然加大。

（三）心理价格变化及影响因素

1.产品质量。一般来说，质量越高的商品，消费者的心理价格也越高，质量与其对消费者心理价格影响的强弱成正比。另一个因素是商品使用时间的长短，产品无故障使用时间越长，消费者心理价格就越高；如果产品的使用寿命很短，消费者的心理价格就很低，质量问题哪怕很小，也会大大降低消费者心理价格。因此企业要提高产品质量，从根本上提高消费者心理价格，在消费者中建立起高度的质量信任感，在这种情况下，企业即使提高商品价格，消费者往往也能欣然接受。

2.企业声望。企业声望对消费者心理价格有着很重要的影响。一家知名度高、深受消费者信任和喜爱的企业，它的产品往往具有很高的消费者心理价格。这种较高的消费者心理价格在企业调整价格时是相当有利的，提价时消费者会认为优质高价、物有所值；降价时消费者会认为企业在让利于民、薄利多销等。为了提高企业声望，一些拥有名牌产品的企业可将自己的品牌和厂名相联系，这样一旦产品品牌响了，企业也出名了。

3.销售服务。企业向消费者提供的服务是多方面、多阶段的，不仅售后服务对消费者心理价格有着重要的影响，而且售前和售中服务也有很大的影响。企业在商品畅销时，不能放松自己的售后服务，更不能不兑现自己许诺的服务；否则就是在败坏自己的声望，降低消费者心理价格。

任务二　消费者的价格心理

案例导入

黄山景区的差异化定价

黄山是世界著名的旅游胜地，有着"五岳归来不看山，黄山归来不看岳"的美名。2018年11月20日—12月31日及2019年度黄山景区门票、索道票价格政策如下：

一、执行时间

（一）冬游：2018年11月20日—2019年1月20日。

（二）平旺季：自2019年1月21日起执行。

二、门票价格

（一）冬游：全票150元/张，半票75元/张。

（二）平旺季：全票190元/张，半票95元/张。

三、索道票价格

（一）冬游：云谷、太平索道票，单程65元/张；玉屏索道票单程75元/张；西海大峡谷观光缆车票单程80元/张。

（二）平旺季：云谷、太平索道票，单程80元/张；玉屏索道票单程90元/张；西海大峡谷观光缆车票单程100元/张。

资料来源：根据凤凰网官网相关内容整理得来。

案例分析：旅游产品由于淡旺季品质没有明显的差异，企业为了使自己一年中能保持经营基本稳定，会推出淡旺季不同价格，以吸引那些求实惠心理的顾客。在淡季出游，既满足了游客求实惠的心理，又使企业经营能力保持基本正常。

任务分析

1. 任务目的

通过分析消费者价格心理的特征，理解企业应如何正确地为产品定价；通过价格变动，剖析消费者的心理行为反应，领会消费者对价格调整的不同理解，掌握特殊的价格变动方式——折扣价格的种类及适用条件。

2. 任务要求

（1）教师针对消费者价格心理的特征、价格变动情况下消费者心理行为及反应等内容，对学生进行规范性指导。

（2）教师要求每一名学生根据任务所涉及的知识，设计一份家电价格消费者心理调查表。家电价格消费者心理调查表主要采用单选、多选题形式，内容包括：商品品名、设计特性、主要功能、心理价位等。

（3）在完成书面调查表后，进行分组讨论。然后选派一名组员进行发言，提出引导消费者家电消费的相关建议。各组交流后进行互评，教师对各项实施任务的建议进行点评、总结。

知识精讲

一、消费者价格心理的特征

（一）消费者价格心理

消费者价格心理是指消费者对商品价格的心理反应。它是影响消费者购买行为的重要因素。消费者价格心理的特征一般包括以下几个方面：

1.习惯性心理

习惯性心理是指消费者根据以往的购买经验和对某些商品价格的反复感知，来决定是否购买的一种心理定势。有些商品价格在长期的营销活动中，逐步形成某种程度的固定性，消费者对此也形成一种购买习惯，在价格上形成买卖双方都能接受的习惯价格。消费者在已经形成的习惯价格的基础上，一般情况下对商品的价格都会有一个上限与下限的概念。一旦某种商品的价格超过了消费者心目中的价格上限，则会被认为其太贵；如果价格低于消费者心目中的下限，消费者则会对商品的质量产生怀疑。

习惯价格不仅为营销活动带来了方便，同时在价格心理上还起着稳定性和合理性的作用。对形成习惯价格的商品，消费者往往十分敏感。他们用"习惯"的标准，评价、比较和决定购买。违背习惯的标准会使他们产生疑虑，在心理上难以接受或导致行为变动。如果同一商品在市场上有多种价格，消费者便会对习惯价格产生信任和认同，而对其他价格产生怀疑和拒绝。因此，在调整价格特别是提高价格时，一定要采取慎重态度，多作宣传解释，使消费者心理上趋于平衡。

2.敏感性心理

敏感性心理是指消费者对商品价格变动的灵敏程度。首先，消费者对价格的敏感性因商品而异。越是与日常生活密切相关、购买频率高的商品，消费者对其价格敏感性越高，反应越强烈；相反，非生活必需品、购买频率低的商品，消费者对其价格敏感性就低，反应相对迟缓。例如，便宜的蔬菜可使消费者加倍购买，而降价的杂牌电视机却引不起消费者强烈的购买兴趣。

其次，消费者对价格的敏感性因人而异。例如，学生每天在餐厅就餐，即使饭菜的价格只变动了0.5元，他们也会议论纷纷，而市场上空调价格就是上涨了500元，他们也不会太在意。

最后，消费者对价格的敏感性因不同时段也会不同。一般来说，商品价格轮番上涨之初，必定会使消费者反应强烈，并产生心理抵抗。但久而久之，消费者的心理承受能力可能逐渐增强，慢慢适应价格的上涨而变得有些麻木起来。这时，消费者反而会对价格的下降较为敏感。

消费者为何难以接受大蒜新价格？

2019年春节前后，大蒜价格如预期般出现了上涨，但是上涨幅度却出乎很多人的预料。据了解，仅仅1月中旬，大蒜之乡——山东省济南市金乡县大蒜的上涨幅度每斤就超过了0.5元，好的大蒜每斤上涨超过0.8元，邳州大蒜每斤上涨0.5～0.7元，最好的大蒜可以卖到3.7元/斤，这大大地增强了囤积大蒜的商人的信心。有的大蒜商人甚至预言2019年将会再次出现"蒜你狠"。有人觉得这种想法过于乐观，但是那时候大蒜行情好是大蒜商人的共识。

许多消费者纷纷表示：大蒜吃不起了，要少吃大蒜了。

资料来源：根据百度官网相关内容整理得来。

3.感受性心理

感受性心理是指消费者对商品价格及其变动的感知强弱程度。它表现为对于通过某种形式的比较所出现的差距，消费者对其形成刺激的一种感知。

商品价格的高与低、昂贵与便宜都是相对的。消费者个体对商品价值的感知受多种因素的影响，诸如商品本身的外观、质感、重量、大小、包装，商品对于消费者的使用价值和社会价值，商品在出售中的环境气氛、展示方法、商标或卖主声誉、服务方式等都会作用于消费者的心理，使他们对商品价格产生不同的感知。

4.倾向性心理

倾向性心理是指消费者在购买过程中对商品价格进行选择时表露出的取舍态度。不同类型的消费者对商品的档次、质量、品牌要求不一，因而对一种商品的价格往往也具有明显的倾向性，表现为以某一价格作为是否购买或事先确定可接受的价格标准。这一特征与消费者的经济地位、购买经验和生活方式有关系。在我国目前的经济条件下，多数消费者由于受到收入水平和支付能力的限制，比较倾向于选择中档的消费品。

5.逆反心理

正常情况下，消费者总是希望买到价廉物美的商品，对于相同价值的商品总是希望其价格越低越好。但在某些特定情况下，商品的畅销与其价格会呈反向变动，即并非价格越低越畅销，会出现"买涨不买跌"的情况，这由消费者对价格的逆反心理所致。

（二）消费者的价格判断

1.消费者判断价格的途径

（1）与市场上同类商品的价格进行比较。这是最简单、最明了并且被普遍使用的一种判断商品价格高低的方法。消费者眼见为实，直接权衡价格高低，立即就能决定购买或者放弃购买。

（2）与同一卖场中的不同商品价格进行比较。如一部1 200元的智能手机，把它摆放在多数是2 000元以上商品的精品电器柜台和摆放在多数是500元以下商品的小家电柜台，消费者的价格感受和判断是不一样的。多数消费者会认为精品电器柜台标价1 200元的智能手机便宜，而小家电柜台标价1 200元的智能手机昂贵。

（3）通过商品的外观、品牌、产地、包装、使用特点、使用说明进行比较。价格判断也来自对商品特性的比较。例如，商品外观是否新潮，品牌知名度如何，产自何地，商品包装是否精良，商品是否易于使用，各种附件说明是否完备，这些都会使消费者产生不同的价格判断。

（4）通过消费者自身的感受体验来判断。消费者在服务类产品上多采用这种判断方法，服务是无形的，所以消费者无法通过观察服务本身来判断它的价格，而只能通过接受服务过程中自身的心理体验来衡量它的价格。当然，这种体验还来自服务设施、服务设备、服务人员、场所布局等一切可传达服务特色及优点的有形展示。

2.影响价格判断的因素

（1）消费者的经济收入。这是影响消费者判断价格的主要因素，比如，同样一条价值300元的"鳄鱼"牌皮带，月薪8 000元的消费者和月薪2 000元的消费者对价格的感受和判断可能完全不同。就消费者谨慎消费的心理而言，前者会认为价格并不高，而后者的感觉恰恰相反。

（2）消费者的价格心理。习惯心理、敏感心理、倾向心理、感受心理都会影响消费者在购买商品时的价格判断。例如，电价由原来的0.52元/度上升到0.55元/度，虽然只是上涨了3分钱，但是消费者会认为太贵了，因为它高于消费者的习惯价格，并在短期内会使消费者产生抵触心理。

（3）生产和出售地点。同类商品的生产工艺可能完全相同，但由于产地不同，消费者对价格的判断也不尽相同，这其中存在"原产地效应"。消费者一般认为原产地生产的优质商品所定的高价是合理的，其他产地的商品若是也定高价，消费者则觉得难以接受。

知识拓展

五常大米的价格为何高？

五常大米，是黑龙江省一个省辖县级市的特产。五常大米受产区独特的地理、气候等因素的影响，干物质积累多，直链淀粉含量适中，支链淀粉含量较高。由于水稻成熟期产区昼夜温差大，大米中可速溶的双链糖积累较多，对人体健康非常有益。五常大米颗粒饱满，质地坚硬，色泽清白、透明；饭粒油亮，香味浓郁。

五常大米是集"中国地理标志保护产品""原产地证明商标""中国名牌产品""中国名牌农产品""中国驰名商标"五项桂冠于一身的大米，全国仅五常一家。五常大米素有"千年水稻，百年贡米"之誉。

在各地粮油市场，五常大米的价格远远高于其他产地的大米，还常常有价无市，难觅正宗的五常大米。

另外，同样的商品以同样的价格分别在精品店和超市出售，消费者往往感觉后者定价过高。在消费者看来，超市商品的价格应该较为低廉，而对精品店的价格接受度较高。

（4）商品的类别。同一种商品因不同的用途，可划入不同的商品类别。消费者对不同类别商品的评价标准不同，因而对商品价格的感受也不一样。

实例链接7-3

手提袋

一款手提袋，既可用来装东西，也可用作装饰品。拥有前一种用途的手提袋属于生活日用品；后一种属于时尚装饰用品，起着身份识别、提高身价的作用。那么，1 000元的手提袋，对前者来说太贵；对后者来说，则可接受。

（5）消费者对商品需求的紧迫程度。当消费者急需某种商品而又无替代品时，价格即使高些，消费者的感受和判断也会趋于可接受。例如，柯达冲印店的快速冲印，消费者若要在半小时内取到冲印的照片，要收加急费，价格一般比正常冲印贵出20%以上。但是即便如此，对那些急等照片用的消费者来说，仍然可以接受。

（6）购买的时间。在一些特定时间内购买某些商品，价格可能高，也可能低。对于季节性商品，消费者往往会认为打折是应该的，如夏天的服装在秋天购买，只有低价才可接受。而另一种情况是，对于具有节日意义的情感性、象征性商品，即使要承受比平时高许多的价格，消费者也能接受。

实例链接7-4

同样的出租车服务，不同的价格

每日凌晨一两点钟，从机场到市区的出租车服务的价格高达几百元钱，还难以找到服务车辆。而在白天工作时段，人们只需花费正常价格，即可轻松享受同等服务。司机和乘客都能接受凌晨时段供小于求的市场供求规律。

（三）消费者的价格心理表现

商品销售过程中的价格是消费者为购买该商品必须付出的客观的货币数量。而在购买过程中，消费者对商品的客观价格会在头脑中做出相应的评价，如消费者会认为这一价格偏高或价格适中、价格偏低，不管消费者是否购买，这种客观的价格在头脑中的反映是一直存在的。人们把消费者头脑中所反映的价格叫作主观价格，这一主观价格是商品形象的组成部分。

消费者购买商品时对价格高低及其变化所产生的心理感受的表现异常复杂，常见的有以下几种：

1.价格定型心理

价格定型心理也称为价格习惯心理，人们根据自身的消费经验或受相关群体的影响，往往对某些经常性消费的商品价格具有共同的、定型或习惯的价格标准。

2.价格预期心理

价格预期心理，即消费者根据当前价格变动情况对未来价格变动做出预测并决定当前购买行为的心理。

3.疑虑心理

一般来说，消费者总是希望自己选购的商品物美价廉，因此，倘若折价处理商品质量没有大问题，不影响使用效果，消费者仍是很愿意购买的。但是，由于并不是所有商品的内在质量都可以从外观上加以判断，所以若商品的折价率过低，会使消费者产生疑虑，而且疑虑随着降价幅度的增强而加深。

4.对轮番涨价的恐慌心理

当市场物价普遍稳定，只有个别或少数价格变动时，大多数消费者不以为然。但当价格轮番上涨时，消费者会普遍产生恐慌心理，害怕物价进一步上涨而抢购商品，结果加剧物价的上涨，形成涨价→抢购→涨价的恶性循环。

5.高价炫耀心理

一部分具有高收入水平的消费者希望购买豪华、珍稀、高贵的商品，而不计较价格高低，以炫耀其富有的身份。

6.非整数的印象心理

企业定价常采用非整数定价法，也就是说，以一个有零头数结尾的非整数为商品定价，这往往会给消费者一种商品较为便宜的印象。

7.价格攀比心理

大多数青年购买商品时有攀比心理，而较少考虑价格水平是否与自身收入水平相适应。

8.价格风险心理

人们在购买价格昂贵而不熟悉的商品时，往往会感到心中无底，担心上当，因而特别谨慎。

9.敏感心理

因为价格、使用周期等原因，消费者对有着不同使用价值的商品的价格变动所产生的心理反应程度也不相同。对于购买频繁、使用周期短、单价较低的商品的价格变动，人们的敏感度往往较高；而对于单价较高、购买次数少或者是一次性购买的商品的价格变动，人们的敏感度往往较低。

商品调价的心理策略

实例链接7-5

一角钱与一百元钱的不同遭遇

同一个消费者，他可以由于一斤大米便宜了几分钱就大量购买，也会因为青菜贵了几角钱而感到愤愤不平，但当他为一台已经涨价的彩电多付出几百元时却满不在乎。因为他购买大米、青菜的次数多，所以对价格十分敏感，而彩电是耐用消费品，一般5～10年才更新一次，所以他对价格反而不那么敏感了。

10.价格分档心理

消费者对新产品或者对自己接触的商品无法判断其质量的好坏时，往往以价格高低作为判断标准，俗称"一分钱一分货"。

由于消费者价格心理表现异常复杂，因而影响消费者价格心理的因素也非常复杂，通常包括消费者的收入水平、社会身份、性别、年龄、民族、职业、文化程度、对经济形势的认识、社会风尚、宣传和舆论等。

二、价格变动与消费者的心理行为反应

在营销实践中，商品价格的变动与调整是经常发生的。调价的原因除了生产经营者的自身条件发生了变化以外，还包括市场供求状况、商品价值的变动、市场货币价值与货币流通量的变动、国际市场价格的波动、消费趋向变化等多方面因素。企业在调整商品价格时，既要考虑这些因素的影响，又要考虑消费者对商品价格变动的心理要求。

（一）消费者心理价格阈限

1.绝对价格阈限：是指消费者心理上所能接受的价格界限，即所谓的绝对价格阈限。绝对价格阈限可分为上绝对阈限和下绝对阈限。上绝对阈限是指可被消费者接受的商品的最高价格，下绝对阈限是指可被消费者接受的商品的最低价格。

从绝对价格阈限的角度出发，产品价格变动时，不能超过消费者的绝对价格阈限；否则，消费者会因为价格太高而难以接受，或者会因为价格太低产生怀疑而拒绝购买。

2.差别阈限：是指刚能引起差别感觉的两个同类刺激物之间的最小差别量。商品价格是很敏感的话题，顾客都有一种心理：用更少的钱买到同样的商品。因此，由于成本上涨，企业不得不提高商品价格时，每次提价的幅度应尽量不超过价格的差别阈限，以免对市场销量带来负面影响。价格的差别阈限还与商品总价有关，价格越高，差别阈限也越高，此时提价的幅度应控制在低于差别阈限的范围内，而降价幅度应达到或超过差别阈限，以使消费者可以感觉到前后的变化。由此不难发现：企业制定产品价格或在广告中需强调价格优势、削价促销时，应首先测出消费者的差别阈限，才可能实现对价格信息的有效传播。

@ 实例链接7-6

差别阈限的不同应用

劳斯莱斯、法拉利等豪华汽车品牌由于在目标顾客心目中的高贵象征，单价提高100万元时，顾客对这种在差别阈限范围内的提价不会感到吃惊，而如果一个国产品牌的汽车价格从10万元涨到15万元，顾客则很可能接受不了。但是由于成本下降等原因降低商品价格，则降价幅度应尽可能超过差别阈限，或用醒目的方式告知顾客。比如，百事可乐、蓝月亮洗洁精等在包装瓶上注明"加量不加价，超值"等字样，令顾客感到性价比提高，从而销售量大增。

（二）消费者对价格调整的心理反应及行为

价格调整可分为两种情况，即降价和提价。但是，无论价格怎样变动，调整价格总会使消费者的利益受到影响。因此，消费者对价格变动的反应十分敏感，这种反应首先通过需求价格弹性表现出来。

另外，消费者对企业调整价格的动机、目的的理解程度不同，也会有不同的心理反应。通常情况下，消费者无法直接了解企业调整价格的真实原因，因此，对价格调整的理解不深入、不准确，在心理和行为反应上难免出现偏差。

1.调低商品价格

调低商品价格通常有利于消费者，理应激发消费者的购买欲望，促使其大量购买。但在现实生活中，消费者会表现出与之相反的各种心理和行为反应。例如：

（1）从"便宜"联想到"便宜货"，进而再产生"质量不好"等一系列联想，从而引起心理不安。

（2）可能有新产品即将问世，所以降价抛售老产品。

（3）降价商品可能是过期商品、残次品或低档品。

（4）商品已降价，可能还会继续降，暂且耐心等待，买更便宜的商品。

实例链接7-7

雅芳走下神坛卖地摊价　顾客称便宜得不敢用了

长沙很多地区的商业街上经常可以看到这样的一幕"10元一件，通通10元"，顺着叫卖声，人们可以看到推车里都是洗发水、沐浴露、面膜等产品。本来以为又是什么山寨版的产品在蒙人，但抬头一看居然是雅芳专卖店。据说，每到傍晚，它们都会推出这些打折产品，而且各专卖店还大都齐齐悬挂着"新品全线打折！"的巨大横幅，这样的场景实在让人难以和曾定位为白领阶层的国际品牌——雅芳联系起来。雅芳到底怎么了？

"近期，雅芳护肤品折扣越来越多了，一瓶原价100多元的乳液打折之后只要几十元钱。"目前在读大三的李同学说道，"刚开始，这种方式很吸引学生的眼球，到了晚上七八点的时候，专卖店里经常挤满了人。"但是，现在学生对这种折扣似乎已经没有太大的兴趣了。据李同学介绍，雅芳的产品更新很慢，那些较大众化的产品在包装上一直都没有变化。公司虽然每年都会推出一两款较高端的产品，但价格却不是学生能负担的。

据了解，现在也有越来越多的化妆品牌渐渐进入高校市场，如佩兰、普兰娜等，它们的价格和雅芳目前的价格差别不大。所以，在多产品竞争的环境下，雅芳在中端产品上又没有更新，自然也无法在竞争中再现昔日的辉煌。

另外，记者在Onlylady论坛上搜索到许多网友的点评，一位网友表示"雅芳现在便宜得我都不敢用，质量真的好像已经不如前些年了"。

上述内容说明，消费者对商品的降价的反应是"便宜没好货"！凡降价产品不是过期产品、库存积压品，就是将被淘汰的产品等，这同时也说明企业需要了解消费者的这些心理反应，谨慎降价。

资料来源：根据全球品牌网相关内容整理得来。

2.调高商品价格

调高商品价格，通常对消费者是不利的，按道理会减少需求，抑制消费者的购买欲望，但实际生活中，消费者同样会做出与之相反的各种反应。其具体表现在以下三个方面：

（1）商品涨价，可能是因其具有特殊的使用价值或优越的性能。

（2）商品已经涨价，可能还会继续上涨，将来购买会更吃亏。

（3）商品涨价，说明它是热门货，有流行的趋势，应尽早购买。

可见，商品价格调整引起的心理反应非常复杂，既可能激发消费者的购买欲望，促使需求增加，也可能抑制其购买欲望，使需求减少。因此，调整商品价格前一定要仔细分析各种因素的影响，准确把握消费者的价格心理，采取行之有效的调价策略，以便达到促进销售、增加利润的目的。

（三）价格变动的特殊形式——折扣价格

这种策略是非正式的或一定时间内让价的策略，是一种特殊的价格变动方式。其目的是吸引顾客加大购买量或成为企业的长期顾客，在一定时期内增加销售额，加速资金周转。折扣价格的形式较多，具体包括：

1.折让定价法。它包括折扣和让价（如图7-1所示），是一种以降低定价或给予购买者折扣的方法争取更多顾客的策略。折让价格的功能在于利用价格优惠来刺激和鼓励消费者大量购买和重复购买。

图7-1　折扣海报

2.临时定价法。在某些传统节日、重大活动或非常情况下，将商品价格临时调低，以吸引消费者选购；过后，价格仍然恢复原有水平。这种定价法符合消费者特殊情境下的心境与情感。在节日期间，商家如打折出售各种商品，消费者会在喜庆气氛中欣然购买。

3.处理定价法。商家对积压、滞销商品降低价格出售，如果操作得当，可以促使消费者在求廉求利的心理动机支配下购买商品，从而减少企业损失，加速资金周转。价格的降低幅度应适度，过大会引起消费者的怀疑心理，过小会减少消费者的购买兴趣。再者，价格不能在短时间内连续下降，否则会加深消费者的疑虑和观望，抑制其购买欲望。

项目小结

商品价格的心理功能主要有：认识功能、比拟功能、调节消费需求的功能。

商品定价的一般心理策略有：非整数定价心理策略、习惯价格心理策略、整数定价心理策略、折让价格心理策略、声望定价心理策略、分档定价心理策略。

在市场经济条件下，随着市场营销环境的变化，价格的调整与变动是经常发生的。企业调价的原因是多方面的，企业在商品调价和制定商品调价心理策略时，既要考虑各种因素对商品价格的影响，又要考虑消费者对商品价格调整的心理要求。

本项目讨论题

调控年万科坚持市场定价　老年住宅落地京沪杭

在发布了2010年年度报告后，万科总裁郁亮在媒体见面会上表示，万科是否降价仍要看市场的变化，万科将坚持市场定价原则。与此同时，郁亮透露，万科老年住宅将在京沪杭落地。

一、价格跟着市场走

第三轮楼市调控掀起的狂风暴雨，使得楼市的成交量迅速下滑，万科在2月的销售额也出现了环比大幅下跌7成的局面，是否能够保持增长成为业界关注的焦点。万科董事会秘书谭华杰指出，2011年全国总体的住房供应较为充足，加上政策抑制了投资需求，所以该年的供需关系会向有利于购房者的方向转变。因为市场受春节季节性因素的影响较大，所以政策对市场的影响还要观察。但行业可用的资金肯定会减少，加上融资非常紧，行业的资金链趋紧和土地市场的购买力下降是非常确定的事情。

对于市场最为关心的房价问题，郁亮坦言，关于房价会不会下跌的问题，市场影响因素很多，很难做出精确的判断，就像股市的涨跌难以预知一样。"我们还是坚持过去的政策，应对第一，预测第二。"他向媒体记者表示，万科的定价策略都是积极定价策略，从来没有变过。这个策略以促进成交为主要目的，一直是连贯的，未来同样也是如此。郁亮表示，万科不是根据成本加利润定价的，而是根据市场可以接受的价格来卖。"所谓接受的价格，要求一个月之内卖出60%，这是接受价格，是我们的标准，我们没有根据成本来定这种事情。"郁亮介绍道。

二、老年住宅落地京沪杭

万科已经在谋划一个新的市场空间。在媒体见面会上，郁亮向记者们指出，老龄人口的增加，对万科来说是机会。在他看来，我国还没有特别适合老年人居住的房子，这是一个新的市场空间。"比如说适合老龄人口居住的老龄住宅，甚至未来部分老龄人口不能自理的时候，非自理老人的护理问题，还有中国人富裕起来以后的度假物业等等。"郁亮对老年住宅发展方向进行了逐一罗列。

万科老年住宅开始在杭州、北京落地，在上海也会落地。"这个市场的潜力很大，究竟用什么模式？我们主要做护理型的老年住宅还是自理型的老年住宅？这方面还在研究，还在尝试当中。"郁亮说道。

资料来源：张骏斓. 调控年万科坚持市场定价，老年住宅将落地京沪杭 [EB/OL].［2015-03-09］.http：//www.chinanews.com.

讨论题：结合消费者的价格心理，分析万科的商品房是如何定价又是如何进行价格调整的，其调整价格的依据是什么，有何可取之处或值得改进的地方。

思考与练习

1.选择题

（1）单选题

①东风标致汽车公司在2005年调整了其营销策略，旗下的307轿车均大幅度降价，

其中一款基本型从15.18万元直接下调至12.98万元，销量大增。这是因为心理学中的（　　）在起作用。

    A.感觉适应　　　　　B.感觉对比　　　　　C.感觉阈限　　　　　D.感觉联合

②商品价格的心理功能主要体现在三个方面，不包含下面的（　　）选项。

    A.刺激消费功能　　　　　　　　　　B.自我意识比拟功能

    C.调剂需求功能　　　　　　　　　　D.比值比质功能

③企业在新产品进入市场初期，利用消费者求新猎奇的心理，将其价格定得高一些，以便获取较高的利润，这种定价策略为（　　）。

    A.撇脂定价策略　　B.渗透定价策略　　C.满意定价策略　　D.声望定价策略

④企业在采取商品提价措施时，运用的合适提价心理策略不包括（　　）。

    A.不改变销售价格，减少商品容量或数量

    B.选择好提价商品的销售地点

    C.在价格变动的同时，努力提供全方位的服务

    D.努力改善经营管理，降低费用开支

⑤利用消费者"价高必优质""一分钱一分货"的比价心理，对质量优异、性能优良、独具特色、品牌知名度高的商品制定较高的价格，这种定价策略为（　　）。

    A.满意定价策略　　B.撇脂定价策略　　C.声望定价策略　　D.分档定价策略

（2）多选题

①市场营销人员应重视消费者对价格的感受性心理特征，在组织商品销售的过程中，可以用（　　）来影响消费者的心理活动，以获得较好的销售效果。

    A.优质的产品　　　B.优良的服务　　　C.优美的装潢　　　D.幽雅的环境

②影响消费者心理价格的社会因素包括（　　）。

    A.价格预期心理　　B.价格攀比心理　　C.价格观望心理　　D.价格失衡心理

③企业在提高商品价格时，要注意一些心理策略，包括（　　）。

    A.宜被动提价，不宜主动提价　　　　B.宜部分商品提价，不宜全部商品提价

    C.宜间接提价，不宜直接提价　　　　D.宜分批提价，不宜一次性提价

2.简答题

（1）简述消费者对企业商品降价的心理反应。

（2）试述企业商品提价的心理策略的内容。

3.实务训练题

【相关案例】

橘子皮的妙用

在20世纪八九十年代，罐头在中国有着很大的市场销量，尤其是水果罐头，更是受到广大消费者的喜爱。在汕头，有一家罐头厂以生产橘子罐头而闻名，但是剩下的橘子皮一直没有更好的处理方法，于是便将橘子皮以9分/斤的价格送往药品收购站进行销售，但效果并不好。厂家思考，难道橘子皮只能入中药做成陈皮才有用？经过一段时间的研究，他们终于研发出一种新产品——"珍珠陈皮"，将其制成小食品，而且这种小食品可养颜、保持身材苗条等。以何种价格销售这一食品呢？经市场调查发现，妇女

和儿童尤其喜欢吃零食，且在此方面不吝啬花钱，但惧怕吃零食会导致肥胖，而珍珠陈皮正好解其后顾之忧，且市场上尚无同类产品。于是，他们决定每15克袋装售价1元，合33元/斤。投放市场后，该产品销售火爆。

请思考：

（1）该企业采取了何种定价策略？为什么要采用这种策略？

（2）若低价销售，是否能获得与高价同样多甚至更多的利润？

【业务操作训练】

新产品的定价

训练目的：了解某一新产品定价的基本流程，熟悉新产品定价考虑的主要心理影响因素，掌握给新产品定价的基本技能。

训练内容：到附近商家调查了解他们对新产品定价的基本技巧和方法。全班同学协调好商品类别，了解的商品一般不要重复。

训练操作：

（1）先熟悉新产品的基本定价心理策略、产品定价应考虑的主要心理因素，写出自己的调查方案，并征求其他同学的意见，完善调查方案。

（2）按照调查方案分组，实地调查两家以上至少两种不同新产品的定价技巧，一种是价格较低的商品，另一种是价格较高的商品，主要了解商家在定价时都考虑了消费者哪些方面的心理因素。

成果要求：根据自己的实地调查，写出《××新产品定价认知实训报告》，重点要表述两种新产品在定价时考虑了消费者哪些方面的价格心理，商家运用了哪些方面的心理策略。

【成果评价】见表7-2。

表7-2 新产品定价认知实训评分

项目	评价标准	得分
调查方案的制定	收集相关资料，熟悉心理定价策略，起草调查方案，征求同学的意见，撰写正式的调查方案，每小点6分，共计30分	
实地调查	商场、商品、定价心理策略、考虑的心理因素，每小点5分；信息处理、与人合作、职业态度、职业情感每小点5分，共计40分	
新产品定价认知实训报告的撰写	实训报告撰写格式规范，内容全面，对心理策略运用的总结详细，每小点10分，共计30分	
总成绩（分）		
教师评语	签名：　　年　　月　　日	
学生意见	签名：　　年　　月　　日	

项目七思政小结

项目八　营销信息传播与消费心理

营销信息传播
与消费心理

在如今这个信息科技时代，营销信息无时无刻不伴随在我们身边，影响着人们的消费行为。本项目通过对营销信息传播与消费心理的学习以及对广告信息传播、人员推销过程中的心理策略和技巧的研究，来探索、强化营销信息传播的效果。

任务一　广告信息传播与消费心理

案例导入

广告的力量

在2014年10月的最后一天，CCTV-3播出了一档新的综艺节目《中国正在听》。当主持人在介绍评分规则的时候，很自然地拿出一部手机，举在手中边讲解规则，边现场操作给大家看。当观众们听懂了投票规则时，也对主持人手中的这款手机产生了好奇心，很自然地想知道主持人手里拿的到底是什么品牌的手机。似乎揣摩到了观众的心理，主持人接下来马上说道："在这里也要感谢'声随星动，全球语音手机领导者ZTE星星语音手机'对我们节目的大力支持。"于是，不管是现场还是电视机前的观众很快就记住了这款手机。

提到"挖掘机技术哪家强？"，你马上会想到什么？提到"怕上火，喝——"，你马上会想到什么？提到"妈妈再也不用担心我的学习了"，你马上会想到什么？提到"今年过节不收礼"，你马上会想到什么？

案例分析：是的，这就是广告的力量，让你在不知不觉间，记住了上述广告词，更记住了那些品牌。

任务分析

1.任务目的

通过对典型案例的分析，学生能掌握什么是广告、广告的作用、广告的基本特征，认识广告在营销过程中所扮演的角色，了解广告的分类。培养学生把握不同类型广告对消费者的影响及作用，了解广告对社会的影响。

2.任务要求

（1）教师对学生分析广告与消费心理认知过程的步骤和程序进行规范性指导。

（2）教师要求每一名学生根据任务涉及的知识写一份广告与消费心理认知活动任务书。广告与消费心理认知活动任务书内容包括：广告的作用、广告的基本特征、广告的分类、广告与消费心理等。

（3）在完成书面文稿后，进行分组讨论。然后选派一名组员进行发言，提出引导消费认知的相关建议。各组交流后进行互评，教师对各项实施任务的建议进行点评、总结。

知识精讲

一、广告传播的心理过程

成功的广告能迅速吸引消费者的注意，引发其兴趣，使消费者正确地理解广告中的信息，从而影响其情感和态度，激发其购买欲望，并使消费者在有意或无意之间进行记忆，最终在强烈的购买动机的驱使下完成购买行为。这一过程就是广告传播的心理过程。

人们从接触广告到采取购买行为的一般心理过程，可以归纳为AIDMAR模式（如图8-1所示，部分过程略去），即：引起注意（Attention）、引发兴趣（Interest）、刺激欲望（Desire）、强化记忆（Memory）、付诸行动（Action），进而可能再次购买（Repurchase）。

顾客　付诸行动
（Customers）（Action）

潜在顾客　刺激欲望
（Prospects）（Desire）

有意顾客　引发兴趣
（Interest）

消费者　引起注意　　　　　　　　　　时间发展
（Consumer）（Attention）　　　　　　　AIDMAR 模式

对品牌毫无印象

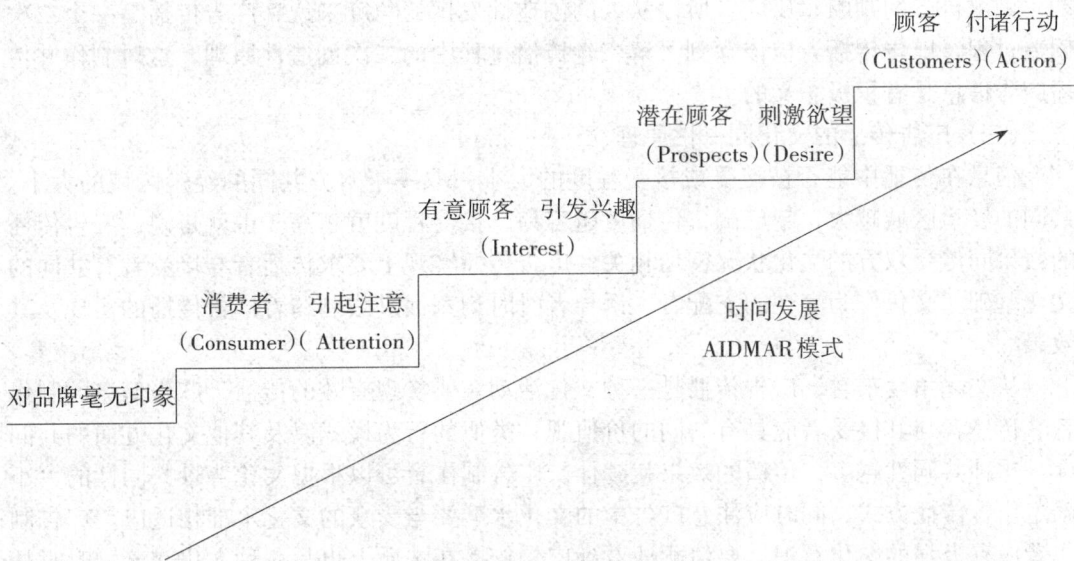

图 8-1　AIDMAR 模式

　　引起注意是广告传播的开始，也是广告产生效用的前提。而广告注意的产生与维持则依赖于广告的内容、广告表现形式等能刺激消费者的兴趣和欲望，适应消费者的心理需要。广告的有效传播还应使人们从单纯的无意注意过渡到有意注意及对传播内容的必要记忆。因此，上述广告传播的一般心理过程的每一个环节都必不可少，要成功进行广告传播，就必须深入研究广告信息传播的心理特点，以提高传播效果。

　　二、广告传播的心理原理

　　（一）广告传播的诱导性原理

　　广告传播的诱导性原理就是：广告信息作为外界刺激，作用于受众引起预期的观念改变和购买行为，这是一个可以通过多种手段诱导实现的心理渗透过程。它包括观念的传播、情绪的传播和行为的传播。

　　广告传播的直接目的是要让接触广告的人了解并接受广告中包含的信息。要实现这一目的，一种情况是在较短的时间内直接通过广告制作的奇特的画面、语言、音响、色彩等引起受众的强烈兴趣；另一种情况是通过潜移默化逐步诱导而达成的，诱导受众逐步接受广告宣传的内容，包括接受广告中主张的消费观念、价值观念和生活方式，以一种无形的力量使受众对广告传播者的观点、意见趋于认同。诱导力的大小取决于信息的诱导性强弱的程度。策划制作广告的一切努力几乎都同提高广告诱导力有关，所以诱导性原理被人们视为指导广告策划、制作传播的重要依据。

　　（二）广告传播的二次创造性原理

　　广告传播的二次创造性原理，指广告传播是一个完整的创造性过程，这种创造性不仅表现在传播者的广告设计制作、选择传播途径等方面，还体现在广告信息的接受者方面，广告信息的接受者会通过再造想象，在接受传播信息的过程中发挥创造性。信息接受者接受信息同样也是一个创意的思维过程，面对无数信息，他可以根据自己的生活经验选择性地注意、选择性地理解、选择性地记忆，而后通过想象、联想等一系列心理活动，做出自己的判断和反应。所以从人的创造性发挥的角度来说，广告传播是一个二次创造过程。广告传播者应该深刻了解广告传播过程中的二次创造性原理，这对制作并传播广告信息是有积极意义的。

（三）广告传播的文化同一性原理

信息在传播中能否被接受或接受程度的大小，取决于双方共同的经验区域的大小。共同的经验区域越大、越广阔，传播就越容易，接受程度就越高。也就是说，广告传播的效果同传受双方的文化状况密切相关。广告传播客观上要求传播者与接受者有共同的文化基础。文化作为潜在的支配者、诱导者时时刻刻促进或制约着广告传播的实现及其效果。

从文化角度来看，广告传播是一种文化活动。要实现有效的传播，广告信息的制作者、传播者与其接受者应具有共同的价值观、类似的行为模式以及其他文化方面的共同性。这种共同性越多，传播的效果就越佳。广告制作者可以根据文化背景共同性的大小确定广告传播方式，同时应注意广告中的文化水准要与受众的文化水准相适应。广告制作者应有极强的文化意识，要清醒地看到广告传播在本质上也是一种文化交流，时时从文化的角度去搜集广告信息接受者的资料，从文化的角度去调查与分析广告传播成败的深层次原因。

三、广告与消费心理的互动关系

（一）消费需求是广告产生的直接原因

当一个人正常生活的某种缺乏（需要）被意识到后，整个身体能量就会被动员起来，有选择地指向可满足需要的外界对象，从而引发消费。例如，一个人在进行某项活动的过程中感到口干舌燥，这时体内就会产生对水的强烈需要。当他突然看到一处供应饮料的摊点时，马上就会激起购买饮料的强烈动机，朝着饮料点直奔而去。饮料品种非常多，买哪一种好呢？购买动机的多样性促成了满足不同需求层次的广告。由此可见，广告是卖主针对消费者多样、复杂的消费心理，为更好地满足消费需求而采取的一种行之有效的商业手段，其直接目的就是借助一定的传播媒体，使消费者接受它的观点和所宣传的商品。心理是客观事物以及它们之间的联系在人们心中的反映。一般来讲，广告是通过一定的媒体显现出的事物，反映在人脑中并引起一系列的心理活动及带来某种行为，这就使广告与消费者心理产生了一种互为影响的联系。

（二）广告是满足消费需求的重要途径

1.广告唤起消费者的潜在需要

对美国一家商场的实地调查发现，72%的购买行为是在消费者只有朦胧欲望的情况下实现的；真正具有明确购买计划的购买行为，只占购买者的28%。这个例子说明，在现实的购买活动中，每天都会涌现出无数的新产品，有些产品不但见所未见、闻所未闻，而且连想都没想过，却突然呈现在你面前，让你来试用，满足你潜在的需要。许多购买者在事先并不一定有明确的购买意图和目的的情况下，还是把东西给买下来了。而唤起他们这种潜在的需要，诱发他们的购买愿望，进而产生购买动机的重要因素便是广告。

2.广告引导消费

消费者有了一定的需要并注意到某种物品之后，便产生了如何来满足自己需要的问题。消费者这时便进入了获得信息的阶段。一般来说，消费者首先是回忆自身的经验，从记忆中获取有关商品的信息。但是，记忆中的经验和知识毕竟有限，特别是对大件贵重物品的知识更要有求于各种信息源，广告便是提供商品信息的重要途径。

（三）消费心理贯穿于广告活动的全过程

广告是为更好地满足消费者的各种需求而产生的。因此，不管广告活动的哪一个阶段，都应该是以消费心理为基础而进行的。

1.广告定位的立足点是消费心理

任何广告都要选择对象，市场就是广告的对象。市场是由那些具有待满足的需要、购买能力和购买愿望的消费者，也就是买主构成的。由于受年龄、性别、收入、文化程度、地理环境、心理等因素的影响，不同的消费者通常有着不同的欲望和需求，因而，不同的消费者也就会有不同的购买行为和购买习惯。正因为这样，企业主只有充分地认识市场、研究市场、看准市场这个对象，才能做好广告；不看对象的广告，再精彩也是徒劳无益的。

2.广告策略与消费心理

任何商品都是能够满足消费者某方面需要的，不能满足一定需要的商品是卖不出去的。而人的需要是多方面的，这自然就决定了消费动机的多样性。不过，在诸多需要中经常会有一种优势需要，能否满足这种优势需要，将直接影响到消费者对该商品的态度和购买行为。从商品本身来说，一种商品是具有多种属性的，究竟突出哪一种或哪些属性作为该商品的广告主题，是广告决策中的重要问题。科学和经验证明，对准消费者的优势需要制定相应的广告策略是取得成功的重要前提。

3.广告创意及其表现形式

广告创意及其表现形式总是针对特定消费群体的消费心理来制作的。在不同的市场领域，由于地理变数（如地区、人口、规模、生活方式等）的影响，消费者对产品和营销组合的需求不同，广告创意也必须针对特定的市场区域采用特定的创意表现，以取得诉求的效果。所以说，如果同一产品有不同的目标市场区域，那么广告创意表现形式也应是多样化的。在进行广告创意表现之前，必须对目标市场做认真细致的考察，找出最佳诉求点，然后围绕这一点，做具体的广告创意。

总体来说，广告在其产生以及整个活动过程中，都是围绕着消费心理来进行的。

同步实训8-1

深入了解消费者的广告心理

【实训目标】掌握广告传播的各种心理策略。

【实训内容】先由教师提供有关广告的电教资料，学生进行分析，确定其传播媒体及传播策略。之后学生分组选择具体产品，并设计相关问卷，进行该产品传播心理效果的市场调查，并对结果进行分析总结。

【实训操作】

（1）学生每5人一组，选定1人为负责人，明确分工和具体责任。

（2）本实训前半部分可选择在教室进行，教师准备充足的广告资料，并拓展学生的思维；后半部分以小组合作的方式在人群密集区进行。

（3）将调查问卷筛选、整理，写出《消费者购买动机问卷调查报告》。

（4）在班级交流，并由老师点评。

【实训要求】

（1）每组撰写一份《××商品广告传播与消费心理调查报告》，报告要说明调查时间、调查方式、调查过程、调查结果分析和启示。

（2）根据每组同学调查问卷设计、调查组织和调查报告的质量以及完成任务情况，评定每位同学的实训成绩。

四、广告传播的心理策略

（一）以理服人的心理策略

消费者的态度组成结构中有认知成分。不同消费者的认识能力是不同的。针对知识水平较高、理解判断能力较强的消费者，采用双向式呈递策略较好。双向式呈递策略是把商品的优、劣两方面都告诉消费者，让消费者感到广告的客观、公正，结论由自己得出。因为这个层次的消费者普遍对自己的判断能力非常确信，不喜欢别人替自己做判断。如果广告武断地左右他们的态度，则会适得其反，引起他们的逆反心理，消费者会拒绝接受广告内容。但对于判断力较差、知识面狭窄、依赖性较强的消费者，采用单向式呈递策略较适宜。这个层次的消费者喜欢听信他人，自信心较差。所以针对这些特点，广告应明确指出商品的优势，它能给消费者带来什么好处，直接劝告消费者购买此物，效果更明显。当然选用哪一种策略呈递信息，首要问题是认清广告对象是哪一层次的消费群体。

（二）以情动人的心理策略

在消费者态度的三种成分中，感情成分在态度的改变上起着主要作用。消费者购买某一产品，并不一定都是从认识上先了解它的功能、特性，而是从感情上对它有好感，看着它顺眼，有愉快的体验。因而，广告如果能从消费者的感情入手，往往会取得意想不到的效果。前几年有个电视广告：画面上妈妈在溪边用手洗衣服，白发凌乱。接着镜头转换后，是给妈妈带来的威力洗衣机；接下去是妈妈的笑脸，画外音是："妈妈，我又梦见了村边的小溪，梦见了奶奶，梦见了您。妈妈，我给您捎去了一个好东西——威力洗衣机。献给母亲的爱！"画面与语言的配合，烘托出一个感人的主题：献给母亲的爱。虽然整个广告只字未提洗衣机的优点，但却给人以强烈的情感体验。谁能不爱自己的母亲呢！这个广告巧妙地把对母亲的爱与洗衣机联系起来，诱发了消费者爱的需要，产生了感情上的共鸣，在心中留下深刻、美好的印象，对此洗衣机有了肯定、接纳的态度。因此，在广告有限的时空中以理服人地传递信息，固然显得公正、客观，但以情动人的方式更容易感染消费者，打动他们的心。

（三）以品牌认知影响品牌态度的心理策略

品牌认知是指消费者对某一种品牌产品的认识。消费者的品牌认知对品牌态度形成的影响，如同对一个人的认识影响着对这个人的态度。比如，有时会因为某个人外貌漂亮或者帅气而喜欢她（或他），有时会因为性格温柔或刚强而喜欢她（或他）；相反，有时也会因为这个人的某些不吸引人的地方而讨厌她（或他）。具体的心理策略是：

1.介绍商品的抽象功能

在现代竞争激烈的市场中，某种商品的具体功能可能与其他竞争品牌没有两样，此时仅介绍商品的具体功能就缺乏说服力。而从商品的抽象功能着手，却可能取得意想不到的说服效果。

2.承诺商品能给消费者带来某种好处

欧格威在谈论怎样创作高水平的广告时曾经指出，"你最重要的工作是决定你怎样来说明产品，你承诺些什么好处"。在他所创作的成功的广告中，有许多广告就是采用承诺这一方法的。例如，在多芬（Dove）香皂广告中，他采用了这样的承诺："使用多芬洗浴，可以滋润您的皮肤。"

3.强调商品具有某一特点的重要性

有些商品的属性是每一种竞争品牌都具备的，正是因为这一缘故，各种品牌商品的广告都不愿意对这一属性加以介绍。因此，如果你的产品广告率先加以介绍，就会使你的产品处于先入为主的地位。例如，在别人都在介绍洗衣机的全自动功能、洗涤量大的优点时，突出说明你的洗衣机的省电特性往往会更有说服力。上海大众轿车曾以售后维修服务作为诉求点发布了一系列报纸广告，其中有一则广告的标题是"全国超过200家维修站——即使你远在天边，上海大众的优质服务都近在眼前"，从"维修点多"的角度突出强调了上海大众的售后服务水平。

（四）以广告音响效果对消费者展开情感诉求的心理策略

音响是广播、电视广告的一个重要组成部分，包括音乐和效果声。音响可以辅助广告画面和解说词营造出某种特定的情感气氛，唤起人们的注意，产生心理共鸣，从而加强了对广告信息的记忆。

任务二　　　　　**人员推销过程中的心理策略**

📖 **案例导入**

怀特的策略

怀特是一家汽车公司的推销员。他有一次问一位顾客做什么工作时，那位顾客回答说："我在一家机械厂上班。"

"那你每天都做些什么？""制造螺丝钉。"

"真的吗？我还从来没见过怎么制造螺丝钉，哪一天方便的话，我真想到你们厂看看，你欢迎吗？"

怀特只想让顾客知道：他很重视顾客的工作和尊重顾客。因为在这之前，可能从未有任何人怀着浓厚的兴趣问过他同样的问题；相反，一个糟糕的汽车推销员可能会嘲弄地说："你在制造螺丝钉？你大概把自己也拧坏了吧，瞧你那身皱皱巴巴的脏衣服。"

直到有一天，怀特特意去机械厂拜访那位顾客，那位顾客真的是喜出望外。他把怀特介绍给年轻的工友们，并且自豪地说："我就是从这位先生那儿买的车。"怀特此时趁机送给每个人一张名片。正是通过这种策略，怀特获得了更多的生意。

问题：这个案例给我们的启示是什么？

任务分析

1.任务目的

通过对典型案例的分析，学生能认识到推销员的良好形象对消费者的行为和心理将产生一定的影响。

2.任务要求

（1）教师对学生分析人员推销过程中的心理效应进行规范性指导。

（2）教师要求每位学生根据任务涉及的知识写一份人员推销过程中的心理效应的认知活动任务书。认知活动任务书内容包括人员推销过程中的几种心理效应等。

（3）在完成书面文稿后，进行分组讨论。然后选派一名组员进行发言，提出指导建议。各组交流后进行互评，教师对各项实施任务的建议进行点评、总结。

知识精讲

在商品销售活动中，推销人员所承担的商品销售工作，是在与顾客的双向沟通中完成的，这是营销活动的关键部分。因为在顾客眼中，推销人员是生产企业的代表，是销售企业的窗口和形象的化身，推销员的主体形象对消费者的行为和心理将产生一定的影响。这种影响所产生的心理效应主要表现在以下几个方面：

一、注重首因效应

首因效应，是第一次与人交往中给人留下的印象，在对方的头脑中形成并占据着主导地位的效应。它是指当人们第一次与某物或某人相接触时可能会留下深刻的印象，个体在社会认知过程中，通过"第一印象"最先输入的信息对客户以后的认知产生的影响作用。推销人员要注重自身形象，包括良好的行为举止，得体的衣着、谈吐和必要的礼仪。初次给顾客留下好印象，就可以拉近与顾客的距离，后面的工作就有了好的开始。

二、唤起顾客注意的技巧

所谓注意，是指顾客的心理活动对外界一定事物的指向和集中。注意分为有意注意和无意注意。任何购买行为都是从注意开始的。陌生顾客的耐心通常只有三秒钟，使顾客从无意注意转向有意注意，继而产生购买行为可能需要三十分钟或更长的时间。所以了解顾客注意的心理，让其注意力集中在本企业的产品上，对企业的产品推销无疑有着十分重要的作用。拜访顾客前，研究顾客心理，准备切中要害的开场白，直奔主题，才能吸引对方的注意力。比如，提及顾客现在可能最关心的问题，"听说您最近最头疼的是产品的废品率居高不下，虽然采取了一些措施，这个问题还没有从根本上得到改善""如果这里有一种设备能使您的废品率降低一半的话，您是否有兴趣了解？"。如果你的产品可以展示的话，也可以通过现场展示、免费试用，引起顾客注意。

三、顾客性别不同，消费习惯也不同

由于男性和女性在生理、心理发展方面的差异，以及在家庭中所承担的责任和义务不同，男性和女性在消费心理方面有着很大的差别。男性的消费心境不如女性强烈，他们不喜欢联想、幻想，在选择时比较理智和冷静，一般会直接询问自己要了解的东西，购买商品时一般都有明确的目标，以理性购买为主。女人的心理特征是感情丰富、细腻，心情变化快，富于幻想，心理变化频繁。而女性消费者容易受感情因素和环境气氛的影响，趋向于感性购买，所以购买后后悔及退货现象比较多。销售人员在接待女性顾客时，需要更多的热情和耐心，多称赞她眼光好、形象佳等。而对男性消费者来说，如果他们决定要买，对目标以外的东西就不会加以关注。他们或许会考虑推销员的推荐等，但由于自己已经选定目标，所以一般不会与推销员进行深入的交谈。

四、消除顾客疑虑的技巧

顾客经常处于"弱势"的位置，迟迟下不了购买的决心，这是因为，其一开始就对商家缺少信任感。同时，如果市面上同质产品众多，则顾客对产品的质量也缺乏综合的了解。这是许多销售人员经常碰到的情况，应该及时采取相应的办法加以解决。

（一）讨论辩解法

同顾客共同研究不同品牌的优劣势、性价比，最大限度地为他们提供产品的信息，有利于解决问题。此外，销售人员还要有同理心，真心实意站在顾客的角度去考虑问题和处理问题，体会消费者的情绪和想法，理解顾客的立场和感受；不要一味地急于推销自己的产品，否则容易引起反感。越是真诚地替顾客着想，越能打动顾客，取得订单。

（二）现场演示法

"百闻不如一见"，销售人员要现场教会顾客使用产品，展示产品的亮点，回答在以后使用过程中可能遇到的问题（诸如保修期有多长时间、特约维修部的地址等售后服务问题）。

（三）巧用"名人效应"

在产品推销中，利用顾客对名人的崇拜心理，尽量说明一些名人都用过所推销的产品，来强化他们的购买欲望，促使顺利成交。

五、注重人际关系

推销就是将产品卖出去，而产品的卖出过程会牵涉人与人之间的交往。所以，对推销人员来说，若具有良好的人际关系，帮自己忙的人越多，推销的成绩就越好。这里的人际关系即人脉。做销售除了需要热忱和体力之外，还可以借助朋友的力量、朋友的朋友的力量拿到订单。乔·吉拉德是世界上销售汽车最多的一位超级推销员，他平均每天销售5辆汽车。他是如何做到的？他使用的是连锁介绍法。只要有人介绍顾客向他买车，成交后，他会付给每个介绍人25美元。这在当时虽不是一笔庞大的数目，但也足以吸引一些人在举手之劳间就能赚到钱。另外，据统计，稳定老顾客的成本是开发新顾客的成本的1/7到1/6。所以，稳定老顾客，使用连锁介绍法开发新顾客，人脉一定会越来越广。

六、倾听技巧

从心理学的角度看，顾客之所以购买商品和服务，其实是希望通过购买而得到解决

问题的方式和愉快的感觉，获得一种心理上的满足。也就是说，心理满足才是顾客购买的真正动机。倾听是有效满足顾客心理的方式。这是因为倾听既能体现顾客被尊重的心理需求，又能体现顾客的参与感，由客户自己做出决策。

在与顾客交谈的过程中，尽量让顾客多说话。让顾客多提问题，了解顾客的真实需求，认同顾客的感受，可以降低顾客的戒备心理。重要的是去确认顾客的问题，详细了解顾客的需求并做好记录。顾客会认为自己得到了尊重，满足了其渴望被尊重的心理。和顾客建立起真正的相互信任的关系之后，获得订单的可能性就会更大。

七、推销人员应注意的非语言因素

推销人员职业的特殊性要求他们具有敏锐的观察力，善于从顾客的外表神态、言谈举止上揣摩其心理，正确判断顾客的来意和爱好，有针对性地进行接待。

项目小结

成功的广告能迅速吸引消费者的注意，引发其兴趣，使消费者正确地理解广告中的信息，从而影响其情感和态度，激发其购买欲望，并使消费者在有意或无意中进行记忆，最终在强烈的购买动机驱使下完成购买。这一过程就是广告传播的心理过程，可以归纳为 AIDMAR 模式，即吸引注意、引发兴趣、激起欲望、强化记忆、促成行动、再次购买。广告传播的心理原理主要有：广告传播的诱导性原理、广告传播的二次创造性原理、广告传播的文化同一性原理。广告传播的心理策略主要有：以理服人的心理策略、以情动人的心理策略、以品牌认知影响品牌态度的心理策略、以广告效果对消费者展开情感诉求的心理策略。

人员推销过程中的心理效应主要表现在：注重首因效应；唤起顾客注意的技巧；顾客性别不同，消费习惯也不同；消除顾客疑虑的技巧；注重人际关系；倾听技巧；推销人员应注意的非语言因素等。

本项目讨论题

粽子广告对消费观念的引导

粽子作为一种时令性非常强的传统食品，有着极其鲜明的淡旺季划分。以端午节为中心的前后两个月是粽子销售的传统旺季，这段时间的销售量能占到全年销售量的50%以上，所以粽子历来的广告大战基本上都集中在3月、4月这两个关键时段。"思念竹叶之清香"的理念也由此打破了常规广告操作的策略：在侧重端午节旺季密度投放的同时，合理规划全年的广告档期，参考日常消费品的媒介策略与促销规划，将整合营销推广活动开展下去。其中重要的策略之一，就是对粽子消费观念的引导与改变：①早餐概念；②休闲食品概念。

讨论题：粽子广告是如何打破常规广告操作策略的？

思考与练习

1.选择题

（1）单选题

①在设计售点广告时，广告主题应对准消费者的（   ）。

A.现实需要　　　　　B.潜在需要　　　　　C.优势需要　　　　　D.一般需要

②广告的基本功能是（　　　）。

A.消费　　　　　　　B.促销　　　　　　　C.沟通　　　　　　　D.传播

③商业广告的诱导功能主要是（　　　）。

A.引起消费者的好奇　　　　　　　　　　B.激发消费者的购买欲望

C.改变消费者的态度　　　　　　　　　　D.提供商品知识

④下列关于广告与消费心理的关系的说法中不正确的是（　　　）。

A.消费需求是广告产生的直接原因

B.广告是满足消费需求的重要途径

C.广告定位的立足点是消费心理

D.广告引导消费，所以广告支出越多，销售量就越多

（2）多选题

①商业广告传播功能的表现包括（　　　）。

A.传播商业信息　　　　　　　　　　　　B.增强商品的影响力

C.吸引消费者的注意　　　　　　　　　　D.提高消费者的兴趣

②广告传播的心理策略包括（　　　）。

A.以理服人的心理策略

B.以情动人的心理策略

C.以品牌认知影响品牌态度的心理策略

D.以广告音响效果对消费者展开情感诉求的心理策略

③广告可以通过（　　　）方法增强目标受众的记忆。

A.减少材料数量　　　B.适当加以重复　　　C.增进理解　　　D.运用多种艺术形式

2.简答题

（1）简述广告传播的心理准则。

（2）简述在广告传播中引起注意的策略。

（3）简述人员推销过程中的心理策略。

3.实务训练题

【相关案例】（略）。

【业务操作训练】

拟定一则广告

训练目的：在广告构思及传播的过程中准确抓住消费者的心理。

训练内容：从运动鞋、笔记本电脑、手机中选择一种产品，针对一个特定的细分市场拟定一则广告，告知消费者你的品牌将满足他们的哪些需要。

训练操作：

（1）学生每3~5人一组，选择恰当的产品。

（2）小组准备调查问卷并对周围同学进行调查分析。

（3）在调查分析的基础上进行市场细分并拟定广告。

（4）在讨论的基础上，写出广告策划报告。

（5）各小组派代表向全班同学陈述其广告策划报告。

成果要求：写出《××产品广告策划报告分析》，重点说明消费者的心理特点以及广告内含的精、巧、美。

【成果评价】见表8-1。

表8-1　　　　　　　　　　　《××产品广告策划报告分析》评分

项目	评价标准	得分
调查问卷制作	问卷制作结构完整，问题设计紧扣调查主题，问卷编排合理，共计20分	
目标市场消费心理分析	问卷分析准确，目标市场选择恰当，消费心理分析透彻，共计20分	
广告创意	广告创意新颖，紧扣主题，共计20分	
广告主题	广告主题明确，与目标市场定位相吻合，共计10分	
广告媒体选择	广告媒体选择恰当，共计10分	
广告费用预算	广告费用预算合理，共计10分	
广告策划报告	报告格式规范、结构完整，共计10分	
总成绩（分）		
教师评语	签名：　　年　月　日	
学生意见	签名：　　年　月　日	

思政小结

项目八思政小结

项目九　　营销环境与消费心理

知识目标

1.掌握商店选址、门面装饰、橱窗设计等商店外部环境设计的要求，以及外部环境对消费心理的影响。

2.掌握商场布局、商品陈列、商场照明、色彩、音响、温度、湿度等内部环境设计的要求，以及内部环境和消费心理的关系。

3.了解商品售前、售中、售后三个阶段的消费心理，营销服务的影响、冲突及处理。

能力目标

1.能够利用有关商店选址的知识和原理，分析某一具体选址的利弊。

2.会运用门面装饰、橱窗设计、商品陈列等理论，设计布置一个商店。

3.明确营销服务的心理因素，能针对服务中产生的冲突进行处理。

素养目标

通过本项目的学习，学习能够掌握商品营销与消费心理的关系，在营销策划中时刻具有政治认同感，把伟大祖国、中华民族、中华文化等意识认同融入营销服务中；正确认识和处理与消费者的关系，做出正确的价值判断和行为选择，在社会实践中增长才干。

本项目将分析影响消费者心理的环境因素，环境因素既包括可见的物质环境，也包括不可见的营销服务。

案例导入

"同仁堂"的宣传手段

以前，"同仁堂"地处北京大栅栏内，地理位置很不理想。为了克服地处偏僻之处的弊端，他们在大栅栏胡同东口竖立起一座金光闪闪的铜牌楼，上面写有斗大的"同仁堂药店"五个字。人们一看到牌楼上的字，便知道鼎鼎大名的"同仁堂"在胡同里面。中华人民共和国成立前，北京的电力不足，晚上经常是一片漆黑，于是，"同仁堂"别出心裁，巧妙地利用中华民族挂红灯笼的传统习俗，在北京的一些主要街头巷口挂起红灯笼，五只一排，每只上书一个金色的大字，合起来就是"同仁堂药店"，使店铺的名号深深印入人们的脑海。这种别致典雅的宣传手段成为北京最早的市政广告。

案例分析：本案例表明商店外部设计是非常重要的，门面绝对是消费者对商店产生第一印象的重要客观因素。"同仁堂"店面虽未处于很好的地理位置，却采用金光闪闪的铜牌和点亮的红灯笼作为招牌，吸引消费者的眼球，给消费者留下了深刻的第一印象。

任务分析

1.任务目的

通过分析营销外部场景和消费行为的一般过程，使学生掌握商场外部环境与消费心理的基本内容，把握外部环境设计过程中的内在规律，达到培养学生具有解决消费过程中实际问题能力的目的。

2.任务要求

（1）教师对学生分析营销外部场景和消费行为的一般过程进行规范性指导。

（2）教师要求学生根据任务涉及的知识写一份商场外观设计的建议方案，方案内容包括：招牌、门面、橱窗等外观设计的建议。

（3）在完成书面文稿后，进行分组讨论。然后选派一名组员进行发言，提出营销外部环境场景设计的相关建议。各组交流后进行互评，教师对各项实施任务的建议进行点评、总结。

知识精讲

一、商场选址的心理分析

商场选址是指在建设商场之前对店铺的地址进行论证和决策的过程。首先是指店铺设置的区域以及区域的环境和应达到的基本要求；其次是指店铺设在具体的哪个地点、哪个方位。

（一）区域与选址心理

商场选址要综合考虑所在区域的人口因素、地理环境因素、地段因素，并掌握与此相关的消费者心理。

1.商场集聚心理

商场选址首先要了解人口是否密集，是否足以形成规模性的目标消费者群。而在商店林立的商业街，由于商家聚集，会形成一个规模大、密度高的消费者群。商业经营中具有明显的"马太效应"，即当消费者在一处商业场所购买商品或消费时，他们可能同时会在附近的商业场所游览、观光，并可能产生购买行为。很多消费者有着从众心理，人越多，他们认为商品越吸引人，购买兴致就越高。当营业单位的地理位置、营业性质比较接近或者相互兼容时，消费者才有可能在这个营业圈内保持持续的消费动机。所以，人口密集、商家聚集，是设置商场理想的条件。

2.购买便捷心理

购买便捷主要取决于交通条件。交通条件无疑是影响营业环境最重要的外部因素。交通越方便，消费者购买商品就越方便；交通越差，消费者购买商品的难度就越大。当前，很多经营单位已经为购买大件商品的消费者提供了免费送货上门的服务，但是经营单位要为所有的消费者解决商品运输问题则较为困难。所以，选址时要选择交通比较便利、停车方便、进出道路较为畅通、商品运输安全省时的地方。

3.最佳地段心理

最佳地段指的是客流量最大的地段，一般是临街醒目之地、人群聚集之地。商业闹市区、学校附近、公园或旅游景点、地铁和公交车站附近、公司集中地区、居民区都是人群流动量非常大的区域，也是商店选址的黄金地段。值得注意的是，即使在同一条商业街内，不同地段的商店客流量也不尽相同，在街区两端商店购物的消费者明显少于中间地段，中间地段地理位置相对更加优越。所以，选址的最佳地段最好是人群必经之地，人群聚集区域进出口附近、商业街中间区域或黄金分割点等绝对是非常理想的地点。

（二）商品与选址心理

商场选址除了考虑地理区域等因素外，还要分析商品性质、消费者的消费习惯等特点，准确选择面向目标区域消费者的商品门类及进行商品价格定位。

1.商品性质与消费心理

商品性质与人们的消费心理密切相关，选址应充分考虑这一点。销售日常生活用品的超市应设在靠近居民区中间的地段，以方便居民日常购物的需要；黄金饰品、钢琴等贵重物品应设在与高档商场相毗邻的地段，以适应消费者购买高档物品时对商场档次、商场信誉、外部环境的心理要求。

2.商品价格与消费心理

商品价格的高低与其周围居民的消费品位、消费水平有着直接的联系，应根据消费者对商品价格的需求心理选择店址。经营高档文化艺术类商品、豪华生活消费品的商场应设在高收入消费群体生活地或商业街。

3.消费习俗与消费心理

不同地区、不同民族的人们的消费习惯各不相同。商场选址要根据商品的特性，考虑人们消费习俗的不同，因地而异。

（三）商场类型与选址心理

在商业发达地区，消费者购物除了考虑商品因素外，商场类型往往是重要的选择因素，可以从以下三个方面进行分析：

1.业态分布与消费心理

业态是服务于某一消费群体或某种消费者需求的销售经营形态，是目标市场进一步细分的结果。必须依据消费者对不同业态的需求心理来选择店址。例如，标准食品超市应贴近居民区，以居民区的常住居民为主要消费者群，并与大型超市保持一定距离，最好选在距离大型超市5千米以外，这一距离可使自己处于对手的边际商业圈以外；仓储式会员店应优先考虑交通方便，不必以靠近居民区为第一选择目标，因为它可以以低价吸引人。

2.竞争环境与消费心理

商场周围竞争环境是影响消费者心理的重要因素，是商场选址心理的重要组成部分。商场选址要考虑业种、业态分布，或与其周围的其他商品类型相协调，或能起到互补作用，或有鲜明的特色。同类小型专业化商店接壤设店，可形成特色街，吸引人气，这可以满足消费者到特定商业街购物时特定的心理预期。如果一家珠宝玉器商店孤零零地开在汽车配件的一条街中，则谁也不会相信它能招揽够预期的消费者。

3.配套场所与消费心理

消费者在商场购物中要求获得配套服务，因此商场在选址时要同时考虑配套场所。例如，仓储式会员店一般停车场面积与营业面积之比是1∶1，以方便频繁地进货与消费者大批量购物后的用车停放；以低廉价格销售商品的大卖场可设在城乡结合部，尽管路远一些，但它可以以低价取胜，满足消费者的求廉心理。

二、商店选址的原则

（一）最短时间原则

商店的位置应位于人流集散最方便的地区，一般以吸引行车10~20分钟的人流最为理想。

（二）易达性原则

易达性原则即进入性原则，商店应分布在交通最便捷的区位，即最容易进入的区位。

（三）接近购买力原则

商业企业利润是建立在消费者购买力基础上的，而购买力水平取决于消费者的消费水平。一般来说，商业企业的存在是以服务一定的人口为前提的，这种维持一个商业企业存在的最低人口数量称为该企业的"人口门槛"，因而商业企业用地必须考虑该区域的人口密度和人口数量，人口是购买力的基本因素。

（四）适应消费者需求的原则

适应消费者需求是一切商业行为都必须遵守的原则，商店要根据消费者的收入水平、消费态度、职业、年龄等特征来决定商品结构、商品价格、促销活动等。

（五）接近中央商业中心的原则

商业活动有扩延效应，一旦一个商业中心形成，在其附近布局的企业就会有利可图。中央商业中心具有极高的繁华度，是城市人流、物流、资金流的中心，是城市商业活动的焦点。在这个中心附近取得一席之地，从事商业经营，能取得较大的利润。

实例链接9-1

家乐福的选址

家乐福（Carrefour）集团成立于1959年，是欧洲著名的零售商、名列前茅的国际化零售连锁集团。在全球30多个国家和地区运营近1万家零售商店，旗下经营多种业态：大型综合超市、一般超市、折扣店、便利店以及会员制量贩店，为消费者提供种类齐全的低价产品和全方位服务。家乐福于1995年进入中国大陆市场，在北京建立了第一家门店。2018年，《财富》世界500强排行榜发布，家乐福位列第68位。

家乐福选址很科学，具体体现在：

1.开在十字路口。Carrefour（法文意为"十字路口"）第一家店于1963年开在巴黎南郊一个小镇的十字路口。在经营火爆之时，大家都说去"十字路口"，而把店名都给忘了。"十字路口"成为家乐福选址的第一准则。

2.3～5千米的商圈半径，是家乐福在西方国家选址的标准。而在中国，一般选址在乘公共汽车8千米车程的半径之内。

3.外聘公司进行市场调查。家乐福一般会选择两家公司进行销售额测算，两家公司必须是集团之外的独立公司。

4.具有灵活、适当的特点。家乐福店可开在地下室，也可开在四、五层，但最佳为地面一、二层或地下一层和地上一层。家乐福一般占两层空间，不开三层，这方面区别于沃尔玛和麦德龙。

三、商店建筑的心理分析

（一）经济又实用

商店建筑设计应该尽量控制成本，同时最大限度地满足消费者的需要，如光线明亮、通风良好、配套设施齐全等。特别是综合型商场，其停车场、卫生间、吸烟室、休息区等配套设施应该齐备。现在还有很多商场设置有"寄存休息室"，方便不想陪逛街的家人休息使用。

（二）坚固且美观

商店首先应该提供安全的购物场所，同时应兼顾消费者审美的需求，在建筑设计、店面装修的时候注重风格、造型、色彩等。目前，很多商场或商店进行外观设计的时候都会考虑安装户外LED屏或楼体LED用以循环播放广告，特别是天黑之后整个楼体都亮起来，既能招徕消费者，也可以起到很好的宣传作用。而时下风靡一时的"网红"店，更是以极具特色的装修风格吸引消费者进店拍照和消费。

四、门面装饰的心理分析

店面门面装修设计的最终目的，是让路人对店面产生兴趣，进而引导其购物。

（一）门头设计

门头设计要考虑的是店面品牌的展示，也就是"店名"。店名一般会设计在店面入口正上方，门头字一般为PVC立体字、亚克力雕塑字、吸塑发光字、铜字、铁皮字、不锈钢字、铝板字、钛金字等，特别需要考虑在夜晚是否也能被消费者识别。

（二）招牌设计

一般店面上都可设置一个条形商店招牌，醒目地显示店名及销售的商品。在繁华的商业区，消费者首先注意到的往往是大大小小、各式各样的商店招牌，寻找实现自己购买目标或值得游逛的商业服务场所。因此，具有高度概括力和强烈吸引力的商店招牌，对消费者的视觉刺激和心理影响是很重要的。

商店招牌在导入功能中起着不可缺少的作用与价值，它应是最引人注目的地方，所以，要采用各种装饰方法使其突出，具体的方法很多，如用霓虹灯、射灯、彩灯、反光灯、灯箱等来增强效果，或用彩带、旗帜、鲜花等来衬托。总之，容易辨认、格调高雅、手法奇特往往是成功的关键。

商店招牌设计，除了注意在形式、用料、构图、造型、色彩等方面给消费者以良好的心理感受外，还应在命名方面多下功夫，力求言简意赅、清新不俗、易读易记、富有美感，使之具有较强的吸引力。

（三）店门位置

显而易见，店门的作用是诱导人们的视线，并产生兴趣，激发想进去看一看的参与意识。怎么进去，从哪儿进去，就需要正确的导入，告诉消费者，使消费者一目了然。在店面设计中，消费者进出门的设计是重要一环。

将店门安放在店中央还是左边或右边，这要根据具体人员的流动情况而定：一般大型商场大门可以安置在中央，小型商店的进出门安置在中央是不妥当的，因为店堂狭小，直接影响了店内实际使用面积和消费者的自由流动。小型商店的进出门，不是设在左侧就是右侧，这样比较合理。

店门设计，还应考虑店门外路面是否平坦，是水平还是斜坡；前边是否有隔挡及影响店门形象的物体或建筑；采光条件、噪音影响及太阳光照射方位等。店门所使用的材料以往都是采用较硬质的木材，也可以在木质外部包铁皮或铝皮，制作较简便；现在多采用钢化玻璃，更利于消费者看到内部所售商品情况。

五、橱窗设计的心理分析

橱窗反映店铺的灵魂，也是表现品牌和风格不可或缺的重要手段。优秀、适宜的橱窗设计能够恰到好处地反映出商铺的经营风格和定位档次，同时带给人以亲和感，为商铺聚拢人气。高品质的橱窗陈列总能成为街道的亮点，在欧洲，橱窗设计已不再是单纯的视觉营销手段，已经成为艺术与商业的另一种完美结合。

橱窗主要包括封闭式、半封闭式、自由式、创意式等几种。其中，封闭式和半封闭式橱窗多为大商场和专业店所用，而自由式、创意式橱窗则在中小超市门店中使用。

（一）橱窗设计的心理功能

1.唤起消费者的注意

随着新产品不断推向市场，商品品种越来越多，人们面对琳琅满目的商品时不免眼花缭乱，视野被淹没在商品的海洋中。橱窗既是装饰商场店面的重要手段，也是商场直接向消费者推介商品时不可或缺的广告宣传形式。

2.引发消费者的兴趣

橱窗的最大特点是以商品实物的形态向消费者展示，商品以此被推广，形象而又生动。其在吸引消费者视觉的同时，激发消费者的兴趣，使消费者产生想要进一步对商品进行了解的愿望。

3.激发消费者的购买动机

橱窗展示将商品的形象、性能、功用加以渲染，让人产生一种无与伦比的美妙体验。消费者的购买动机从注意到兴趣的积累，往往逐渐形成一种欲望，想象自己也变成了画面中的主角，身临其境般潇洒自如，于是忍不住产生购买行为。

（二）橱窗设计的心理方法

（1）橱窗最大的功能是展示商品，结构设计要便于消费者观察商品，可用绚丽多彩的灯光照明配合多种多样的表现手法，力求充分展现商品的独特魅力。

（2）在店面最显眼的地方设立橱窗，设计风格要与销售品牌风格相契合，注重艺术性且不落俗套，甚至可以增强互动效果，塑造美而独特的形象，激发消费者的兴趣或好奇心，让消费者更愿意主动参与其中。

（3）橱窗要与周围的建筑风格协调一致，并利用周边环境进行烘托渲染，既融合又突出，既能引起关注又不会破坏整体美感。

（4）橱窗布置不应一成不变，可以多种样式相结合，不断制造出新鲜感；根据季节变化、流行趋势、消费形式等，调整、更新橱窗样式和展示品的陈列，使其更具有时代感。

同步实训9-1

【实训目标】通过走访一家综合型商场，分析商场的外部环境设计如何影响消费者心理。

【实训内容】观察商场选址、外部设计、橱窗布置等。

【实训操作】

（1）将学生每5~6人分为一组，并选出小组负责人1名。

（2）小组负责人与组员共同制订走访计划，明确任务。

（3）走访一家综合型商场，观察商场外部环境设计，并详细记录相关资料。

（4）每个小组撰写一份走访商场调查报告，商场调查报告要说明调查时间、调查方式、调查过程、调查结果分析和启示。

【实训要求】请小组负责人在班级交流本组报告，并由老师作点评。

案例导入

小张"逛街"的最爱

小张是典型的逛街一族，最喜欢逛商场。每逢周末，只要没有其他事情，逛街总是她的首选。她最喜欢的商场是太平洋百货，因为她喜欢那里的风格——名牌林立、淡雅的色彩、背景舒缓的轻音乐、空气中弥漫的沁人心脾的香味……她并不是每次都买东西，但即使是闲逛，她也喜欢待在这里，因为她觉得置身这样的环境里，就是一种享受。无论她有多疲惫或是心情有多糟，只要一跨进商场的大门，就会立刻精神焕发，力量倍增。

在越来越多的都市女性把逛商场作为休闲、享受的一种方式的时候，一个好的购物环境会给消费者留下美好的印象，吸引消费者流连忘返，引发消费者的购买欲望。

案例分析：本案例表明了营销内部环境的重要性。商场现在已经成为周末朋友聚会、家庭"遛娃"、休闲娱乐的好去处，不怕阳光曝晒、不惧风吹雨淋，优美舒适的内部环境能够更好地留住消费者，消费者在店内停留的时间越长，越容易促成消费行为。

任务分析

1.任务目的

通过观察分析商场内部环境设计的过程，使学生能掌握内部环境设计的基本内容，把握店堂布局的内在规律，达到培养学生具有解决消费过程中实际问题能力的目的。

2.任务要求

（1）教师对学生分析商场内部环境设计的过程进行规范性指导。

（2）教师要求学生到一家百货商场去做一次考察，写一份任务书。任务书内容包括：店堂布局、照明、背景音乐、色彩、气味及商品陈列对消费者购买行为和商场业绩的影响等。

（3）在完成书面文稿后，进行分组讨论。然后选派一名组员进行发言，提出引导消费的室内环境设计的相关建议。各组交流后进行互评，教师对各项实施任务的建议进行点评、总结。

知识精讲

一、店堂布局的原则及心理功能

（一）商场布局

当前，商场不再是简单地囤积商品，科学合理地对商场布局进行设计已经成为商场经营发展的重要一环，好的商场布局设计可以创造舒适的购物环境，可以把消费者与店员的行动路线有机地结合起来，方便消费者选购商品。商场的内部布局包括商场的高度、通道、各层营业厅的规划等方面。

1.高度

一般一层营业厅的楼层高度为4.5～6米，而其他楼层的高度为3.6～4米。过高的楼层高度易造成建筑物的空间浪费，而高度过低则会给消费者造成压抑感。

2.通道

营业厅内消费者通道的宽度是根据商场的经营定位、商品的种类和性质、消费者的数量来确定的。一般商店的主通道宽度为1～4.5米，副通道的宽度为0.6～2.1米。入口处最好没有门，道路和店堂之间没有阶梯或坡度。

3.各层营业厅

商场各层营业厅的规划一般应遵循以下原则：一楼营业厅应保证客流的畅通，适宜布置购买时选择时间较短的轻便商品；二、三楼气氛要稳重，适宜销售购买时选择时间较长、价格较高而出售量最大的商品；四、五楼营业厅可分别布置多种专业性柜台；六楼以上营业厅则可以销售需要大面积存放的商品；地下营业厅一般用来开办超市。这些也不是一成不变的，需要根据商场的实际需要规划设计。

知识拓展

商场的动线设计是一个很专业的规划，它也是一件相当有意思而且需要精心去设计的事情。去过宜家的消费者都知道宜家商场内都有快捷通道，但消费者却很难找到出口，只能沿着内部设定好的通道去参观选购。由于"迷宫式"的线路令消费者很难找到走过的路，因此消费者看到称心的商品时，就会放进购物车里，以免错过后再也找不到了，大量冲动消费也随之而来。商店设计专家称，宜家"迷宫式"的商场布局（如图9-1所示）是一件心理武器，在尽可能长时间留住消费者的同时，还从心理上迫使消费者进行冲动消费，购买更多的商品。

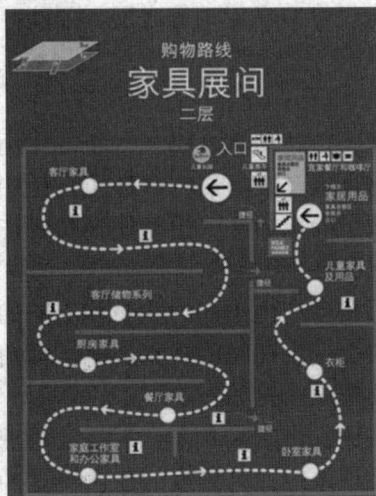

图9-1 宜家"迷宫式"的商场布局

（二）柜台设置心理

（1）按照售货方式分类，有开放式柜台和封闭式柜台两种：开放式柜台采用由消费者直接挑选商品的方式；封闭式柜台是依靠售货员向消费者递拿、出售商品的设置形式。

（2）按照排列方式分类，有直线式柜台和岛屿式柜台两种：直线式柜台是将若干个柜台直线排列；岛屿式柜台是将一组柜台呈环状排列，形成一个"售货岛屿"。

岛屿式布局是将营业场所中间布置成不相连的岛屿形式，在岛屿中间设置货架陈列商品。这种形式一般用于百货商店或专卖店，主要陈列体积较小的商品，有时也作为格子式布局的补充。岛屿式布局如图9-2所示。

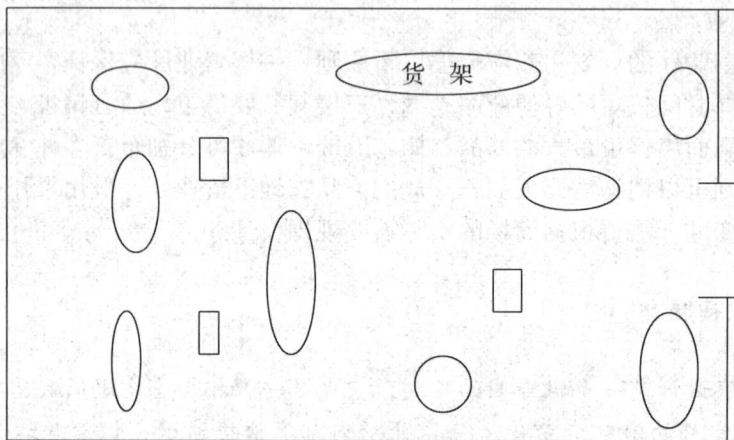

图9-2　岛屿式布局基本形式

二、营业场所设计心理

当消费者走进一个空间的时候，往往会发现很多信息，如营业场所的整体环境、出入通道是否方便、消费者在这里滞留时间的长短、是否拥挤等情况，从而大致判断出对于这个场所自己是否喜欢，进而决定自己是否在这里购物。所有影响消费者感官的元素都是需要去精心设计的，不能仅停留在促销等表层，要注意场所设计，这样才能吸引和留住更多的消费者。

（一）色彩

色彩在现代商业空间中起着传达信息、烘托气氛的作用。通过色彩设计，可以创造一个亲切、和谐、舒适的购物环境。在商店内部环境设计中，色彩可以用于营造特定的气氛，它既可以帮助消费者认识商店形象，也能使消费者产生良好的记忆和深刻的心理感觉。

不同的环境色彩能引起消费者产生不同的联想和不同的心理感受，激发消费者潜在的消费欲望，同时还能使消费者产生即时的视觉震撼。营销环境的色彩调配得当，对消费者的情绪调节也具有一定的作用。比如：

（1）暖色调体现温和与安逸，带给人欢乐、兴奋的心理氛围；冷色调具有高雅、稳定感，带给人高贵、严肃的心理效应；高纯度的色调视觉冲击力较强，给人活泼、刺激的感觉。通常以一种色彩为主色调，其他色彩合理科学地搭配，这样才能产生更好的效果。

（2）采用当前流行色布置女士用品场所，能够刺激其购买欲望，增加销售额。

（3）儿童对红、粉、橙色的反应敏感，销售儿童用品时如果采用这些色彩，效果会更佳。

（4）色彩还可以弥补营业场所的缺陷。地下营业厅沉闷、阴暗，易使人产生压抑的心理感觉，用浅色调装饰地面、天花板，可以给人带来赏心悦目的清新感受。

（5）色彩运用要在统一中求变化，一段时间变换一次商场的色彩，会使消费者感到有新奇感。炎热的夏季，商场以冷色调为主，有凉爽、舒适的感觉；寒冷的冬季，商场应以暖色调为主，烘托出温暖、热烈的气氛。

（二）店内灯光

灯光照明是对商场的"软包装"，体现着商家在一定时期内对销售主体的诉求意向，也是向店内消费者传递购物信息的媒介。店内的照明光源一般分两大类：一类是为了保持整个商店空间亮度的基本照明光源；另一类是以装饰功能为主兼作照明的装饰光源。

（三）背景音乐

心理学家曾经做过一个实验：两个月的时间，在一家超级市场内，每天随机循环播放两种背景音乐（108节/分钟的快节奏音乐、60节/分钟的慢节奏音乐），结果发现播放慢节奏音乐的时间内消费者行走速度慢，在店内逗留时间长，最终比播放快节奏音乐时营业额高出38%。由此可见，商场背景音乐非常重要，它应当辅助营造卖场氛围、调整消费者的心理情绪，从而使消费者能够将注意力更好、更舒适地集中在商品以及购物体验上，达到促进销售的目的。

（四）环境气味

你是否记得当你走过糕点店时，那一阵阵不可抗拒的香喷喷的新烤出的巧克力饼干的香味？它会让你产生想购买的冲动。但也有令人不愉快的气味，这种气味会把消费者赶走，如有霉味的地毯、烟味、强烈的染料味、残留的尚未完全熄灭的燃烧物的气味、保管不善的清洁用品的气味、洗手间的气味等，这些都会给店面带来不好的影响。

（五）温度和湿度

不同季节应保持商场内适宜的温度和湿度，注意通风，不宜过冷或过热，避免过于潮湿或过于干燥。在进行温度和湿度调节的时候，最好能够从消费者的角度先进行体验。

（六）商品陈列

为了使商店与消费者交易成功，必须使商品处于最佳的陈列状态。

1.商品陈列的心理要求

（1）层次清楚，高度适宜。一般来说，消费者进入商店都会带有一定的目的性，商品陈列应该层次清晰，使消费者能快速地分辨出哪一类产品在哪一个区域，便于选购。"伸手可取是高度的标准"，不要将商品陈列得过高，以致消费者都拿不到商品。再者，必须注意"容易拿也容易放回去"的原则，避免只拿一件商品就破坏了整个陈列布局。

（2）适应习惯，便于选购。低值易耗的常用商品、特价商品可以陈列在最显眼的地方，如出入口、过道中间的展台等；比较贵重或需要试穿的商品则应该选择店内比较深入、宽敞的地方，同时设立专门的区域，提供咨询服务，便于消费者接触或接近商品，进行比较和思考，从容地进行决策。不要频繁地更改商品陈列，以免消费者找不到常买的商品。

（3）清洁整齐，疏密有致。商品的陈列不仅要讲究层次、部位，而且要给人以干净、整洁之感。

2.商品陈列的基本形式

（1）分类陈列法，即根据商品的档次、性能、特点等分类陈列，展示某类商品有代表性的特点。这种方法有利于消费者去比较和挑选商品。

（2）组合陈列法，即把相关的一类商品排列在一起的方法。所谓相关商品，指的是互补性商品、替代性商品、连带性商品等。这种方法既方便了消费者的购买，也扩大了销售范围。

实例链接9-2

啤酒与尿布

沃尔玛超市的营销分析师在统计数据时发现，店内的啤酒和尿布的销售量总是差不了多少。一经分析，原来是一些刚做了父亲的男人在给小孩买尿布的同时，经常会给自己捎带买上几瓶啤酒，于是这家超市的老板就把啤酒和尿布这两样看起来风马牛不相及的商品摆放在了一起。

（3）逆时针陈列法。根据国内商家的有关调查显示，大部分消费者逛商店时总是有意无意地按逆时针方向行走，根据这一习惯，商店在摆放商品时，应该尽可能依照商品的主次按逆时针方向陈列。

（4）专题陈列法。专题陈列法也称主题陈列法，即结合某一事件或节日，集中陈列有关的系列商品，以渲染气氛，营造一个特定的环境，以利于某类商品的销售。

（5）特写陈列法。特写陈列法也称醒目陈列法，即通过各种形式，采用烘托、对比等方法，突出陈列的某种商品。因为大部分商店都有成百上千种甚至更多种类的商品，要使消费者在同一时间内对所有的商品都给予同样的关注是不可能的。因而，对于需要特别宣传的商品或有特殊意义的商品，采用这种醒目的陈列方法，既有利于陈列商品的销售，也有可能带动其他商品的销售。

（七）心理感受

绝大多数消费者都会对店内的客流量和拥挤程度做出一定的判断和反应。有些人认为店内购买者的人数越少越好，因为很多消费者一旦感觉到商店拥挤，就会改变自己的购买计划，缩短购买时间或更换商店，这将影响商店的销售和消费者的再次光临。也有些人偏爱人气旺盛的商店，我国很多消费者从众心理比较明显，这样的消费者会将店内拥挤视为对商店的信任和对商品的欢迎；而店内冷冷清清，人们反而会产生一些疑虑，不敢进店。对于这些消费者，店内拥挤不仅不会改变其购买行为，相反还会产生促进作用。为此，商场应善于在店内"制造"若干销售热点，以吸引更多的消费者，让他们从中得到满足。

同步实训9-2

【实训目标】通过走访一家大型超市，分析超市内部环境设计如何影响消费者心理。

【实训内容】观察超市内部的环境设计，使用的色彩、灯光、背景音乐、温度和湿度，特别是商品陈列等内容。

【实训操作】

（1）将学生每5~6人分为一组，并选出小组负责人1名。

（2）小组负责人与组员共同制订走访计划，明确任务。

（3）走访一家大型超市，观察超市内部的环境设计，并详细记录相关资料。

（4）每个小组撰写一份走访超市调查报告，走访超市调查报告要说明调查时间、调查方式、调查过程、调查结果分析和启示。

【实训要求】请小组负责人在班级交流本组报告，并由老师作点评。

任务三　　服务环境与消费心理

案例导入

海底捞火锅店的服务营销

1994年，海底捞的创始人张勇在四川简阳开设了第一家海底捞火锅店，如今海底捞已经发展成为在北京、上海、西安、郑州、天津、南京、杭州、深圳等全国16个大中城市拥有75家直营店、员工15 000余人、年营业额十几亿元的大型连锁餐饮企业。

海底捞除了提供味道鲜美的火锅及菜品外，最被消费者津津乐道的还是它提供了其他火锅店未能提供的优质服务，比如：

1. 等位区。消费者可以免费享受擦鞋、美甲等服务，可以上网、阅读报刊、玩棋牌等，还可以享受免费的水果、瓜子、点心、茶水，专门为儿童设置的游乐区还有专人陪玩。

2. 用餐前，服务员会为消费者提供围裙，会为消费者的手机套上手机袋，会为戴眼镜的消费者提供眼镜布，会为长发女消费者提供橡皮筋和发卡，会为老人或孕妇提供靠垫，会为儿童提供婴儿床和玩具，等等。

3. 用餐时，每桌都会配备一名专门的服务员，服务员会观察消费者的需求并主动提供各种服务。

4. 卫生间也有专人服务，还为消费者提供洗手液、梳子、护手霜等各类物品。

5. 部分门店有专门的泊车服务员代客泊车，周一至周五的午市还能享受免费擦车服务。

资料来源　根据先知中国全案网相关内容整理得来。

案例分析：海底捞火锅店的成功与其优质的服务环境密不可分。在提供的产品本身品质基本相同的时候，消费者会根据服务的优劣对品牌进行综合评价，服务更好的商家必然更容易受到消费者的青睐。

任务分析

1.任务目的

通过制订营销服务计划，使学生体验营销服务所包括的内容，掌握营销服务对消费心理的影响，达到培养学生具备职业素养、了解如何维护与消费者之间的关系、正确处理与消费者之间的冲突的目的。

2.任务要求

（1）教师对学生制订的营销服务计划进行规范性指导。

（2）教师要求每一位学生完成一份销售某一商品的营销服务计划。营销服务计划包括从顾客进入视觉范围后就开始观察其可能的购买意图、介绍产品、购买交易的实现、售后服务以及对售后不满或冲突的处理过程等。

（3）营销服务计划完成后，要求以4~6人为一组进行分组讨论，然后选派1名组员进行发言。

（4）各组交流后进行互评，教师对营销服务计划进行点评、总结。

知识精讲

一、营业人员的基本素质与消费心理

消费者的构成是多元化、广泛的，消费需求也是复杂的。在这个竞争越来越激烈的时代，除了产品本身，越来越多的消费者更加关注的是能否获得更好的服务。良好的产品质量搭配优质的服务，会使品牌的核心竞争力大幅度增强。而营业人员在提供服务过程中的行为和所表现出的素质是衡量营销服务优劣很重要的标准。

（一）营业人员的仪表、行为与消费心理

商场或品牌的营销服务人员代表着企业的形象，如果不注意自身的仪表和行为，必然会对企业造成很恶劣的影响。试想，如果你去一个彩妆品牌店选购彩妆，营销人员披头散发、素面朝天，如何让你对该品牌的产品产生好感？所以营销人员的仪表、着装应该符合品牌气质，要整洁、干练；接待消费者时应礼貌微笑、服务周到，但不要过分热情以免引起消费者的反感；工作时间内不要倚靠柜台、扎堆儿聊天、吃东西、玩手机等，行为应表现出专业人员的素养，以取得消费者的信赖和好感。

（二）营业人员的自身心理素质与消费心理

（1）情绪的自我掌控及调节能力。营业人员要以最大的耐心接待消费者，有时可能会碰到消费者的抱怨甚至是刁难，要忍耐与宽容，真诚的付出才能有真诚的回报。

（2）积极进取、永不言败的良好心态。营业人员在工作中经常会遇到失败和挫折，承受能力要强，要有"打不垮、击不倒"和永远积极进取的精神。

（3）处变不惊的能力。碰到一些突发事件，营业人员要遇事不惊，冷静判断，客观、有效地控制事态的进展。

（三）营业人员的职业道德与消费心理

（1）竭诚服务，消费者至上。营业人员要以认真负责的态度，尊重、维护消费者的合法权益，为消费者提供良好的服务；应有认真细致的工作作风，接待消费者时要礼貌，宣传解说时要真实，执行条款时要守信，解析疑难时要耐心。

（2）遵纪守法，诚实守信。营业人员需要和商品、金钱打交道，在对待金钱和物质的关系上，应该有法律意识和纪律性，遵守营业活动需要遵循的职业法规和纪律。同时，对于承诺的事情，营业人员就必须做到，特别是退换货等规定，应提前告知，严格执行。

（四）营业人员的业务素质与消费心理

（1）营销服务是沟通的艺术，营业人员必须有良好的倾听能力和语言表达能力，倾听消费者的要求，通过提供相应的服务让其需求得到满足。

（2）营业人员丰富的行业知识及经验和熟练的专业技能是开展工作的必备基础，应了解所销售产品的行业情况、产品的性能优势，并能将其核心利益点更好地展现给消费者。

（3）营业人员优雅的形体语言、良好的表达技巧能够帮助自己展示个人魅力，赢得消费者的喜爱，与消费者建立起亲密信赖的关系，让推销活动更具说服力。

（4）营业人员思维要敏捷，具备对客户心理活动的洞察力，能够及时了解客户的需求，更加贴近消费者，有利于促进销售。

想一想

顾客为什么逃离药店？

一位顾客正在挑选一种补钙产品，店员介绍说："这种产品效果很好，价格也比同类产品便宜，比较实惠。"

顾客回答说："我以前吃过这种药，效果是不错的，我听说你们最近在做活动，买两盒送一小盒赠品。"

店员扭头大声问柜台内的同事："现在某某产品还有没有赠品？这里有一位想要赠品的顾客。"

店员这一问，店内所有的顾客都把眼光投向了这个顾客，他不好意思地低下了头，还没等店员答复就逃也似地离开了药店。

二、营销服务三阶段的心理

（一）售前服务心理

1.售前消费者的心理分析

（1）认知商品的欲望。

（2）消费者的价值取向和审美情趣。

（3）消费者的期望值。

（4）消费者的自我意识。

2.售前服务策略

（1）把握目标消费者的心理需要。

营销服务
三阶段的心理

（2）促使消费者认知、接受商品。

（3）最大限度地满足消费者的相关需求。

（二）售中服务心理

1.售中消费者的心理分析

（1）获得尽可能详尽的商品信息。

（2）寻求决策帮助。

（3）受到热情的接待与尊敬。

（4）追求方便、快捷。

2.售中服务策略

（1）热情接待消费者。

（2）适度接近消费者。

（3）根据消费者的特征，介绍、展示和推荐商品。

（4）做好未买到商品的消费者的接待工作。

（三）售后服务心理

（1）建立起覆盖面广、高效运作的售后服务网络，使消费者购买、使用商品时更加放心。

（2）使消费者的心理需要得到满足，有充分被尊重的感觉并能产生惠顾心理。

◎ **知识拓展**

"100-1=0"定律

"千里之堤，溃于蚁穴"是大家都懂的道理。对顾客而言，服务质量只有好坏之分，不存在较好、较差的比较等级。好就是全部，不好就是零。营销服务中，售前、售中、售后服务一环扣一环，每个环节都至关重要，无论是哪一个环节稍出差错，都可能使消费者对产品感到不满意，对企业服务感到失望。只有将每一个环节都做细、做好，才能成就高质量的服务，使企业得到更好的口碑。

三、营销服务中的冲突及处理

（一）消费者的投诉心理

1.发泄不满情绪，期待问题尽快解决

消费者花钱是为了自身的需求得到满足，如果未能得到满足或出现问题，肯定会产生负面的情绪，这种情绪需要一个发泄的出口。通常能倾诉的对象就是营销人员，同时消费者希望自己的问题能够迅速地得到反馈和解决。

2.渴望得到尊重，希望得到适当的补偿

消费者在反映发生的问题时，希望营销人员耐心地倾听，收到值得信赖的回应，这样才能让消费者有充分得到尊重的感觉。解决问题之后，营销人员还应该额外提供适当的补偿，弥补消费者的损失，满足消费者的补偿心理。

3.和他人交流投诉的经历

消费者在遇到问题后，都会跟其他人分享交流，这会直接影响到其他潜在消费者的消费行为。如果问题得到了高效的处理，消费者往往会对企业进行更好的评价；反之，问题未能有效地解决，消费者则会对企业的印象大打折扣，如此一传十、十传百，企业名声必定不好。

（二）消费者投诉的处理策略

1.耐心倾听消费者的抱怨，迅速分析问题产生的原因

首先应该倾听消费者的意见，如果是消费者的操作或使用问题，也不要生硬地责怪消费者不对，应耐心地解释、细心地指导，帮助消费者尽快排除问题；如果是营销服务中的错漏，即便不是自己的过失，也一定不要辩解，立即道歉，并迅速纠正错误，有技巧地安抚消费者的不满情绪。

2.恰当处理消费者投诉

（1）接待时，应有良好的态度，不要产生负面情绪。

（2）耐心地听消费者说完投诉的意见，不要打断对方的话。

（3）询问对方提出抱怨的原因，并记录重点。

（4）迅速采取措施解决问题，消除抱怨。

（5）问题若不能当场解决，应及时反映给上级，根据上级的指示做出解释和承诺，告知消费者。

3.处理效果的评估

重视回访，询问投诉是否得到及时、有效的解决，营销人员的服务态度是否使消费者满意，并利用回访评估处理效果，不断改进处理方法。

4.未雨绸缪，消除潜在的诱因

（1）设立专门的顾客投诉部门，培养专业营销人员解决顾客的投诉，独立的部门和专业的服务态度能够有效地提高投诉后解决问题的效率和消费者的满意程度。

（2）进行满意度调查，根据调查结论分析可能产生问题的潜在因素，防患于未然。避免问题发生后再去解决问题，降低企业被投诉的风险。

想一想

对某一快餐店的店铺环境设计进行分析，并简述其设计合理的地方以及是否有可以改进的内容。

同步实训9-3

【实训目标】通过模拟营销服务，分析营销服务是如何影响消费者心理的。

【实训内容】学生通过角色扮演模拟一次营销服务，在服务过程中自行制造一些矛盾冲突，并现场解决问题。

【实训操作】

（1）将学生每5~6人分为一组，并选出小组负责人和营销服务评论员各1名。

（2）小组负责人与组员共同制订营销服务计划，设计矛盾冲突，明确任务。

（3）在班级完成现场模拟，并由营销服务评论员记录服务中做得好的方面和做得不

太好的方面。

【实训要求】请各组营销服务评论员在班级交流本组情况，并由老师作点评。

项目小结

商店外部环境是吸引消费者注意的重要一环。商店选址要注重最短时间原则、易达性原则、接近购买力原则、适应消费者需求的原则、接近中央商业中心的原则，使商店能够吸引到最大的客流量。商店建筑、门面装饰、橱窗设计都应该能唤起消费者的注意，引发消费者的兴趣，激发消费者的购买动机。

商店内部环境是留住消费者的关键。规划布局、柜台摆放、动线设计都应该方便消费者观察和选购商品。商品陈列应该层次清楚，高度适宜；适应习惯，便于选购；清洁整齐，疏密有致。营业场所内部色彩、灯光、背景音乐、环境气味、温度和湿度都应该协调统一，让消费者能够放松心情，有更加愉快的购物感受，这样消费者才能够将注意力集中在购物体验上，更好地激发购物行为。

服务环境则是让消费者提高满意度的重要因素。好的服务离不开好的营销人员，好的营销人员应该有高雅的仪表、良好的心理素质、高尚的职业道德和过硬的业务素养。无论在售前、售中还是售后，都需要牢牢掌握消费者的心理需求，通过竭诚的服务引导消费者，消除消费者的疑虑，促成消费者的购买行为。

本项目讨论题

马路售货

某大集团公司已有30多年生产并销售冰箱、冰柜的历史。由于历史原因，销售部一直设在公司大院外临街的一排简易房内。为了扩大销售，除批发外，还要搞门市销售。每天在路旁便道上摆着各种规格的冰箱和冰柜，树下立着价格牌。

一次，一位消费者走进低矮的销售部办公室，对销售人员说："听说你们公司的冰箱质量不错，售后服务很好，本地许多家庭都用你们的产品。可是这么漂亮的产品放在马路边推销，太不雅观，我还以为你们公司的产品卖不出去呢。"

讨论题：这位顾客的意见对你有何启发？

思考与练习

1.选择题

（1）单选题

①将商场开设在交通便利的地方，是为了满足消费者（　　）的心理。

A.商场积聚　　　　B.消费习惯　　　　C.购买便捷　　　　D.追求时尚

②一般多层楼综合性商场的一层营业场所的楼层高度应（　　）其他楼层。

A.高于　　　　　　B.低于　　　　　　C.等于　　　　　　D.以上都可以

③现代商业空间设计不合适的是（　　）。

A.运用流行色吸引消费者的注意　　　　B.保持良好的温度和湿度

C.散发淡淡的香气　　　　D.大音量播放摇滚乐作为背景音乐

④结合某一事件或节日，集中陈列有关的系列商品，以渲染气氛，营造一个特定的

环境，这种商品陈列法是（　　　）。

    A.分类陈列法   B.专题陈列法   C.逆时针陈列法   D.组合陈列法

    ⑤从对消费者的服务角度看，最直接、最敏感的营销内部环境是（　　　）。

    A.辅助营业环境   B.办公场所

    C.员工生活、休息场所   D.商品营业现场

    （2）多选题

    ①商店选址的原则包括（　　　）。

    A.最短时间原则   B.易到达原则

    C.接近购买力原则   D.适应消费者需求的原则

    E.接近中央商业中心的原则

    ②橱窗设计的心理功能包括（　　　）。

    A.引发消费者的兴趣   B.唤起消费者的注意

    C.引起消费者的不适   D.激发消费者的购买动机

    ③柜台设置按照售货方式分为（　　　）。

    A.直线式柜台   B.开放式柜台   C.封闭式柜台   D.岛屿式柜台

    ④售中消费者心理包括（　　　）。

    A.获得尽可能详尽的商品信息   B.寻求决策帮助

    C.受到热情的接待与尊敬   D.追求方便快捷

    ⑤营业人员的基本素质应该包括（　　　）。

    A.良好的职业道德   B.竭诚服务的精神

    C.过硬的专业技能   D.优雅的仪表和行为

2.简答题

（1）简述橱窗设计的心理方法。

（2）简述商品陈列的心理要求。

（3）营销活动中遇到消费者投诉，应该如何处理？

3.实务训练题

【相关案例】

星巴克的营销环境

星巴克在实际选址时一般有四个考量标准：一是商圈区域的选择上要有充足的客流量；二是位置的具体选择上要能够强化品牌形象；三是对物业的定位上要求商圈性质良好；四是在周围环境的选择上力求依傍"好邻居"。通过对星巴克选址的分析，我们不难发现其选址大都处于最佳商圈地段。

走进星巴克，舒缓的背景音乐、流行的时尚杂志、精美的欧式装饰布局……在柔和的灯光下，找一张软软的沙发或木质座椅随便坐下，就可以静静地沉浸在"音乐混着纯净咖啡香"的气氛中。因此，在咖啡店中，柔和的灯光、音乐、背景以及色彩，营销人员的服务等，都在很大限度上影响着消费者的消费行为。

请思考：星巴克为什么深受大家的喜爱，请从店铺选址、外部设计、内部环境、营销服务等方面谈谈你的看法。

设计格子铺

训练目的：掌握商店选址、橱窗设计、商品陈列等营销内外部环境的设计。

训练内容：在校园内开设一个格子铺，拟写设计方案。

训练操作：学生每5～6人分为1个小组。假设需要在学校校园内开设一个格子铺，小组共同完成如下设计方案，方案应包括：

（1）格子铺的具体选址及原因。

（2）格子铺的命名及原因。

（3）格子铺的橱窗设计方案。

（4）格子铺的店内布局、商品陈列设计方案。

成果要求：各小组方案完成之后，在全班进行提案，分享小组的设计理念等，并开展小组间互评，提出改善的意见及建议，可根据建议调整、修改方案并提交老师审阅。

【成果评价】见表9-1。

表9-1   **格子铺设计的评分**

项目	评价标准	得分
店铺选址	最短时间原则、易达性原则、接近购买力原则、适应消费者需求的原则、接近中央商业中心的原则，每小点4分，共计20分	
店铺命名	引起注意、容易记忆、符合销售商品特点、独特性，每小点5分，共计20分	
橱窗设计	唤起消费者的注意、引发消费者的兴趣、激发消费者的购买动机，每小点10分，共计30分	
商品陈列	层次清楚、高度适宜；适应习惯、便于选购；清洁整齐，疏密有致。每小点10分，共计30分	
总成绩（分）		
教师评语	签名： 年 月 日	
学生意见	签名： 年 月 日	

思政小结

项目九思政小结

项目十　网络营销与消费心理

学习目标

知识目标
1. 熟悉网络消费及网络消费的特征、网络消费者及其心理特征。
2. 了解网络消费者的需求、购买动机、购买决策过程。
3. 掌握制约网络营销发展的心理因素。

能力目标
1. 能组队完成《网络消费行为报告》。
2. 能组队完成《网络消费心理报告》。
3. 能组队完成《网络营销策略认知报告》。

素养目标
通过本项目的学习，学生能够了解和掌握网络营销的行为和心理，在进行营销推广的同时，遵守相关法律规范，遵守职业规范、职业操守。

现在足不出户就可以访问企业网站，比较产品的性能和价格，然后做出购买决策。网购已逐渐被公众所接受，但目前网络营销发展仍然存在一些问题。因此，了解网络营销的特征和网络消费者的购买心理，灵活应用营销中的心理策略，促进网络营销的健康发展，都是本项目要学习的内容。

案例导入

小企业赢得网络大市场

在传统的商业领域，规模的大小关系重大。在市场营销和定价方面，最大的参与者发挥着最大的影响力。而电子商务在零售业中是一个巨大的平衡器，小企业可以参与到零售业的竞争中。相关专家认为，小企业成功的关键是灵活。零售商必须确保其网站被关注，必须正确地注册才能出现在重要搜索引擎的首要位置。即使是最好的网站，如果没有出现在搜索引擎结果中，也是没有用的。网站设计的科学化和功能化是十分重要的，否则顾客将一去不复返。所以，许多企业都会聘请专家为其设计和维护网站。

小企业需要通过专注于特殊的产品和小区域建立其独特性，需要选择一个比竞争对手做得更好的聚焦市场。更好地了解社区并有效地满足特定的、不被大企业注重的市场，可能会有更大的收益。Made In Oregon是一个区域性电子商务企业，它只销售美国俄勒冈州生产的产品。"Pets Welcome.com"是一个推广并接受宠物的汽车旅馆网站。适用特殊群体的网站一般通过群体成员之间的口碑宣传获得利益。

案例分析：小企业与大企业在顾客服务方面是没有区别的。小企业网站可以通过个性化的顾客服务形成自身的竞争优势，使顾客对企业网站形成积极的体验。小企业要确保顾客的满意度，因此，对顾客行为的跟踪、研究就显得十分重要。培养忠诚顾客群可以产生重复销售，因此，小企业还必须积极解决可能阻碍顾客回访企业网站的问题。

任务分析

1.任务目的

通过查阅艾瑞网数据，了解2023年中国12~18岁未成年人网络消费行为的特点。

2.任务要求

（1）教师将学生每5~6人分为一组，并选出小组负责人1名。

（2）小组负责人与组员共同查阅数据，明确任务，进行分工。

（3）了解未成年人的网络消费行为，并详细记录相关资料，写一份《2023年中国12~18岁未成年人网络消费行为报告》。

（4）各组的分析报告在班级交流，并由教师点评。

知识精讲

一、网络营销

网络营销是企业整体营销战略的一个组成部分，是为实现企业总体经营目标所进行的、以互联网为基本手段营造网上经营环境的各种活动。

根据网络营销的定义，可以得出以下结论：

第一，网络营销是手段而不是目的。它是营造网上经营环境的过程，也就是综合利用各种网络营销方法、工具、条件并协调彼此的相互关系，从而更加有效地达到企业营销目的的一种手段。

第二，网络营销不是独立的。网络营销是企业整体营销战略的一个组成部分，网络营销活动不可能脱离一般营销环境而独立存在。在很多情况下，网络营销理论是传统营销理论在互联网环境下的应用和发展。无论网络营销处于主导地位还是辅助地位，都是互联网时代市场营销中必不可少的内容。

第三，网络营销不等于网上销售。网络营销的效果体现在多个方面，如提升企业品牌价值，加强与客户的沟通，拓展对外信息发布的渠道等。网络营销不仅仅是为了促进网上销售，在很多情况下，网络营销活动不一定能实现网上直接销售的目的，但是可能促进线下销售的增加，并且提高顾客的忠诚度。

第四，网络营销不等于电子商务。网络营销是企业整体营销战略的一个组成部分，本身并不是一个完整的商业交易过程，只是促进商业交易的一种手段。电子商务主要是指交易方式的电子化，强调的是交易行为和方式。所以，网络营销是电子商务的基础，不等于电子商务。

第五，网络营销不等于"虚拟营销"。网络营销只是传统营销的一种扩展，即向互联网上延伸，所有的网络营销活动都是真实的。网络营销的手段也不仅限于网上，而是注重网上、网下相结合，网上营销与网下营销并不是相互独立的，而是相辅相成、互相促进的。

二、网络消费者

（一）网络消费

网络消费，从广义上讲，是人们借助互联网实现其自身需要满足的过程。它是包括网络教育、在线影视、网络游戏在内的所有消费形式的总和。从狭义上说，网络消费指消费者通过互联网购买商品的行为和过程。消费者和商家凭借互联网进行产品或服务的购买与销售，是传统商品交易的电子化和网络化。网络消费也称为"网络购物"或"网购"等。

（二）网络消费的特征

网络消费不同于传统消费，具有以下三方面的特征：

第一，网络消费通常发生在由互联网技术所构成的虚拟购物空间，消费者的购物行为不再被距离所限制。通过在线方式，消费者可以在其他国家或地区甚至在传统意义上不存在的商场进行购物。另外，消费者的购物行为不再被时间所限制，网络商店24小时营业的全时域特征为人们提供了更为自由的消费空间。

第二，网络消费具有一对一、理性、消费者主导、非强迫性的特点，可以避免传统的推销活动所表现出的强势推销的干扰，使消费者变得更自由、更富有个性和智慧。对网络消费者而言，能够不被强迫而自由自在地消费，是一件相当愉悦和幸福的事。

第三，数字化网络所产生的知识经济合力缩短了生产和消费之间的距离，省却了各种中间环节。在网络上开展的营销活动，可以实现从商品信息的发布到交易操作和售后服务的全过程，使网上消费变得更加直接、更容易，使买卖双方能在一种近乎面对面、休闲的气氛中进行交易。

（三）网络消费者及其心理特征

1.网络消费者

网络消费者是指以网络为工具，在虚拟网络市场中进行消费和购物活动的消费者。他们注重自我，有相对独立的思想和喜好，对自己的判断力非常自信；他们头脑冷静，擅长理性分析，不会轻易被舆论左右；他们喜好新鲜事物，有强烈的求知欲；他们多以年轻人为主，比较缺乏耐心，注重搜索信息所花费的时间。

2.网络消费者的心理特征

（1）个性化的消费心理

21世纪的世界是一个计算机网络交织的世界，消费品市场变得越来越丰富。随着产品选择范围的全球化、产品设计的多样化，消费者开始制定自己的消费准则，整个市场营销又回到了个性化的基础上。每一位消费者都是一个细小的消费市场，个性化消费成为消费的主流。

（2）注重文化品位的消费心理

在互联网时代，文化的全球性和地方性并存，文化的多样性带来消费品位的强烈融合，人们的消费观念受到强烈的冲击。尤其是青年，其对文化导向的产品有着强烈的购买动机，而网络营销恰恰能满足这一需求。

（3）消费的主动性增强

在社会化分工日益细化和专业化的趋势下，消费者对消费的风险感随着选择的增多而上升。在许多大额消费中，消费者往往会主动通过各种可能的渠道获取与商品有关的信息并进行分析和比较。消费者从中得到心理上的平衡，以降低风险感或购买后产生的后悔感，增强对产品的信任程度和心理上的满足感。

（4）消费者喜欢直接参与生产和流通的全过程

在传统的商业渠道下，消费者无法直接向生产者表达自己的消费需求。而在网络环境下，消费者喜欢而且能够直接参与到商品的生产和流通中来，与生产者直接进行沟通，表达需求，从而降低了市场的不确定性。

（5）追求消费过程的方便和享受

在网上购物，除了能够满足实际的购物需求以外，消费者在购买商品的同时，还能得到许多信息，并得到在传统商店没有的乐趣。人们的现实消费出现了两种追求趋势：一部分工作压力较大的消费者以方便性购物为目标，追求节省时间成本和劳动成本；另一部分消费者的自由支配时间较多，他们希望通过消费来寻找生活的乐趣。

（6）消费者选择商品的理性化

网络营销系统巨大的信息处理能力，为消费者挑选商品提供了前所未有的选择空间，消费者会利用在网上得到的信息对商品进行反复比较，以决定是否购买。企事业单位的采购人员可利用预先设计好的计算程序，迅速比较进货价格、运输费用、优惠、折扣、时间效率等综合指标，最终选择有利的进货渠道。

（7）价格仍是影响消费心理的重要因素

从消费的角度来说，价格不是决定消费者购买的唯一因素，但却是消费者购买商品时肯定要考虑的因素。网上购物之所以具有生命力，重要的原因之一是网上销售的商品价格普遍低廉。尽管经营者都倾向于以各种差别化来减弱消费者对价格的敏感度，避免恶性竞争，但价格始终对消费者的心理有着重要影响。

想一想

当当网推出"搜索比价"销售

作为全球最大的中文网上书刊音像城，当当网（www.dangdang.com）为了更好地推动书刊音像商品的网上销售，迅速扩大规模，推出了"搜索比价"活动。

搜索比价是互联网的优势功能。当当网技术部有关负责人介绍，当当网开发的智能比价系统可以每天实时地将各电子商务网站的同类商品的价格与当当网的同类商品进行对比。如果对方同类商品的价格低于当当网的价格，此系统将自动调低当当网同类商品的价格，调整后的价格将低于对方价格的90%。

当当网是国内可提供30多万种书刊音像商品的网上商城，而其他网站销售的书刊音像商品大多只有几千种。当当网参加比价的商品大概只占总体的40%，降低利润能够更好地吸引顾客，对整体销售额的扩大有好处。同时，当当网此举也是为了引导消费，提高市场占有率，将更多的优惠送给顾客。

（8）追求时尚商品的消费心理

现代社会，新生事物不断涌现，受这种趋势的带动，消费心理的稳定性降低，在消费者行为上表现为需要及时了解和购买到最新商品，产品生命周期的不断缩短反过来又会促使消费者的心理转换速度加快。而网络营销的快捷、方便、全球性的特点正好满足了消费者的上述心理需求。

网络消费者的需求和动机

任务二　　网络消费者的需求和动机

案例导入

"畅饮营养快线，玩转QQ幻想"

之前，娃哈哈的一项促销活动写道："打开娃哈哈营养快线的促销标签，登录QQ幻想游戏，输入标签背面打印的12位密码，即有机会获得以下奖励：登录游戏注册成功后，即能获得游戏中的补血道具——营养快线。"此活动的意义在于，它不但是民族快销品与民族网络产品跨业合作的尝试，同时营养快线作为一种必需的补血道具内嵌到游戏中。玩家在现实世界里喝到产品，在虚拟世界里同样可以买到营养快线这一补血道具，而且在网络合作的基础上，腾讯与娃哈哈的地面配合也在紧锣密鼓地进行。双方驻扎在全国的拓展队伍在统一协调下，开展网吧内外、校园内外的深度合作。

案例分析：娃哈哈这一民族快销品与民族网络产品天衣无缝的合作，既扩大了娃哈哈产品的销售，又在QQ幻想游戏中嵌入了新的内容，让网民有了一个全新的体验，使网络营销的功能得到了充分的体现。

任务分析

1.任务目的

通过走访在网上购过商品的同学或老师，了解他们购物的品种、购买动机、购物前后的感受，培养同学们的沟通交流能力，并学会体察别人的购物心理。

2.任务要求

（1）教师将学生每5～6人分为一组，并选出小组负责人1名。

（2）小组负责人与组员共同制订走访计划，明确任务和分工。

（3）走访5～6位在网上购买过商品的同学或老师，询问网上购物的原因、购物的体会和感受。

（4）详细记录相关资料和网上购物消费者的感受，写一份《网络消费心理报告》，包括走访调查人数、所购商品的具体名称和数量、购物理由、购物感受，对小组成员的启发以及对网络营销的建议等内容。

（5）各组的分析报告在班级里互相交流，并由教师作点评。

知识精讲

一、网络消费者的需求动机

要研究网络消费者的购买行为，首先必须研究网络消费者的需求动机。在网络上，人们主要希望满足以下三个方面的基本需要：

（一）兴趣需要

每个网民之所以热衷于在网络上漫游，是因为对网络活动抱有极大的兴趣。这种兴趣的产生，主要来自两种内在驱动力：一是探索的内在驱动力，即人们出于好奇的心理去探究秘密，驱动自己沿着网络提供的线索不断地向下查询，希望能够找出符合自己预想的东西；二是成功的内在驱动力，即当人们在网络上找到自己需求的资料、软件、游戏后，通过学习资料获得知识、学习软件掌握技能，在游戏中升级或玩通关时，自然会产生一种成功的满足感。

（二）聚集需要

虚拟社会提供了具有相似经历的人们聚集的机会。通过网络而聚集起来的群体是一个极为民主的群体。在这样一个群体中，每个成员都有独立发表自己意见的权利，这使得在现实社会中经常处于紧张状态的人们，渴望在虚拟社会中寻求到放松和解脱。

（三）交流需要

聚集起来的网民自然会产生一种交流的需求。随着这种信息交流的频率增强，交流的范围也在不断扩大，从而产生示范效应。在这个虚拟的社会中，参加者大都是有目的的。比如，人们所谈论的问题集中在商品质量的好坏、价格的高低、库存量的多少、新产品的种类等方面。他们所交流的是买卖的信息和经验，对这方面信息的需求永远是无止境的。

二、网络消费者的心理动机

网络消费者的心理动机是由人们的认识、感情、意志等心理过程而引起的购买动机，主要体现在理智动机、感情动机和惠顾动机三个方面。

（一）理智动机

理智动机建立在人们对商品客观认识的基础上。网络购物者大多具有较高的分析判断能力。他们的购买决策是在反复比较各个在线商场的商品之后才做出的，对所要购买的商品的特点、性能和使用方法，早已心中有数。理智购买动机具有客观性、周密性和控制性的特点。在理智购买动机驱使下的网络消费者，首先注意的是商品的先进性、科学性和质量的高低，其次才注意商品的经济性。

（二）感情动机

感情动机是由人的情绪和感情所引起的购买动机。这种购买动机还可以分为两种形态：一种是低级形态的感情购买动机，它是由喜欢、满意、快乐、好奇而引起的。这种购买动机一般具有冲动和不稳定的特点。还有一种是高级形态的感情购买动机，它是由人们的道德感、美感、群体感所引起的，具有较强的稳定性和深刻性。

（三）惠顾动机

惠顾动机是基于理智、经验和感情之上，对特定的网站、图标广告、商品产生特殊的信任与偏好而重复性、习惯性地前往访问并购买的一种动机。惠顾动机的形成经历了人的意志过程。从它的产生来说，或者是由于搜索引擎的便利、图标广告的醒目、站点内容的吸引；或者是由于某一驰名商标具有相当的地位和权威性；或者是因为产品质量在网络消费者心目中树立了可靠的信誉。因此，网络消费者在做出购买决策时，心中首先确立了购买目标，并在各次购买活动中克服和排除了其他同类产品的吸引和干扰，最后按照目标采取了购买行动。

任务三　　　　　　　　　　**网络营销与营销策略**

📖 **案例导入**

购买容易，送货难

在网上买的心仪的商品，往往通过快递送达到自己或朋友手中，网络购物的飞速发展推动了快递业的繁荣。然而，消费者在网购的同时，有时竟还需为快递引发的物流问题埋单，近年来由快递引发的网购投诉也呈上升趋势。比如，每年一到春节、双十一前后，网上促销活动大量增加，网上购物的人数也井喷式地增长。由于快递公司接收的商品成倍地增加，很多网上购买的商品无法按时送出，或者出现了野蛮分装，商品遭到损坏等问题。

案例分析：上述问题的发生，一方面是由于网上店铺缺少基本的营销伦理和必要的监管；另一方面是由于针对快递公司也无相应的法律严格规范，运输过程中一旦出现问题，卖家、快递公司经常互相推脱责任，消费者的权益很难得到保障。这些都需要从法律、行业道德、营销伦理等方面进行规范，这样才能为网络营销创造安全可靠的营销环境。

任务分析

1.任务目的

通过对同一类商品的不同网络商家所制定的网络营销策略进行调查或资料收集，了解网络商家对商品宣传、价格制定、促销活动等营销策略的制定对网络消费者的影响（包括消费者的购买欲和成交量）。

2.任务要求

（1）教师将学生每5～6人分为一组，并选出负责人1名。

（2）小组负责人与组员共同制订调查计划，明确任务。

（3）选择并详细记录同一类商品的不同网络商家的营销策略对消费者的影响。

（4）每组完成一份《网络营销策略认知报告》，详细说明不同的营销策略对消费者心理、成交量及评价的影响，并为网络商家提出改进建议。

（5）各组的分析报告在班级里交流，并由教师作点评。

知识精讲

一、制约网络营销发展的心理因素

网络营销在蓬勃发展的同时，也受到一些因素的制约。

（一）受传统购买观念的束缚

长期以来消费者形成的"眼看、手摸、耳听"的传统购物习惯在网上受到束缚。网络购物也很难满足人们结伴购物的社交动机，无法在购物过程中显示自己的社会地位、成就或支付能力，网络购物也无法满足消费者试穿、试用、试听等体验。

（二）个人隐私权受到威胁

在网络交易过程中，网络营销者往往要求交易对方提供更多的个人信息，同时也可以利用技术手段获得更多的个人信息。

（三）对虚拟购物环境缺乏安全感

网络购物是在虚拟市场中进行的，交易双方并不需要面对面地直接接触，消费者面对的是计算机，通过网络了解经营者和商品。现代信息技术在给消费者带来方便的同时，也为侵害消费者权益的行为提供了技术条件。网络消费者的知情权、求偿权、自主选择权受到侵害都与网络的虚拟性有着直接关系。网络消费者关心的是商家提供的商品信息、商品质量、售后服务能否和传统的商场一样有保证，购买商品后能否如期拿到商品。加之目前仍缺乏相应的法律和其他规范手段，如果发生网上交易纠纷，消费者举证困难，权益不能获得足够的保障。这些问题都会制约未来网上购物的进一步发展。

（四）对低效的物流配送缺少保障感

目前，大多数企业开展网络营销都是通过选择合作伙伴，利用专业的物流公司提供物流服务。由于网络营销配送的商品主要是最终消费品，包括食品、服装、日常生活用品、家用电器、化妆品、文化体育娱乐用品、办公用品等，配送具有品种多、批量小、距离长短不一、集货分货次数多、流通加工与包装次数多且不一致、服务质量要求程度不同、最终送货用户众多等特点。部分低效的物流公司距网络消费者的要求甚远，这就影响了网络营销的发展。

二、网络营销中的消费心理策略

随着网络营销的发展，网络消费者的心理与以往相比也出现了一些新的特点，网络消费者的特殊心理给网络营销者的经营理念带来了新的挑战，网络营销者必须在营销策略、方式、手段上有所突破，建立一套适合网络营销的运作机制。

（一）产品选择策略

从理论上讲，在网络上可营销任何形式的合法商品；但从消费心理方面来讲，适合网络营销的产品应该是消费者认为适合在网上购买的产品，总结起来有以下几种：

1.具有高技术性能或与计算机相关的产品。

2.市场覆盖较大地理范围的产品。

3.不太容易设店的特殊产品。

4.网络营销费用远低于其他销售渠道费用的产品。

5.消费者可从网上取得信息并做出购买决策的产品。

6.网络群体目标市场容量较大的产品。

7.便于配送的产品。

（二）产品价格策略

价格策略是企业营销策略中最富有灵活性和艺术性的策略，是一种非常重要的竞争手段。在进行网络营销时，企业应特别重视价格策略的运用，顺应消费者心理。

网上定价的策略很多，既有心理定价策略，也有折扣定价策略、地理定价策略和信用定价策略。这里主要根据网络营销的特点，着重阐述个性化定价策略、声誉定价策略及折扣定价策略。

1.个性化定价策略

个性化定价策略就是利用网络互动性的特征，根据消费者对商品外观、颜色等方面的具体需要来确定商品价格的一种策略。网络的互动性使个性化营销成为可能，也使个性化定价策略有可能成为网络营销的一个重要策略。企业可根据消费者特殊需要的程度，来制定出不同的价格。

2.声誉定价策略

在网络营销初期，消费者对网络购物和订货还存在许多疑虑，如在网上订购的商品的质量能否得到保证，货物能否及时送到等，都是消费者所关心的问题。在此情况下，对于信誉较好的企业来说，产品价格可以相应地定高一些；反之，产品价格则定低一些。

3.折扣定价策略

在实际营销过程中，网上折扣定价策略可采取如下两种形式：

（1）数量折扣策略。为了鼓励消费者多购买，企业在确定商品价格时，可根据消费者购买商品所达到的数量标准，给予不同的折扣。购买量越多，折扣越大。

（2）现金折扣策略。有些企业对预付款的消费者会给予一定价格的折扣，以鼓励消费者提前付款预定商品，同时加快企业资金周转。

（三）营销渠道策略

营销渠道就是商品和服务从生产者向消费者转移过程中的具体通道。网络购物发展到今天，并不像开始那样企业在网站上开个店销售那么简单了，会涉及复杂的渠道选择。

传统的渠道策略有直接营销渠道与间接营销渠道、长渠道与短渠道、宽渠道与窄渠道等策略。

直接营销渠道，也称零层分销渠道，是指没有渠道中间商参与的一种营销渠道，商品直接由生产者销售给消费者。

间接营销渠道，也称层次分销渠道，是指把商品通过中间商销售给消费者的营销渠道。

长渠道是指经过多层中间商的营销渠道，而短渠道则相反。

网络营销对销售渠道的影响是颠覆性的，总的来说呈现出渠道普遍缩短的趋势。以往适合间接营销的商品，如家用电器、化妆品等，自从有了网络以后也纷纷开始尝试直接营销，并取得了成功。

但并不是所有的商品都适合在网上销售，这要考虑对消费者的影响。如对于奢侈品，消费者对传统营销渠道有牢固的心理需求，更喜欢富丽堂皇的传统店面、洋溢的欧美文化气息以及服务人员彬彬有礼带来的尊贵感觉。也就是说奢侈品买的其实不单单是产品，而是一种心理上的满足感，是一种高贵、稀缺、个性的精神需求。企业要想改变此类消费者的消费心理与行为是很困难的。

实例链接10-1

7天连锁酒店的微信营销

说起铂涛酒店集团，可能很多人都不知道，但提起一个品牌大家则会感到非常亲切——7天连锁酒店。目前7天连锁酒店是铂涛酒店集团旗下最重要的酒店资产之一。而在移动互联网的冲击下，7天连锁酒店也在发生着激烈的变革，首当其冲的便是颠覆传统的微信营销。

截至2014年12月中旬，7天连锁酒店微信公众号有200万以上的会员，日均订单近万个。如果通过传统分销渠道来完成这个数量的预订，则需要花费数千万元才能实现，但是通过微信，基本上是不需要花钱的。

相比原先的电话呼叫中心业务模式，微信公众号的形式解决了大量问题。过去，铂涛酒店集团客服电话量为每个月38万～40万个，需要用到120个工作人员才能完成这个数据量的服务。现在使用微信，在客服任务量增加的情况下，只需要30人就够了。

7天连锁酒店推广微信订房的方式非常简单，关注7天连锁酒店微信公众号并预订成功，用户将在到店后额外得到一瓶矿泉水。关注的途径，则是其门店大堂摆放的宣传板上的二维码。这个二维码让消费者通过微信支付方式做第一个触发点，之后，用户就会慢慢熟悉其微信公众号。如此简单的方式，最终提高了7天连锁酒店在预订、会员服务上的运营效率。

在移动互联网时代，微信平台的会员营销与服务对7天连锁酒店预订量和客户服务质量的提升及成本的下降具有明显的作用。

（四）产品促销策略

在网络营销活动的整体策划中，网上促销是其中极为重要的一项内容。下面主要是针对消费者的网上促销策略。

1.网上折价促销

折价亦称打折、折扣，是目前网上最常用的一种促销方式。网上商品的价格一般都要比传统方式销售时低，以吸引人们购买。折价券是直接价格打折的一种形式，有些商品因在网上直接销售有一定的困难，便结合传统营销方式，可从网上下载折价券或直接填写优惠表单，到指定地点购买商品时可享受一定优惠。

目前，折价促销的形式层出不穷，如团购、扫二维码获取优惠等。不断推出新颖、能吸引消费者的促销方式，是商家间竞争的焦点。

2.网上变相折价促销

变相折价促销是指在不提高或稍微提高价格的前提下，提高产品或服务的质量，较大幅度地增加产品或服务的附加值，让消费者感到物有所值。由于网上直接价格折扣容易使消费者怀疑商品品质被降低了，利用增加商品附加值的促销方法会更容易获得消费者的信任。

3.网上赠品促销

赠品促销在网上的应用不算太多。一般在新产品推出试用、产品更新、对抗竞争品牌、开辟新市场的情况下，利用赠品促销可以取得比较好的效果。

赠品促销应注意赠品的选择：①不要选择次品、劣质品作为赠品，这样做只会起到适得其反的作用。②注意时间和时机，如冬季不能赠送只在夏季才能用的物品。③注意预算和市场需求，赠品要在能接受的预算内，不可过度赠送赠品而造成营销困境。

4.网上抽奖促销

抽奖促销是网上应用较广泛的促销形式之一，是大部分网站乐意采用的促销方式。抽奖促销是指以一个人或数人获得超出参加活动成本的奖品为手段进行商品或服务的促销，主要用于调查、产品销售、扩大用户群、庆典、推广某项活动等。消费者通过填写问卷、注册、购买产品或参加网上活动等方式获得抽奖机会。

网上抽奖促销活动应注意以下三点：①奖品要有诱惑力，可考虑以大额超值的产品吸引人们参加。②活动参加方式要简单化，太过复杂和难度太大的活动较难吸引匆匆的访客。③抽奖结果要公正、公平。

5.积分促销

积分促销在网络上的应用比传统营销方式要简单和易操作。网上积分很容易通过编程和数据库等来实现，并且结果可信度很高，操作起来相对较为简便。积分促销一般设置价值较高的奖品，消费者通过多次购买或多次参加某项活动来增加积分以获得奖品。

之前，不少电子商务网站"发行"的"虚拟货币"应该是积分促销的另一种体现。网站通过举办活动使会员"挣钱"，会员可以用仅能在网站使用的"虚拟货币"来购买本站的商品，实际上是给会员相应的优惠。

6.网上联合促销

由不同商家联合进行的促销活动称为联合促销，联合促销的产品或服务可以起到一定的优势互补、互相提升自身价值等效应。如果应用得当，联合促销可取得相当好的促销效果，如网络公司可以和传统商家联合，以提供在网络上无法实现的服务等。

项目小结

网络营销是借助联机网络、计算机通信和数字交互媒体来实现营销目标的一种市场营销方式。

网络消费者的心理特征表现为：追求文化品位的消费心理、追求个性化的消费心理、追求自主独立的消费心理、追求表现自我的消费心理、追求方便和快捷的消费心理、追求躲避干扰的消费心理、追求物美价廉的消费心理、追求时尚的消费心理。

网络消费者的需求特征表现为：消费需求的个性化、消费的主动性增强、消费者直接参与生产和流通的全过程、追求消费过程的方便和享受、价格是影响消费心理的重要因素、网络消费的层次性。

网络消费者的购买决策遵循"认知需要、收集信息、比较评估、购买决策和购买后的评价"五个阶段的模式。

制约网络营销发展的心理因素有：受传统购买观念束缚、个人隐私权受到威胁、对虚拟购物环境缺乏安全感、对低效的物流配送系统缺少保障感。

本项目讨论题

唯品会品牌特卖

唯品会成立于2008年，在中国开创了"精选品牌+深度折扣+限时抢购"的时尚特卖模式，在线销售服饰、鞋包、美妆、母婴、家电数码、商超等全品类国内外品牌正品，通过日日上新为用户带来"网上逛街惊喜"与抢购乐趣。

唯品会在全球布局10家海外办公室，通过千余名时尚买手的丰富经验与专业眼光，每天早上10点、晚上8点为会员精挑细选超过500个国内外品牌正品好货，以超高性价比上线特卖，限时抢购的特卖惊喜让会员倍感"抢到就是赚到"。唯品会的会员尊享7天无理由退货并补贴10元唯品币，支持货到付款服务，近2 000名客服提供贴心服务。

2012年3月，唯品会在美国纽约证券交易所上市，截至2018年12月31日，唯品会已连续25个季度实现盈利。

讨论题：唯品会的超高人气和连续盈利，完美诠释了网络营销与消费心理的重要性和紧密关系。请谈谈唯品会抓住了网络消费者的哪些心理特征；唯品会会员有哪些需求特征；唯品会运用了哪些消费心理策略。

思考与练习

1.选择题

（1）单选题

①网络消费是指人们借助（　　）实现其自身需要的满足过程。

A.网络　　　　　　B.互联网　　　　　　C.通信技术　　　　　　D.数字交互式媒体

②下列（　　）不符合产品价格策略。

A.个性化定价策略　　　　　　　　　　B.声誉定价策略

C.预估定价策略　　　　　　　　　　　D.折扣定价策略

③下列（　　）不属于网络消费者的心理动机。

A.需求动机　　　　B.理智动机　　　　C.感情动机　　　　D.惠顾动机

④网络消费者的购买动机分为（　　）两类。

A.需求动机和情感动机　　　　　　　　B.需求动机和惠顾动机

C.需求动机和心理动机　　　　　　　　D.需求动机和理智动机

⑤下列（　　）的行为不属于网络消费者购买地点决策的内容。

A.在网上寻找信息，在网上购买

B.在报纸、电视上寻找信息，在传统商场购物

C.在网上寻找信息，在传统商场购买

D.网络购买与网下购买相结合

（2）多选题

①根据网络营销的定义，以下认识正确的有（　　）。

A.网络营销是手段而不是目的　　　　B.网络营销是独立的

C.网络营销等于网上销售　　　　　　D.网络营销不等于电子商务

E.网络营销不等于"虚拟营销"

②要保障网络交易的安全性，必须做到（　　）。

A.提高网络安全技术水平　　　　　　B.为消费者提供真实、可靠的信息

C.确保交易商品的质量　　　　　　　D.完善售后服务

E.落实有效配送

③属于网络消费者心理特征的有（　　）。

A.交流的需要

B.具有文化品位的消费心理

C.消费者喜欢直接参与生产和流通的全过程

D.追求消费过程的方便和享受

E.个性消费心理

④制约网络营销发展的心理因素有（　　）。

A.受传统购买观念束缚　　　　　　　B.个人隐私权受到威胁

C.对低效的物流配送缺少保障感　　　D.对虚拟购物环境缺乏安全感

E.对交易付款方式缺乏安全感

⑤网络营销中的消费心理策略包括（　　　）。

A.产品选择策略　　　　　　B.产品价格策略　　　　　　C.网络交易策略

D.产品促销策略　　　　　　E.营销渠道策略

2.简答题

（1）简述网络消费者心理特征的内容。

（2）简述网络消费者的需求动机。

（3）简述网络消费者的心理动机。

3.实务训练题

【相关案例】

猜谜式购物

美国的 Midnightbox（www.midnightbox.com）网站每周在美国东部时间的深夜推出一款产品，商品在上线时完全被覆盖，但会给出一点线索，如商品包装的长、宽、高、重量、建议零售价、生产商等。这时候访客可以到论坛里讨论猜测，随着时间的推移，网站将逐步给出更多的线索，商品的价格也在逐步提高。在规定时间内猜出的人将赢得1 000点的信用，同时可以以非常便宜的价格购买此商品，这时商品的真面目将展示在网站上，1 000点的信用还可用来兑换店里的其他一些商品。总之，猜中得越早，购买就越便宜，还能赚积分。

请思考：

（1）试分析猜谜式购物利用了消费者什么样的消费心理？并谈谈对你的启发。

（2）试着从网络中寻找类似、更为有效的营销手段介绍给其他同学。

【业务操作训练】

网络购物体验

训练目的：熟悉网络购物的流程，体验网络购物的过程及感受。

训练内容：从网上给自己购买一件适用的商品。

训练操作：

（1）结合所学的网络营销的相关知识，了解网络购物的基本操作规程和要领。

（2）从网上查找网络购物的注意事项，并有意浏览1~2家网上商店销售的有关规则。

（3）根据自己选定的商品，试着访问有关网上商店，草拟出自己准备购买商品的基本流程、有关货款结算和货物配送的要求明确的草案，并与其他同学交流后修改完善。

（4）在网上实施购买。

成果要求：详细记录下你在网上寻找站点的过程与商品名称、成交过程、货款支付方式、货物配送方式等内容，并说明自己网上购物的主要心理感受。以文字报告的形式与同学交流，同时提交老师审阅。

【成果评价】见表10-1。

表 10—1   网络购物体验的评分

项目	评价标准	得分
收集网购信息	收集网购资料，熟悉网购流程，请教有网购经验的同学，浏览准备网购商店的有关规则，共计20分	
网购过程	选定商品、选定网店、网购操作，共计30分	
网购记录	网店名称、商品选择过程、货款支付方式、货物配送、售后服务说明，共计30分	
网购感受	详细说明网购后的心理感受，并以规范的文字报告说明，共计20分	
总成绩（分）		
教师评语	签名： 年 月 日	
学生意见	签名： 年 月 日	

思政小结

项目十思政小结

主要参考文献

［1］迈克尔·所罗门. 消费者行为学 ［M］. 12版. 北京：中国人民大学出版社，2020.

［2］卢泰宏，周志民. 消费者行为学 ［M］. 4版. 北京：清华大学出版社，2023.

［3］王晓玉，晁钢令. 消费者行为学 ［M］. 3版. 上海：上海财经大学出版社，2022.

［4］张梦霞. 数字经济时代的消费者行为 ［M］. 北京：经济管理出版社，2023.

［5］陈瑞，王咏. 营销心理学 ［M］. 3版. 北京：机械工业出版社，2023.

［6］冯江平. 消费心理学 ［M］. 5版. 上海：华东师范大学出版社，2022.

［7］郭国庆. 市场营销学 ［M］. 7版. 北京：中国人民大学出版社，2023.

［8］景奉杰，曾伏娥. 消费心理学 ［M］. 4版. 北京：清华大学出版社，2021.

［9］周欣悦. 消费心理学新论 ［M］. 杭州：浙江大学出版社，2023.

［10］王选琦，张梦霞. 数字消费心理与行为研究 ［M］. 北京：经济管理出版社，2023.

［11］黄希庭. 消费心理学 ［M］. 3版. 重庆：西南师范大学出版社，2023.

［12］王曼. 消费心理与行为分析 ［M］. 2版. 北京：中国人民大学出版社，2022.

［13］菲利普·科特勒，凯文·莱恩·凯勒，亚历山大·切尔内夫. 营销管理 ［M］. 16版. 北京：中信出版集团，2022.

［14］刘凤军. 消费心理学 ［M］. 4版. 北京：中国人民大学出版社，2022.

［15］李东进. 消费心理学 ［M］. 3版. 北京：机械工业出版社，2021.

［16］吴明证. 消费心理学高级教程 ［M］. 杭州：浙江大学出版社，2023.

［17］赵平. 消费心理学 ［M］. 3版. 北京：清华大学出版社，2022.

［18］王艳芝. 消费心理学 ［M］. 2版. 北京：清华大学出版社，2023.

［19］彭泗清，王辉，孙晓强. 销售心理学 ［M］. 2版. 北京：北京大学出版社，2022.

［20］马谋超. 消费心理学 ［M］. 5版. 北京：科学出版社，2023.

［21］崔楠. 营销心理学 ［M］. 2版. 北京：北京大学出版社，2022.

［22］姜岩. 消费心理与营销创新 ［M］. 大连：东北财经大学出版社，2023.